VIE

DE

TOUSSAINT-L'OUVERTURE.

Le portrait de L'Ouverture est authentique. — Il fut donné par L'Ouverture lui-même à l'agent Roume. L'original du portrait est religieusement conservé dans la famille de Roume, chez M. le comte Roume de Saint-Laurent, qui habite Paris.

PARIS. —IMPRIMERIE DE MOQUET, RUE DE LA HARPE, 90.

VIE

DE

TOUSSAINT-L'OUVERTURE

PAR

SAINT-REMY,

(des Cayes, Haïti).

PARIS,

MOQUET, LIBRAIRE-ÉDITEUR,

RUE DE LA HARPE, 90.

—

1850

A Madame

SAINT-REMY

des Cayes (Haïti).

Paris, ce 20 juin 1850.

SAINT-REMY.

AVANT-PROPOS.

Un blanc, — grand poète et grand politique, — vient de faire tressaillir les cendres d'un illustre capitaine nègre, — grand poète et grand politique aussi.

Lamartine a chanté Toussaint-L'Ouverture. — Gloire au chantre et au héros. — L'Ossian des temps modernes, dont les accents harmonieux remplissent l'immensité du monde, a voulu avant d'aller ensevelir sa noble carrière dans la Thébaïde qu'il crée à sa vieillessse ; avant d'aller mourir dans l'Orient, ces contrées superbes où le jour se lève plus majestueux qu'ailleurs, et linceuller sa renommée dans les rayons splendides du soleil matinal, — a voulu jeter un cri solennel et suprême en faveur de la race nègre, à laquelle je me fais honneur d'appartenir. C'est le chant du cygne sur une grande ombre morte comme sans sépulture et sans honneur, qui n'a pas eu son Plutarque national et qui ne vit que dans le cœur des pieux habitants des Iles, — des nègres dont il a commencé la civilisation. — Et pourtant dans cette humanité solidaire, — au sein de laquelle le principe de l'égalité grandit tous les jours, Toussaint-L'Ouverture est une figure immense, qui appartient à toutes les races et à tous les âges. Cet homme a prouvé par sa haute intelligence, par son génie, qu'en donnant à la peau humaine une coloration blanche ou noire, Dieu n'a voulu que varier ses œuvres, et non établir la hiérarchie et la dépendance. — Mulâtre, je viens accomplir un devoir, et au nom de la patrie lointaine, remercier Lamartine d'avoir relevé et entouré des flots de sa poésie la mémoire du héros qui a illustré ma race. — Il ne manquait à la gloire de Lamartine, que de prouver l'adéquation de l'humanité.

Enfant, — je songeais déjà à sculpter la figure de quelques-uns des grands personnages qui ont fixé les destinées de mon pays; je songeais à évoquer de leurs tombes ces ombres chères, qui veillèrent sur son berceau.—Le drame de Lamartine m'a fait commencer par Toussaint-L'Ouverture. — Il faut que le public français connaisse cette vie qu'un enfant des îles, un fils de la race longtemps opprimée, a écrite sincèrement, avec son âme, avec les traditions qu'il a recueillies, — plein de respect pour la vérité.—J'ai pu me tromper dans mes appréciations; mais quel homme n'a jamais erré? Et puis ne doit-on pas avoir quelque indulgence pour l'écrivain qui aborde un terrain vierge, qui, le premier, compulse et réunit des documents qu'aucune main n'a touchés, qui ouvre une voie que nul n'a essayé d'ouvrir ? — On comprendra que pour toute cette œuvre hardie, il fallait que dans ma pensée, mon livre fût une action plutôt qu'une histoire.

Je dois, ici, donner au Ministère français un témoignage public de reconnaissance pour le bienveillant accueil qu'il m'a fait. — Un étranger ne demande jamais en vain le pain de l'intelligence dans la métropole du monde, — la France. — Les précieuses archives où il doit rechercher les traces du passé, lui sont ouvertes avec un généreux empressement. — Ainsi tous les éléments qui m'étaient nécessaires, ont été mis à ma disposition.

Je transcris ici les deux lettres qui me furent adressées en réponse aux demandes que j'avais faites.

MINISTÈRE DE LA MARINE ET DES COLONIES   Paris, 30 juin 1848.
Secrétariat général.
Bureau des Archives et Bibliothèques.

Monsieur,

Vous m'avez demandé, en votre qualité de citoyen d'Haïti, l'autorisation de consulter les documents relatifs à l'ancienne colonie de Saint-Domingue, qui se trouvent réunis aux Archives de mon département.

Cette demande m'a paru de nature à être accueillie favorablement ; vous pourrez donc vous présenter au Bureau des Archives et Bibliothèques, où il vous sera donné communication des documents qui vous intéressent.

Salut et fraternité,

Le vice-amiral, ministre de la marine et des colonies,

Pour le ministre et par son ordre,

A M. St-Remy.   (*Signé*) Verninac.

MINISTÈRE DE LA GUERRE.
Dépôt général de la guerre.

RÉPUBLIQUE FRANÇAISE.
Liberté, Egalité, Fraternité.

Paris, 26 mai 1849.

Monsieur,

Je me fais un plaisir de vous donner l'autorisation de venir à la bibliothèque du Dépôt de la guerre, consulter la partie des Archives qui concerne l'histoire militaire de Saint-Domingue et des colonies françaises. Je suis extrêmement satisfait d'avoir pu, en même temps, donner cette preuve de sympathie à mon ancien collègue et ami, M. Isambert. M. le colonel Brahaut, auquel vous devez vous adresser, vous remettra lui-même une carte d'entrée.

Recevez, monsieur, l'assurance de ma très parfaite considération,

Le général de division, directeur du Dépôt,

(*Signé*) Pelet.

Je viens d'accomplir mon devoir de reconnaissance envers le Ministère français.—Un dernier mot : Une pensée dominante m'a guidé dans mon œuvre ; en mettant en relief les événements qui se sont succédé dans l'histoire de mon pays, en reproduisant les actions et réactions qui s'y sont manifestées, j'ai voulu faire sentir combien nous avons besoin d'arriver à une ère de paix. J'ai banni de mon cœur tout sentiment de haine, toute passion. Heureux, si je puis concourir dans la mesure de mes moyens à la fusion et à la concorde, car c'est à cette condition seulement qu'on peut espérer la sécurité, la prospérité, et le bonheur dans l'archipel américain !—Heureux encore si surtout ce livre peut inspirer à la jeunesse haïtienne, à cette jeunesse avide de science, quelques principes salutaires, dissiper les préjugés dont on n'a que trop souvent et trop long-temps fasciné son esprit, et la porter aux choses sérieuses, grandes, utiles, à la paix, c'est-à-dire à la bonne intelligence qui doit régner entre les nègres, les mulâtres et les blancs !.... Les temps avancent pour toutes les races ; la civilisation ne reculera pour aucune d'elles.

VIE

DE TOUSSAINT L'OUVERTURE.

CHAPITRE PREMIER.

Découverte de l'Amérique. Traite des nègres, esclavage.

Le 6 décembre 1492, Christophe Colomb, dont le berceau est inconnu, absolument comme celui de la plupart des génies de l'antiquité (1), au milieu de sa course aventureuse pour frayer au vieux monde, à travers les mers, le chemin des Grandes-Indes, rencontra, sur sa route, l'île d'Haïti ou Bayti.

Durant la traversée, Colomb n'avait pas eu seulement à lutter contre la fureur des vents et les horreurs de la faim ; il s'était vu réduit à comprimer l'insubordination de ses compagnons qui, ayant perdu tout espoir de revoir la terre, n'avaient plus foi en l'homme, ni même en Dieu qui dirigeait l'homme.

Haïti, ainsi nommée par les aborigènes à cause

(1) Colomb naquit vers 1435 ou 1436 ; les uns disent à Gênes, d'autres disent à Savone.

des hautes montagnes qui couronnent cette île de l'est au sud, présente une planimétrie de six mille lieues carrées ; le terroir, favorable à tous les efforts de l'homme, pourrait suffire aux besoins d'une population de vingt et quelques millions d'habitants (1) ; les plus beaux ports sont semés sur ses rivages ; un ciel toujours pur, pendant le jour amoureusement doré par les rayons du soleil, et le soir si artistement scintillant de constellations, qu'on croit voir comme des myriades de diamants se détachant d'un fond d'azur, enceint et couvre de son dôme cette île merveilleuse dont les différentes zônes offrent les climats les plus divers.

La découverte d'un monde nouveau dont les anciens ne soupçonnaient pas l'existence, changea la face de l'univers ; la marine, les arts, les métiers, les manufactures de l'Europe prirent un essor inoui, et dont les siècles écoulés n'avaient pas même pu se faire une idée. L'humanité avait enfin pris possession de la terre : l'homme pouvait se serrer la main d'un pôle à l' autre (2).

(1) L'île n'a pas aujourd'hui plus d'un demi million de population ; après avoir passé par toutes les tourmentes politiques, elle forme un empire depuis quelques mois.

(2) L'auteur de cette découverte fortuite, mais non moins glorieuse, périt misérablement, victime de l'inquisition de l'Espagne ; on le vit chargé de fers, comme si la Providence avait voulu punir l'homme qui, par sa découverte, ouvrit la carrière à toutes les iniquités. Colomb mourut à Valladolid, le 20 mai 1506.

Colomb, accueilli par les Haïtiens comme un hôte envoyé par le ciel, prit possession de l'île au nom du roi d'Espagne, y planta la croix du salut, et lui donna le nom d'Hispaniola, ou Petite-Espagne (1).

Pendant un voyage de Colomb en Europe, son frère Barthélemy, alors gouverneur, jeta les fondements de la ville d'Isabelle sur la rive orientale de l'Ozama ; cette ville, transférée plus tard sur la rive occidentale, prit le nom de Santo-Domingo, du nôm du père de Colomb. Plus ancienne qu'aucune des cités du Nouveau-Monde, elle substitua ce nom à celui d'Hispaniola, et longtemps appelée Saint-Domingue, l'île n'a reconquis sa dénomination originelle que le 1er janvier 1804, à la proclamation de son indépendance.

Le voyageur peut voir encore aujourd'hui les ruines du château que les Colomb avaient bâti près d'Isabelle. Ce monument, enseveli sous les ronces, et dont le figuier maudit fait éclater et émiette les débris, aura bientôt cessé de témoigner en faveur d'une grande époque; aucune des dominations qui a pesé sur cette terre n'a songé à en dérober les restes au ravage des temps; l'haïtien, le dominicain, semblables à l'arabe du désert, ont chevauché al-

(1) Alors régnaient dans les Espagnes Ferdinand le Catholique et Isabelle de Castille.

ternativement autour de ce château historique sans s'incliner avec respect.

Saint-Domingue recélait dans son sein tous les trésors du règne minéral (1) ; on trouva à fleur de cette terre, impatiente de montrer ses richesses aux nouveaux venus, un bloc d'or pesant, suivant Ovando, un des historiens de la découverte, trois mille six cents écus ; un porc fut tué, rôti et servi sur cette table de nouvelle espèce (2).

La population haïtienne avait jusque là vécu dans la plus complète indolence ; la pêche, la chasse, la culture de quelques racines, voilà quelles avaient été de tout temps ses occupations ; mais les conquérants, avides d'or, la retirèrent de cette torpeur. Abusant de leurs capacités, de l'empire que leur donnait leur éducation et de l'emploi de la force calculée et raisonnée, ils assujétirent les haïtiens au rude travail des mines ; sans cesse occupés, toujours maltraités, ces malheureux disparurent de la vie avec une rapidité telle que l'on songea bientôt à leur fournir des remplaçants.

---

(1) Bien que depuis longtemps le travail des mines ait été abandonné, le sol n'en recèle pas moins d'immenses richesses ; pour ne parler que de l'or, en 1808, dans la guerre de la Grande-Anse, une abondante poussée d'or en gerbe fut découverte par un africain. Un honorable général pourrait en trouver la direction.

(2) Ce bloc d'or fut embarqué pour l'Espagne sur un navire qui naufragea.

Quel monstre humain eut le premier la pensée d'aller sur le littoral de l'Afrique acheter des hommes noirs pour les porter dans le Nouveau-Monde et les astreindre à arracher avec les haïtiens les métaux que la terre renfermait dans son sein? quel monstre conçut l'idée de la traite des noirs, et s'avisa de repeupler une terre déjà souillée de crimes par l'esclavage d'une race d'hommes en tout semblables aux autres hommes, et qui n'est coupable, selon la parole ironique de Montesquieu, que de la couleur de sa peau et de l'ignorance de ses facultés?.... L'origine de ce crime, qui devait enfanter tant d'autres crimes, est inconnue.

Herréra, historien espagnol, en accuse Barthelemy de Las-Casas, un des aïeux du compagnon du captif de Ste Hélène; mais l'abbé Grégoire, évêque de Blois, cet homme à la mémoire de qui tous les démocrates, surtout les noirs, doivent attacher une profonde reconnaissance, a démontré péremptoirement que l'évêque de Chiapa fut étranger à ce trafic, dont la seule idée fait frémir.

Quoi qu'il en soit, à partir du règne de Charles-Quint la traite des nègres fut organisée sur une vaste échelle par les Portugais et les Espagnols; et dès lors leurs vaisseaux cinglèrent en plus grande quantité et plus fréquemment vers le littoral de l'Afrique, chargés de poudre à feu, d'armes, de linges et autres objets propres à exciter la cupidité des populations. Les armateurs mettaient les rois de ces contrées les uns aux prises avec les autres, et recevaient en échange de leurs cargaisons manufacturées des cargaisons d'hommes qu'ils portaient au Nouveau-Monde.

CHAPITRE II.

Naissance de Toussaint L'Ouverture. Manière dont il fut élevé.

Les peuplades africaines, dans les guerres qu'elles se fesaient pour avoir un plus grand nombre de prisonniers à vendre, n'épargnaient ni l'enfance, ni le sexe, ni le rang.

Or, dans une razzia, un fils d'un roi de la puissante nation des aradas (1), fut pris et conduit à St-Domingue ; ce fils s'appelait Gaou-Guinou, au dire de M. Isaac Louverture (2). Débarqué au Cap-Français, sous le gouvernement du marquis de Larnage (3), Gaou-Guinou fut vendu à l'habitation du

(1) Cette nation habite la partie occidentale de l'Afrique entre le Zaïre et le Posambo ; elle est renommée pour ses mœurs rusées et son caractère indomptable.

(2) Mémoires sur la vie de son père.

(3) Le plus vertueux des gouverneurs que la France ait eus dans les îles.

comte de Bréda, sucrerie située à deux lieues de
la ville. Reconnu par plusieurs esclaves de sa nation,
qui l'avaient précédé sur la terre d'exil et de
douleur, il fut salué roi par eux.

L'habitation du comte de Bréda, était alors gérée
par M. Bayou de Libertas, français de mœurs
douces, et qui, contrairement à l'exemple donné
par les autres colons, se contentait de faire valoir
la plantation, sans surcharger les esclaves d'un travail immodéré ; aussi était-il généralement aimé
de son atelier.

Gaou-Guinou eut des liaisons avec une de ses
compagnes d'infortune ; de cette union naturelle
vinrent bientôt au monde cinq enfants, deux filles,
et trois fils, dont un devait occuper la renommée
universelle ; c'est François-Dominique-Toussaint
L'Ouverture, qui naquit, prétendent quelques uns,
le 20 mai 1743.

Aîné de sa famille, Toussaint entra dans la vie si
frêle et si chétif, que son père et son maître dou-
tèrent longtemps de le conserver à l'existence;
sa constitution délicate lui fit donner par ses camarades le sobriquet de Fatras-Bâton, fatras sig-
nifiant fétu, brin de paille, et Bâton symbolisant sa
tournure. Mais le petit Toussaint, en grandissant,
se donnait tant d'exercice qu'il parvint à rompre de
lui-même son corps à toutes les fatigues et aux
exercices les plus violents; nul autre enfant du

nombreux atelier de Bréda ne pouvait, à douze ans, le devancer à la course, franchir à la nage plus rapidement que lui un torrent irrité, lancer à fond de train le cheval le plus fougueux et en modérer à son gré l'ardeur.

La tâche des jeunes esclaves était toute tracée ; c'était la garde des troupeaux. Ce métier met celui qui est obligé de l'exercer en rapport avec le génie de la solitude et de la méditation.

Toussaint le pâtre, durant les longues journées qu'il passait seul dans la forêt dût s'habituer de bonne heure à la sobrieté de parole qui le caractérisa.

Le père de Toussaint, comme tous les Africains, connaissait la vertu des simples. Ce vieillard les expliqua à son fils. C'est ainsi que Toussaint apprit les traitements de la plupart des maladies des pays chauds.

Elevé dans la religion catholique, le jeune esclave avait cependant sous l'ajoupa paternel appris le langage de ses aïeux ; c'était un bonheur pour les anciens aradas de l'habitation et du village du Haut-du-Cap de causer avec lui dans cet idiôme qui leur rappelait les joies de l'enfance et la patrie qu'hélas, malheureux, ils ne devaient plus revoir !

Quelques-uns prétendent que Toussaint apprit à lire par les soins d'un religieux du Cap, d'autres par les soins d'un vieux noir, son parrain, d'autres enfin par les soins de M. Bayou de Libertas. Quel que soit le premier précepteur du jeune esclave, Toussaint était doué de tant d'intelligence et de bon vouloir, il était tellement possédé du désir de savoir, comme les blancs, lire et écrire, qu'il n'a pas dû lasser longtemps la patience du précepteur.

Je ne dirai pas, comme un écrivain, que Toussaint étudia le latin et les mathématiques; car je craindrais de manquer à la vérité. Mais Toussaint dut apprendre un peu de calcul et chercher de bonne heure à lire le latin aussi facilement que le français. La simple lecture du latin devait le servir dans ses exercices religieux et lui donner aussi un prestige grandiôse aux yeux de ses compagnons ignorants.

Toussaint apprit aussi à griffonner sur le papier. Je dis à dessein griffonner, car les premières signatures que nous avons de lui sous les yeux prouvent indubitablement qu'il ne sut médiocrement peindre les caractères alphabétiques que fort tard, alors que la fortune se complaisait à le combler de faveurs inattendues.

Du reste, s'exprimant en assez bon français, quoique nazillant et sifflant un peu par l'absence de quelques dents, il avait le front noble; des yeux qui lançaient des éclairs d'intelligence et pénétraient les secrets de l'âme, mais cependant le visage laid, sans être repoussant ; vu de profil, ce visage perdait tout ce qu'il avait de distingué, et malheureusement ce n'est que de profil que le portrait de Toussaint nous est parvenu.

Devenu homme, Toussaint passa, selon la coutume, de la garde des bestiaux au travail des champs. Bayou de Libertas savait apprécier sa bonne conduite et son intelligence ; il résolut de l'approcher de sa personne et en fit son cocher. Dans cette nouvelle condition, Toussaint avait tous les privilèges qui pouvaient en dépendre et jouissait d'une confiance que n'avait point achetée l'astuce ou la bassesse des moyens. Sortant de l'atelier que gouvernait le fouet impitoyable du commandeur, (1) il semblait occuper aux yeux des siens une merveilleuse position, car telle était l'économie des habitations, que la place de cocher était une espèce de magistrature.

Toussaint, cocher, avait tout ce que pouvait désirer de bonheur un homme placé au plus bas de l'échelle sociale. Jusqu'au moment de la révolution, il paya à sa fausse condition tous les tributs que l'on doit au préjugé et au hasard d'une naissance

(1) Le commandeur était un esclave préposé à l'activité des travaux de ses compagnons. Malheur à celui qui, succombant sous le poids de la fatigue, ralentissait le mouvement de sa bêche, le fouet venait aiguillonner son impuissance !

obscure; mais ce ne fut pas sans se montrer en tout, supérieur au préjugé et au hasard.

Par la suite, Toussaint fut appelé à un poste encore plus important et plus indépendant. On lui confia la garde et le soin du mobilier de la sucrerie: le mobilier d'une sucrerie se compose des usines et des ustensiles.

CHAPITRE III.

Toussaint L'Ouverture se marie. Tableau de sa vie tracé par lui-même.

Ce fut alors que Toussaint songea à prendre une compagne ; méprisant le concubinage dans lequel vivaient les autres esclaves, plus rempli qu'aucun d'eux du sentiment de sa dignité, obéissant surtout aux devoirs que lui imposait la religion dont il observait le culte, en allant scrupuleusement à l'église du Haut-du-Cap, il résolut de se marier. Bayou lui voulait choisir, comme il le dit quelque part, une jeune et fringante négresse; mais, plus sage et plus raisonnable, Toussaint épousa une femme toute faite aux tracas du ménage et déjà mère de famille. Cette femme, de la même habitation Bréda, avait nom Suzanne. Bonne et laborieuse, elle avait eu d'un homme de couleur, un fils nommé

Placide, que Toussaint légitima et qui lui con-
serva jusqu'au dernier moment la reconnaissance
la plus vive.

Toussaint, dans les loisirs que lui laissait la gestion du mobilier, allait avec sa femme cultiver le
jardin que, comme à tous les autres esclaves, le maître lui abandonnait. « Nous allions, racontait-il à
un voyageur (1), travailler à nos champs en nous
donnant la main; nous revenions de même; à peine
nous apercevions-nous des fatigues du jour. Le ciel
a toujours béni notre travail; non-seulement nous
nagions dans l'abondance, mais nous avions encore
le plaisir de donner des vivres aux noirs qui en
manquaient. Le dimanche et les fêtes, nous allions
à la messe, ma femme, mes parents et moi. De
retour à la case, après un repas agréable, nous
passions le reste du jour en famille, et nous le ter-
minions par la prière que nous faisions en commun. »

L'esclave, qui vient de nous raconter lui-même
son immense bonheur domestique, pouvait cependant par son pécule parvenir à son affranchissement et entrer dans la classe de couleur. Pourquoi
ne le fit-il pas ? Mystère à pénétrer.

Toussaint, à cause de la régularité de ses mœurs,
était réellement aimé et respecté, même par les noirs
libres. Les grands planteurs avaient pour lui de la

_____

(1) Moniteur de l'an 7.

considération. Ses facultés intellectuelles mûris-
saient en raison des rapports habituels qu'il avait
avec la classe libre. Portant ses réflexions sur
la dégradation de ses frères, il ne pouvait con-
cevoir par quelle raison l'esclavage se trouvait
si près de la liberté, et comment une différence dans
l'épiderme avait mis une si énorme distance d'un
homme à un autre. Ses idées s'agrandissaient en
entendant plusieurs fois citer des passages de l'Histoire Philosophique de Raynal. Il parvint à se procurer cet ouvrage ; la lecture lui révéla la nature
des maux qui écrasaient ses semblables. Mais l'exaltation qu'une pareille découverte devait imprimer
à son esprit était heureusement tempérée par les
sentiments puisés dans les livres de piété, que
Toussaint chérissait par-dessus tout.

Le sort de Fatras-Bâton, quoique dépendant de
la volonté d'un maître, était un sort digne d'envie,
en comparaison de celui de la plupart de ses semblables, qui, courbés d'un bout de l'île à l'autre
sous un joug de fer, n'entrevoyaient aucun rayon consolateur de la liberté. Le despotisme colonial triomphant pensait tenir à tout jamais les esclaves dans
les fers, les affranchis dans l'humiliation, l'île
entière sous sa sanglante domination. Mais ce despotisme aveugle comptait sans la virtualité de la loi
du progrès qui tend toujours à faire justice de l'iniquité du privilège et à harmoniser les positions

sociales ; la philosophie du 18ᵉ siècle avait mis en doute tout ce que les hommes avaient jusque-là respecté : noblesse, privilège, autorité et religion.

CHAPITRE IV.

Révolution française, mort d'Ogé ; mouvements à Saint-Domingue.—Insurrection du Nord ; belle conduite de Toussaint.

C'était à la France à donner le signal du mouvement et à marcher la première dans la voie de la rénovation universelle. Le serment du Jeu de Paume et la prise de la Bastille commencèrent la grande bataille de la liberté contre le despotisme. L'élan sublime de la France se communiqua par delà l'Atlantique.

Dans ces contrées lointaines, comme dans la métropole, il y avait des imperfections à corriger, des torts à réparer, des crimes à laver ; mais que de sang devait couler avant que la justice reprît son empire et que le droit triomphât ; que de flots de sang avant de voir anéantir le code de l'esclavage et des préjugés !

Les colons saluèrent avec enthousiasme l'aurore de la Révolution française. Le canon de la Bastille avait enflammé leur imagination ardente. Ayant eu longtemps à gémir du despotisme ministériel, ils crurent voir dans le mouvement qui emportait le passé, le germe de l'indépendance de leur puissante contrée. Ils formèrent trois assemblées délibérantes, au nord, au sud et à l'ouest. Ces assemblées furent les premières sources des maux qui affligèrent les colonies.

Pendant que les colons rêvaient l'indépendance, le parti royaliste, composé de tous les employés métropolitains, rêvait la contre-révolution. Au centre de ces deux partis, s'agitait le parti révolutionnaire, formé de tous les pacotilleurs, boutiquiers et artisans venus de tous les points de la Mère-patrie pour se créer une fortune que leur refusait le lieu de leur naissance. Ainsi se fractionnait la population blanche sous le rapport des idées politiques.

Les esclaves assistaient indifférents aux luttes des partis, et rien ne permettait de supposer qu'ils en comprenaient la portée ; mais entre les noirs, assimilés au bétail et les blancs, se trouvait une classe intermédiaire aussi turbulente que les colons, riche, instruite, impatiente du frein : la classe des affranchis, composée de noirs et de mulâtres libres. Elle entra dans la lice, pétitionnant pour l'égalité des droits politiques, pour l'anéantissement du préjugé de l'épiderme, l'amélioration du sort des esclaves, et leur préparation à la liberté générale. A la tête de ces hommes ardents se faisaient remarquer en France, Vincent Ogé, Julien Raymond, etc.; dans la colonie, André Rigaud, Beauvais, Pinchinat, Daguin, Pétion, etc.

Aucun blanc, qu'il fût européen ou créole, ne s'occupait dans la colonie de la liberté, soit du nègre esclave, soit du mulâtre esclave. Ces derniers eux-mêmes ne croyaient pas à la possibilité d'une conquête si précieuse. Le nègre transplanté de son pays où il était esclave, dans une autre où il continuait à l'être, rêvait, sans doute, à la terre du berceau et aux soins de la famille, mais là s'arrêtaient ses vœux.

Aussi, l'on ne saurait, sans forfaire à la loi de la reconnaissance, faire un crime aux hommes mulâtres de n'avoir pas appelé de prime-saut la population africaine à briser ses fers; peu d'africains eussent suivi Ogé dans sa prise d'armes; d'ailleurs, le plus pressant besoin du moment était l'égalité de tous les hommes libres.

Cependant le souffle révolutionnaire, après avoir renversé en France l'arbre de la féodalité, rechauffait de sa chaleur puissante celui de la liberté dont les rameaux commençaient à projeter au loin leur ombrage bienfaisant. Tout ce que la constituante renfermait de talent et de générosité avait embrassé la cause des affranchis. A la voix de Mirabeau, de Lafayette, de Grégoire, de Condorcet, de Brissot, de Robespierre, cette assemblée décréta, le 8 mars 1791, en faveur des hommes de couleur, l'égalité des droits politiques.

Vincent Ogé, qui avait plus qu'aucun autre contribué par ses démarches et ses écrits à faire rendre ce décret, partit pour en demander l'exécution. Une prise d'armes, un combat, marquèrent la téméraire entreprise d'Ogé : bientôt fuyant à travers les bois sur le territoire espagnol, il fut fait prisonnier, conduit au Cap, condamné et roué par la main du bourreau (25 février 1791) ; le général Blanchelande gouvernait alors la colonie.

Le sang de ce martyr, dans lequel l'aristocratie coloniale pensait avoir étouffé toute aspiration à la liberté, enfanta, pour l'honneur de l'humanité, des vengeurs au Sud et à l'Ouest de la colonie; aux Cayes, André Rigaud, qui, quoique jeune encore, avait fait la guerre en Amérique sous le comte d'Estaing et qui, à l'assaut de Savannach, avait arrosé de son sang l'étendard de la liberté, se mit à la tête du mouvement; au Port-au-Prince, ce fut Beauvais, qui aussi avait fait la guerre des États-Unis, que ses camarades placèrent au commandement. Le premier eut pour lieutenants Faubert, Narcisse Rollin, Bleck, Prou, etc.; le second, Lambert, Doyon, Tessier, Daguin, Pétion, etc.

Des succès et des revers que j'ai décrits ailleurs couronnent ou affligent ces différentes prises d'armes, qui ne tendent jusqu'à présent qu'à obtenir l'égalité des droits politiques, car personne ne songeait à une émancipation générale.

Cependant, par une fatale coïncidence, dont Dieu seul tient le secret, le jour même (21 août 1791) que les noirs et les mulâtres libres du Port-au-Prince arrêtaient sur l'habitation Diègue, au Trou-Cayman, leur mémorable insurrection, et qu'ils se distribuaient leurs postes, un mouvement inopiné comme un dessein du hasard , aussi rapide que la foudre, éclatait dans le nord de l'Ile.

C'est à tort que M. Madiou, dernier historien d'Haïti, rapsodant trop souvent, accuse le gouverneur Blanchelande d'avoir été le moteur secret de l'insurrection des esclaves : une charge aussi grave demande des preuves. Du reste, qu'il soit dit en passant, que tout le livre de M. Madiou n'est qu'un tissu de faits erronnés et de fausses appréciations. Cet écrivain national, aux efforts patriotiques duquel nous rendons du reste un sincère hommage, n'a jamais été dans les conditions d'une bonne donnée historique ; les documents originaux lui ont manqué.

L'insurrection fut fomentée principalement par les contumaces de l'affaire d'Ogé ; une réunion de commandeurs d'ateliers arrêta, dans la nuit du dimanche 14 août, sur l'habitation le Normand, au morne Rouge, le jour de l'explosion.

Cette explosion eut lieu dans la nuit du 21 ; les premiers succès lui donnèrent de la proportion ;

le chef principal avait nom Bouckman, africain pri-
mitivement vendu à la Jamaïque, d'où il fut porté à
Saint-Domingue ; il appartenait à l'habitation Clément. Cet homme, doué d'une force herculéenne, ne
concevait pas ce que c'était que le danger ; il marchait au combat avec l'enthousiasme d'un fanatique,
semant la flamme de l'incendie et couvrant sa route
de cadavres.

La bande de Bouckman se grossit rapidement;
tous les nègres, qui jusque-là étaient dans une apparente soumission, levèrent enfin le fer de la vengeance ; à la faveur de la nuit, Bouckman envahit
les habitations et en égorge les maîtres.

La marche des incendiaires tracée par la flamme
fut si rapide, que dans l'espace d'une semaine,
l'embrâsement couvrit toute la plaine du Nord, de
l'Orient à l'Occident, depuis la mer jusqu'aux pieds
des montagnes. Ces riches maisons, ces manufactures superbes et fécondes, qui versaient des millions
au sein de la métropole, furent anéanties ; l'activité
des flammes fut telle, que la fumée et les cendres,
poussées par la brise dans les montagnes, les rendaient semblables à des volcans; l'air embrâsé et
desséché ressemblait à une fournaise ardente ; les
habitations déjà incendiées jetaient perpétuellement
des étincelles ; des ruines, des débris, de riches
dépouilles éparses, dispersées, dissipées; une terre
arrosée de sang, jonchée de cadavres restés sans

sépulture, abandonnés à la voracité des oiseaux de proie et des bêtes féroces : voilà l'image que présenta bientôt la plus riche plaine des colonies.

Ce fut au milieu de ces scènes de désolation, que les princes colons, chevauchant du Sud et de l'Ouest, passaient glacés d'épouvante pour aller établir une nouvelle assemblée coloniale au Cap. Que de cris de rage et de douleur, que de malédictions ils proféraient contre ces hommes qu'ils faisaient trembler la veille et qui aujourd'hui les faisaient trembler à leur tour !

Au milieu de cet embrâsement universel et de ce débordement de tous les excès de la vengeance, Toussaint, dont à tort M. Madiou fait un moteur de l'insurrection, fidèle à ses maîtres, protégea les plantations pendant un mois entier, à la tête des noirs de l'habitation, et empêcha les insurgés de brûler les champs de cannes. Tous les blancs, femmes et enfants, fuyaient éperdus le séjour des campagnes et refluaient vers la ville ; madame Bayou de Libertas se maintint chez elle, grâces à la protection de Toussaint. Bayou même, comme un dragon, campé au Haut-du-Cap, venait souvent sur l'habitation exciter la vigilance de l'atelier. «C'était dit-il, avec une joie inexprimable que Toussaint le voyait parmi les esclaves, dans un moment où il suffisait d'être blanc pour être massacré (1). Heu-

(1) Moniteur de l'an 7.

reux le maître qui, dans ces moments de désolation, pouvait rencontrer un pareil dévouement !

Ainsi la révolution embrâsait partout le pays; Rigaud, Beauvais, Lambert, Pétion, etc., déchiraient déjà la cartouche pour le triomphe des droits de l'homme, que Toussaint remplissait encore tous les devoirs de la fidélité à son maître malheureux. Toussaint était-il à blâmer de ne pas suivre au champ de bataille ceux qui combattaient pour la liberté? Non, sans doute; il était aussi admirable en éteignant les flammes de l'incendie que ceux qui l'allumaient.

Enfin Toussaint voyant l'insurrection prendre une course désormais irrésistible, épuisé de fatigue, n'apercevait aucun moyen pour protéger plus longtemps le séjour de madame Bayou à Bréda; redoutant au contraire tout pour son existence, il engagea cette dame à se rendre au Cap; pendant l'absence de M. Bayou, il attela la voiture, y mit les objets les plus précieux et y fit entrer sa maîtresse, dont il ne voulut confier la conduite qu'à son jeune frère Paul (depuis général comme lui au service de la République française).

CHAPITRE V.

Toussaint entre dans l'insurrection. Portrait de Jean François, de Biassou et de Jeannot. Toussaint médecin.

Après le départ de madame Bayou, l'exploitation de la sucrerie s'arrêta tout-à-fait, comme celle des autres habitations ; malgré les conseils de Bruno, noir commandeur, et ceux de Toussaint, la plus grande partie de l'atelier alla se rallier à l'insurrection. Toussaint alors lui-même pensa à s'y jeter. Mettant sa femme et ses deux enfants en sûreté au sein de quelque habitation des montagnes, déjà abandonnée par les propriétaires, il se rendit au camp Galiffet.

Bouckman, le premier Spartacus de la race noire, avait péri près du village de l'Acul, en repoussant une attaque de la ville du Cap ; à lui avait succédé Jean-François, dont les principaux lieutenants étaient Biassou et Jeannot.

Jean-François appartenait à un colon du nom de Papillon. Jeune créole d'un heureux extérieur, il n'avait jamais pu supporter le joug de l'esclavage ; quoiqu'il n'eût aucun grief contre son maître, long-temps avant la révolution, il avait recouvré sa liberté, en fuyant de son habitation et en errant marron dans les montagnes; homme doux et naturellement enclin à la clémence, si sa carrière fut souillée de crimes, il faut l'attribuer à des conseils perfides; du reste peu courageux, peu entreprenant, il n'avait dû son commandement qu'à sa supériorité intellectuelle.

Biassou appartenait aux Pères de la Charité, près du Cap. Contraste en tout de Jean-François, il était brusque, fier, emporté, violent, colère, vindicatif, téméraire. Très actif, très inquiet, toujours en action, toujours à cheval, très soupçonneux, très ambitieux, il usurpait, pour ainsi-dire, le timon des affaires que l'apathie de Jean-François ne chercha que tard à revendiquer. Jean-François aimait le luxe, les beaux habits, le train des équipages; Biassou aimait les femmes et la boisson.

Jeannot, esclave de l'habitation Bullet, était petit, mince, dispos et actif comme Toussaint ; mais sa figure était perfide, son aspect effrayant, rebutant; son regard atroce, son cœur véritablement vicieux, méchant, noir, vindicatif, capable, sans regret et sans remords, des plus grands crimes. Il avait juré une haine implacable aux blancs ; il frémissait de rage en les voyant, et son plus grand plaisir était de se baigner dans leur sang. On le vit, sur l'habitation de son maître, le principal théâtre de ses crimes, après avoir fait un massacre considérable, ramasser dans ses mains le sang qui

ruisselait de toutes parts, le porter à sa bouche
avec une infernale sensualité, et s'écrier, dans son
enthousiasme fanatique : O mes amis, qu'il est doux,
qu'il est bon, le sang des blancs! buvons-le à longs
traits; jurons-leur une haine irréconciliable ; jamais
de paix avec eux, j'en fais le serment !

Du reste, c'était un homme capable des plus
grandes entreprises; aucun obstacle ne l'arrêtait ;
audacieux, adroit, spirituel, pénétrant, dissimulé,
traître et perfide; lâche, il fuyait le danger dans
les combats; mais il était téméraire à la queue de
l'armée : harcelant sans cesse les siens, il les rendait
nécessairement braves, et forçait les plus timides à
faire face à l'ennemi, en leur coupant le chemin de
la retraite.

Tels étaient les trois hommes qui dirigèrent
après la mort de Bouckman les progrès de l'insurrection, et qui, après avoir tout ravagé, depuis le Limbé
jusque dans la plaine du nord, avaient établi leur
quartier - général sur l'habitation Galiffet ; tels
étaient les hommes sous les bannières ensan-
glantées desquels Toussaint, qui jusque-là avait
vécu avec piété, entraîné par la force des choses,
alla s'enrôler.

Mais Toussaint était connu de la plupart des
chefs et de presque toutes leurs bandes pour son
instruction et pour la modération de ses principes;
nul n'imputa à crime son arrivée tardive; ce-

pendant il lui fallut du temps pour acquérir de la confiance et de l'influence.

D'abord à cause des connaissances spéciales que son père lui avait données des secrètes vertus des plantes, il commença à s'occuper de soigner les blessés. Dans ce modeste emploi, qui le tint long-temps loin des marches, il s'appliqua à deviner les faiblesses et les qualités de ses chefs ; cette étude devait le porter à la conquête de la suprématie.

Les lettres humanisent réellement ; c'est à l'art de lire et d'écrire que Toussaint possédait sur les siens, qu'il dut de faire son chemin, sans se souiller du meurtre d'aucun de ses semblables et sans se déshonorer par le pillage ; deux crimes dont il n'avait que trop souvent l'exemple sous les yeux. Parmi les insurgés, il avait rencontré un vieux mulâtre nommé François Laffitte, qu'il avait connu de longue date et qui avait un rapport d'idées et de mœurs tellement sympathiques aux siennes, qu'il n'eut besoin d'aller chercher aucune autre société.

La position que Toussaint avait prise dans l'armée insurrectionnelle était celle qui convenait le mieux à ses habitudes ; car, mauvais soldat et inhabile capitaine, il ne s'était point encore familiarisé avec les dispositions du combat et la vue des champs de carnage. Cette position de médecin ne l'empêcha pas de s'attacher plus particulièrement aux destinées de Biassou, dont il devint l'aide de camp principal et le chef des bureaux.

CHAPITRE VI.

Camp Galiffet. Composition de l'armée des insurgés à la Grande-Rivière et au Dondon.

Le camp Galiffet fut armé de canons pris dans divers postes et fortifié par les insurgés aussi bien qu'ils le pouvaient. Les soldats étaient bizarrement revêtus des dépouilles de leurs maîtres; la cavalerie était montée sur des chevaux et des mulets de pillage, harassés et ruinés par des courses fréquentes et précipitées; le cavalier était armé d'un fusil, souvent en mauvais état par le peu de soin qu'on apportait à l'entretenir; l'infanterie était nombreuse, presque nue, sans expérience, sans autres armes que des bâtons garnis de morceaux de fer aiguisés, de fragments de manchettes, d'épées et de cercles de fer de tonneaux, de quelques fusils et pistolets pitoyables. Cette armée, malgré l'effroi qu'elle répandait, était sans munitions; encore les soldats dissipaient le peu qu'ils pouvaient s'en procurer par l'intermédiaire des esclaves de la ville. Jean-François, décoré de quelques cordons et crachats enlevés dans le sac des habitations, se disait chevalier de Saint-Louis, généralissime et amiral; Biassou, Jeannot et Toussaint se disaient brigadiers; les autres, maréchaux, commandeurs, généraux, colonels, capitaines. Ce ne fut que plus tard, que Biassou prit, lors de sa mésintelligence avec Jean-François, le titre pompeux de vice-roi des pays conquis.

La discipline de cette armée était toute de fer : les subalternes qui cherchaient dans la révolte, les droits de la liberté, n'avaient rencontré qu'un esclavage plus dur encore que celui de l'atelier; celui qui, placé en sentinelle, cédait au besoin du sommeil, recevait pendant huit jours, cinquante coups de fouet; à chaque exécution de la flagellation, on le faisait passer sous les drapeaux, en signe de déshonneur; au bout de huit jours, on lui tranchait la tête. Le voleur de bestiaux était pendu.

CHAPITRE VII.

Exécution de Jeannot. Les insurgés embrassent le parti de la contre-révolution.

Jean-François et Biassou, après avoir incendié et ravagé la plaine, avaient poussé leurs bandes à l'entrée des montagnes, où ils établirent plusieurs camps. Les troupes patriotiques du Dondon et de la Grande-Rivière tentèrent inutilement de les déloger de la Tannerie, de Galiffet, du grand Cormier, de Mazère, de Lacombe, de Cardineau et de Saint-Malos.

Alors l'insurrection avait pris tout son développement. Les compagnons de la téméraire entreprise d'Ogé qui avaient été condamnés par contumace au Conseil supérieur, et qui vivaient errants dans les bois, s'étaient ralliés à la cause des esclaves.

Le village de la Grande-Rivière, dont les environs étaient au pouvoir de l'ennemi, évacua sans coup-férir sur le Dondon, qui ne tarda pas à être attaqué.

Le Dondon, patrie de l'infortuné Ogé, devant l'entrée duquel la fortune condamna ses desseins généreux par le revers des armes, devait payer cruellement cette victoire du préjugé contre l'égalité. Déjà les postes du Grand-Boucan et du Vazeux, qui en défendaient l'approche, étaient au pouvoir de la rébellion partout triomphante ; environnés de feux et d'ennemis au nord, à l'orient, à l'occident, les habitants étaient cependant décidés à vendre chèrement leur vie. Abandonnant leurs maisons, ils avaient élevé des barricades sur la place d'armes, dans l'enceinte desquelles ils se réunissaient le soir; quatre pièces de canon gardaient l'approche de ces barricades ; certes, c'était le meilleur moyen de se trouver tous ensemble au moment du péril, mais ainsi les malheureux se trouvaient exposés de tous côtés aux attaques de l'ennemi.

Tout était tranquille dans le village ; mais le 10 septembre, au lever du soleil, un détachement, sorti pour aller, au haut des Crêtes, chercher des vivres, fut obligé de rentrer inopinément et en désordre. Jean-François avait envoyé Jeannot avec 3000 hommes, contre le Dondon; une première colonne refoula le détachement et vint prendre position à moins d'un quart de lieue du village, sur une éminence qui le domine; une seconde parut par le piton des Roches. Jeannot s'ébranla de nouveau.

L'attaque commença par des cris et des hurlements. Les insurgés s'établirent rapidement dans les maisons, et là, maltraitèrent les blancs qui étaient rassemblés sur une place découverte ; ceux-ci se défendirent avec acharnement pendant cinq heures; sous la protection de leurs canons, ils évacuèrent sur l'église. Dans ce monument encore, ils se défendirent avec tant de courage qu'ils y périrent presque tous.

Maîtres du village, les insurgés se livrèrent au meurtre, au pillage; puis, le soir venu, ils se livrèrent aux danses du bamboula; enfin, vers la pointe du jour, épuisés de fatigue et succombant sous le poids des liqueurs, ils tombèrent de lassitude et permirent à la nuit de sommeiller.

Le lendemain, Jeannot, dont le carnage de la veille n'avait pas assouvi la vengeance, fit exécuter trente blancs, seuls restes de deux cents autres, dont le courage malheureux méritait un autre sort.

C'est Jeannot qui avait fait la conquête du Dondon; il en garda le gouvernement et prit pour la première fois le titre de général. Jusque-là, il avait porté celui de médecin, parce qu'il soignait ses compagnons, et celui de grand-juge, parce qu'avant de faire les exécutions, il faisait passer les patients par une espèce de procédure, formalité insultante au nom sacré de la justice.

Jeannot, maître du Dondon, était devenu encore plus cruel qu'il ne l'avait jamais été; il marcha contre Vallière, qu'il enleva le 26 octobre, et où il fit quatorze prisonniers dont il sacrifia huit dans les tourments les plus atroces. La cruauté de ce

monstre croissait en raison de sa fortune. Voyait-il
un enfant blanc sur son chemin, il était bien difficile de le soustraire à sa fureur. Avait-il un mouvement de colère, ce qui lui arrivait souvent, il ne la
terminait que par la décharge de ses pistolets sur son
adversaire. On le vit faire fusiller son cocher, son
parent, son ami, pour avoir différé de quelques
minutes l'exécution de ses ordres.

Jeannot avait laissé à un parent d'Ogé, nommé
Fayette, le commandement de la place du Dondon.
Établi sur l'habitation Dufay, au quartier du Grand-
Gille, près de la Grande-Rivière, il rendit célèbre
ce lieu par les forfaits les plus inouïs : son camp
était couvert de potences.

Jean-François, Biassou et Toussaint avaient leur
quartier-général à la Tannerie. Le premier et le
second frémissaient à l'idée des crimes de Jeannot;
Jean-François, surtout, redoutait cette grande influence qui menaçait de lui retirer la suprématie
des volontés : or, l'humanité comme la politique
leur inspirèrent de débarrasser la nature d'un
monstre qui la déshonorait.

Jean-François et ses lieutenants, qui n'avaient
encore controlé aucune opération de Jeannot, se
rendirent au Dondon, environ un mois après sa
chute. Jeannot, instruit de ce voyage, arriva du
Grand-Gille trois jours après; ce potentat, qui avait
à sa dévotion toute la sorcellerie et tout le fana-

tisme des siens, fut dans la maison qu'occupaient ses chefs leur reprocher d'être entrés dans ses domaines sans lui avoir demandé son aveu. Jean-François, en présence de la force des troupes de Jeannot, fut obligé de dissimuler ses projets; chacun d'eux retourna à son camp.

Jeannot, plus fier que jamais et toujours avide de sang, part de Dufay, se rend dans le quartier de Sans-Souci, fait prisonniers quinze blancs et les fait conduire à son camp pour les juger; car ce médecin, qui tuait au lieu de guérir, et ce grand juge, qui se vengeait au |lieu de juger, aimait à faire endurer à ses victimes tous les supplices de l'ironie, avant de les exécuter.

La nouvelle de la capture faite par Jeannot, réveilla de nouveau les idées politiques de Jean-François. Celui-ci se porte à Dufay dans la nuit du 31 octobre au 1er novembre, avec une force considérable, cerne la maison principale qu'occupait le féroce Jeannot et le fait prisonnier, sans avoir livré bataille, comme M. Madiou le prétend.

Jeannot fut garotté et conduit le même jour au Dondon, où il avait toujours bravé ses chefs; le juge fut jugé à son tour et condamné à être fusillé. A ce moment suprême, le scélérat, qui avait tant versé de sang et qui s'était si souvent complu au spectacle des angoisses de ses victimes, devint lâche, tant il

est vrai que la méchanceté est le partage de la pusil-
lanimité.

Jeannot demanda sa grâce à genoux ; et, après
avoir supplié vainement Jean-François, de lui épargner la vie, à la condition de devenir son esclave,
il prit à bras le corps le père Bienvenu, qui l'exhor-
tait à la mort, et, l'étreignant de toutes ses forces,
le monstre semblait vouloir entraîner dans sa chute
une nouvelle victime (1).

Enfin, séparé violemment du curé, Jeannot reçut
la punition de ses forfaits. Jean-François, débarrassé
de ce rude lieutenant, commença à organiser son
armée ; il se mit en communication avec le territoire espagnol, d'où il tira de la poudre, des lances,
des manchettes, quelques fusils, en échange, comme
nous l'avons vu, des denrées qui encombraient les
magasins des habitations. Ce commerce interlope
favorisa puissamment l'insurrection.

Jean-François et ses lieutenants, fidèles aux
traditions guinéennes qui ne connaissent la dignité du commandement que dans l'incarnation
de la forme monarchique, furent facilement émus
au récit des infortunes royales de la métropole ;
quelques blancs les poussant aussi, ils embrassèrent le parti de la contre-révolution; ils donnè-

(1) Le père Bienvenu était curé de la Marmelade ; la curio-
sité l'avait conduit au Dondon ; les insurgés l'y gardèrent à vue.

rent à leurs soldats des cocardes ou blanches, ou vertes, ou rouges, autour desquelles était écrit : Vive le roi ! Leur mot de reconnaissance était : gens du roi; leurs compagnies prenaient le nom de dragons-royal, de dragons de Condé, de dragons d'Estaing; enfin, le nom de Louis XVI était si puissant sur ces esprits incultes, qu'ils se plaisaient à lui prêter les plus favorables dispositions à leur égard, et que jamais d'autres drapeaux que le drapeau blanc ne flotta dans leurs camps.

CHAPITRE VIII.

Assemblée coloniale; massacres au Cap. — Cordon de l'Ouest.

Le lecteur vient d'assister à une série de crimes commis par des hordes d'esclaves marchant à la conquête de la liberté; le sanglant tableau qu'il a eu sous les yeux, a dû plus d'une fois le glacer d'épouvante : pourquoi n'avons-nous pas, hélas ! à opposer à ce tableau, le tableau de la vertu des maîtres ?

La seconde assemblée coloniale avait ouvert ses séances au Cap, sous la présidence du marquis de Cadusch, planteur de la plaine des Cayes, homme perdu d'honneur, ancien membre de l'Assemblée de Saint-Marc.

Cette assemblée commença par outrager la mère patrie, en attribuant à sa phase révolutionnaire, tous les maux de la colonie, comme si les hommes, quelles que fussent leurs couleurs, devaient s'immobiliser éternellement au sein du despotisme! Cette assemblée s'adressa aux colonies étrangères pour des secours, ce qui était bien ; sans instruire la mère-patrie des malheurs de l'île, ce qui était mal.

Et, en attendant l'asssitance des îles voisines, elle avait établi en permanence des instruments de mort dans la ville du Cap; le soir même de l'insurrection, on avait fait périr, sans forme de procès, dix-sept hommes de couleur, sous prétexte qu'ils en étaient les moteurs!

Ainsi au Cap les mulâtres avaient payé de leur sang l'insurrection de Bouckman ; cinq potences y furent établies, où passèrent de vie à trépas, tous ceux que la suspicion attaquait de son venin, qu'il fût noir ou jaune; une cour prévotale couvrait l'iniquité de l'apparence des formes; les esclaves, même les plus fidèles, ceux qui fuyant des habitations avec leurs maîtres, dirigeaient leurs pas vers la ville, y recevaient, la plupart du temps la mort, quand, dans leur route, ils n'étaient pas massacrés par quelque détachement blanc.

C'était, comme le lecteur le voit, vengeance pour vengeance, crime pour crime; dans cette lutte, l'homme civilisé se déshonorait autant que l'homme barbare.

Cependant l'insurrection du nord, malgré son intensité, n'avait pu gagner l'ouest qu'un cordon, commandé par M. de Fontanges, protégeait de la Marmelade, petit village près du Dondon limite de la terre française, jusqu'au port de mer des Gonaïves, alors village, aujourd'hui une des cités les plus florissantes de l'île; en deçà de ce cordon des évènements bien graves s'accomplissaient.

CHAPITRE IX.

Confédération de l'Ouest. — déportation des Suisses; combat.

Beauvais, comme Rigaud, avait fait mettre bas les armes aux blancs; un traité de paix avait été signé, par lequel les juges d'Ogé furent voués à l'exécration des siècles. Ce traité reconnaissait la ligitimité des droits de tout homme libre, qu'il fût noir, jaune ou blanc, à l'égalité des droits politiques.

La confédération des hommes de couleur était rentrée au Port-au-Prince le 24 novembre avec tous les honneurs militaires; chacun se reposait sur les promesses de la foi jurée. Les affranchis occupaient deux principaux postes, le Belair et le Gouvernement. Dans leurs rangs se trouvaient trois cents esclaves qu'ils avaient enrôlés sous le nom de *Suisses*, par analogie avec les Suisses de la monarchie; ces esclaves armés par les blancs, ralliés à la cause de la liberté par Pétion, n'entendaient plus rester sous le joug de leurs maîtres. Mais les blancs, sous prétexte qu'ils pouvaient engendrer des principes pernicieux, négociaient leur déportation à la baie de Hondouras. Cette prétention irritait Rigaud, déjà trop irritable, fesait frémir Pétion, l'homme le plus philantrope parmi les siens, rugir Daguin, le plus révolutionnaire des confédérés.

Mais Beauvais et Lambert, le premier mulâtre, le second nègre, s'étaient laissés circonvenir par les blancs; ils votèrent la déportation des *Suisses*. Ces pauvres héros pensaient consolider par cette mesure la paix de l'île. Mais, comme s'il y avait un terme quelconque avec le despotisme, ils ne tardèrent pas à recueillir les fruits de leur coupable complaisance.

Les *Suisses*, composés d'esclaves nègres et d'esclaves mulâtres, furent embarqués le 3 novembre, jetés sur la côte de la Jamaïque d'où, renvoyés et rembarqués, ils devaient les uns être noyés, les autres jetés sur les côtes du Cap, et là, présenter le spectacle de leurs souffrances et donner plus tard à Toussaint la légitimation de ses colères.

Mais le sacrifice odieux des *Suisses* ne maintint pas la paix: un noir, tambour, du nom de

Scapin, fut, à la suite d'une rixe avec un blanc, arrêté, jugé prévotalement et pendu à un réverbère. Les mulâtres prirent fait et cause pour lui ; un d'entre eux , le capitaine Valmé Cortades, de garde non loin du Gouvernement, abattit dans son indignation, un blanc du nom de Cadot, soldat de la garde nationale, qui passait à cheval. Alors la générale battit de tous côtés ; les régiments d'Artois, de Normandie, l'artillerie royale et la garde nationale blanche, vinrent assaillir le gouvernement où Beauvais et Lambert avaient leur quartier-général.

Le capitaine Pétion qui conmandait l'artillerie de ce poste, par son habileté arrêta l'ardeur des assaillants , sauva sa caste d'une épouvantable catastrophe et mérita de la bouche de Rigaud le surnom de brave.

Enfin les hommes de couleur avaient abandonné une ville que les aventuriers qui y fourmillaient avaient livrée comme une proie à l'incendie. Ils avaient repris leur campement à la Croix-des-Bouquets.

CHAPITRE X.

Négociation pour la paix. Arrivée des commissaires Roume, St-Léger et Mirbeck.

Ainsi à l'Ouest comme au Nord, partout incendie et carnage. Cependant les insurgés du Nord sem-

blaient se disposer à la paix. Jean-François, qui
tenait une petite cour à la Grande-Rivière, se
plaisait à donner des fêtes. Le 17 novembre, il y
eut au camp général un grand concours de monde ;
ces hommes, qui n'avaient pris les armes que pour
avoir trois jours francs par semaine, rassasiés de
meurtres, agitèrent la question de la paix. On arrêta
de faire une adresse à l'assemblée coloniale : un
blanc, procureur de la commune de Valière, M.
Gros, qui avait été fait prisonnier au sac de ce
village et à qui par miracle on avait laissé la vie
sauve , fut chargé de rédiger l'adresse. Cette
adresse dans laquelle on demandait un certain
nombre de libertés pour les chefs de l'insurrection
et des lois pour l'amélioration du sort des esclaves,
fut portée à Jean-François au camp Prieur , où il
faisait depuis peu sa résidence. Ce chef l'approuva.
« Ses réflexions, dit Gros, portaient l'empreinte du
bon sens, d'un fond d'humanité et d'un génie au dessus de son espèce : car m'étant émancipé jusqu'au
point de lui demander quel était le vrai but de la
guerre qu'il nous faisait, il me répondit avec hon -
nêteté, refusant néanmoins de s'expliquer catégori-
quement. Ce qu'il me dit suffit cependant pour fixer
à jamais mon jugement. Voici ses propres expressions : « Ce n'est pas moi qui me suis institué général des nègres : ceux qui en avaient le pouvoir m'ont
revêtu de ce titre. En prenant les armes, je n'ai

jamais prétendu combattre pour la liberté g´nérale, que je sais être une chimère tant par le besoin que la France a de ses colonies que par le danger qu'il y aurait à procurer à des hordes incivilisées un droit qui leur deviendrait infiniment dangereux et entraînerait indubitablement l'anéantissement de la colonie ; que si les propriétaires avaient été tous sur leurs habitations, la révolution n'aurait peut-être pas eu lieu. Ensuite il se déchaîna beaucoup contre les procureurs et économes : il voulait qu'on insérât comme article fondamental dans les conventions, qu'il n'y en aurait plus à Saint-Domingue (1). »

Jean-François, avant de se décider entièrement, voulut avoir l'avis du père Bienvenu et de de Lahaye, curé du Dondon (2) ; ils furent invités à se rendre au camp Prieur et fortifièrent Jean-François dans ses pacifiques dispositions. Les propositions furent envoyées au Fort-Dauphin et à la Marmelade. Le 5 décembre, Thouzard, qui commandait au Fort-Dauphin, répondit que les propositions étaient acceptables et qu'il les expédierait à l'assemblée coloniale. Jean-François, à cette nouvelle, laissa éclater sa joie ; il envoya dans les camps l'ordre de cesser les hostilités et fit traiter ses prisonniers avec plus d'humanité.

(1) Récit historique, par Gros.
(2) Prisonnier des révoltés.

Alors seulement Jean-François, qui redoutait l'emportement de Biassou, lui dévoila le secret; Biassou trompa tout le monde en donnant son approbation à tout ce qui avait été fait.

Mais le temps s'écoulait; Thouzard n'avait pas expédié les dépêches; la conciliation n'entrait pas dans les vues de ce contre-révolutionnaire.

C'est à cette époque que débarquèrent au Cap, le 28 novembre, trois commissaires envoyés par la métropole avec une mission de paix; ces trois com missaires étaient messieurs Roume, Mirbeck et St.-Léger. Roume, créole de la Grenade, avait été conseiller en cette île et ensuite commissaire ordonnateur à Tabago; sous son extérieur simple et modeste, il renfermait beaucoup de science ; d'un caractère flegmatique, il eût été inabordable aux attaques des factions, si sa faiblesse ordinaire n'en provoquait pas les vœux.

Mirbeck, avocat célèbre au conseil d'État, où il avait plaidé beaucoup de causes pour les colons, avait une hauteur raide dans le caractère.

St.-Léger avait longtemps séjourné à Tabago, comme médecin et comme interprète de la langue anglaise; il y possédait des esclaves.

Ce sont ces trois hommes à qui était confiée la mission de retirer la colonie des bords de l'abîme où elle allait se précipiter.

Le premier soin des commissaires fut de chercher à apaiser la guerre civile qui dévorait l'Ouest, et d'arrêter l'ouragan qui couvrait le Nord de ruines; ils firent abattre les potences qui étaient dressées en permanence à la Fossette.

La nouvelle de l'arrivée des commissaires décorés du caractère de représentants du roi, causa de la sensation à la Grande-Rivière. Le père Sulpice, curé du Trou, y envoya la proclamation du roi du 30 septembre qui proclamait une amnistie. Jean-François et Biassou résolurent d'envoyer directement une députation au Cap; ils demandaient par leur lettre du 12 décembre la liberté pour les principaux chefs et promettaient, moyennant cette concession, de faire rentrer dans l'esclavage les nombreux ateliers qu'ils avaient soulevés; la lettre porte la signature de Jean-François, de Biassou, de Toussaint, de Manzeau et de Desprèz.

Ainsi ces chefs allaient aliéner la liberté de leurs frères; ce qu'il y eut de plus exorbitant, c'est que Jean-François et Biassou demandaient trois cents libertés, tandis que Toussaint opinait pour réduire le chiffre des libertés à cinquante (1). Mais notons qu'il faut tenir compte qu'à cette époque la liberté générale semblait un rêve irréalisable; en présence de la conduite de Toussaint, que devient maintenant le reproche fait à Ogé de n'avoir pas appelé les

(1) Récit de Gros.

esclaves à prendre part à sa tentative d'émancipation ? J'insiste à dessein sur ce point. Cependant, qui devait porter au Cap l'adresse des insurgés ? la population blanche de cette ville inspirait, par les exécutions fréquentes qu'elle faisait, une telle terreur aux noirs que nul nosa se charger de cette mission. Deux hommes de couleur, Raynal, mulâtre libre, et Duplessy, nègre libre, habitants de la Grande-Rivière, offrirent de faire le voyage.

Raynal et Duplessy se rendirent donc au Cap. Au poste St.-Michel, on leur banda les yeux et on les fit escorter en ville, d'abord, chez le général Blanchelande, puis on les conduisit à l'assemblée, enfin à l'hôtel de la commission.

L'orgueil des membres de l'assemblée avait reçu avec hauteur et dédain les missionnaires de la paix ; la commission, au contraire, les écouta avec bienveillance. L'assemblée avait ajourné à dix jours la réponse qu'elle devait aux propositions qu'on lui faisait.

Néanmoins le retour de Raynal et de Duplessy confirma les insurgés dans leurs bonnes dispositions ; les blancs qu'ils détenaient prisonniers dans les divers camps furent mieux traités.

CHAPITRE XI.

Retour des missionnaires au Cap. Colère de Biassou. Sagesse de Toussaint.

Raynal et Duplessy, au jour convenu, revinrent au Cap; Cadusch les fit introduire à la barre de l'assemblée: « Émissaires des nègres en révolte, leur dit-il, vous allez entendre les intentions de l'assemblée coloniale. L'assemblée fondée sur la loi et par la loi, ne peut correspondre avec des gens armés contre la loi, contre toutes les lois. L'assemblée pourrait faire grâce à des coupables repentants et rentrés dans leurs devoirs. Elle ne demanderait pas mieux que d'être à même de reconnaître ceux qui ont été entraînés contre leur volonté. Elle sait toujours mesurer ses bontés et sa justice; retirez-vous! »

Retirez vous! à des hommes qui viennent l'olivier à la main! à des hommes que vous avez appris sans raison à mépriser, et qui sauront un jour vous mépriser! Les deux émissaires sortirent de l'assemblée, l'indignation dans le cœur, la malédiction frémissante sur les lèvres; ils percèrent la foule des spectateurs, le front haut, et quand cette foule croyait les conspuer par des cris, ils s'en allaient enregistrant un nouvel outrage au livre de la vengeance.

Heureux de n'avoir pas dans l'ardeur des passions péri au Cap, Raynal et Duplessy revinrent à la Grande-Rivière annoncer à leurs chefs l'inutilité de leurs tentatives.

Ainsi semblait s'évanouir tout espoir de la paix; ainsi l'aristocratie blanche, jetant insolemment le gant à l'insurrection, croyait être encore à ces jours où d'un regard le colon faisait plier les genoux à l'esclave; ces pauvres blancs ne se doutaient pas que la liberté appartient à tous, et que toute prospérité bâtie par le privilége doit nécessairement disparaître dans la marche du temps où se confond l'épiderme et où s'égalise le sort.

L'arrivée des émissaires à la Grande-Rivière fit assembler la population et l'armée; chacun avait rêvé à l'union; mais quel ne fut pas le désappointement de ces hommes simples! Quand les émissaires leur eurent raconté la manière hautaine avec laquelle ils avaient été reçus, un cri de rage et de douleur s'éleva dans les airs.

Biassou s'emporta suivant son habitude et ordonna de tuer tous les blancs qu'il détenait dans les camps de sa dépendance.

Toussaint, qui avait signé les dépêches, et qui aussi avait cru à un accommodement, vit avec douleur la colère si redoutable de Biassou. Toussaint, toujours humain et son ami François Laffitte, toujours débonnaire, envisagèrent avec horreur les préparatifs de l'holocauste; ils en épargnèrent la honte à l'humanité, en apaisant la fureur de Biassou, en prenant sous leur protection toutes les victimes déjà désignées au sacrifice, en démontrant à leur chef que dans les grands orages il y a de la magnanimité à garder de la sérénité.

Toussaint possédait une élocution rapide, animée, figurée, une éloquence qui puisait son triomphe dans les lois de la nature : la colère de Biassou fut calmée.

Il y a des milliers de traits pareils à celui que nous venons de citer dans la vie de Toussaint et de François Laffitte.

Ainsi encore un jour Biassou reçoit une proclamation du Cap; elle engageait les esclaves à rentrer dans le devoir. Biassou fait prendre les armes à son monde, et ordonne la lecture de la proclamation; chacun y répond par un cri de mort contre les blancs prisonniers. Toussaint frémit, s'élance rapidement sur la proclamation, en donne lui-même une nouvelle lecture; puis, commentant les mots de paix et de travail, il fait taire la colère; il y substitue le désir de la tranquillité; il désarme la vengeance, il met à sa place le sentiment de la charité : des larmes coulent des yeux de tous les insurgés et les prisonniers sont sauvés.

CHAPITRE XII.

Conférence de Jean-François avec la commission. Renouvellement des horreurs de la guerre. Position de Toussaint.

La réponse que l'assemblée coloniale fit à la députation avait justement irrité les révoltés ; mais la lettre pleine de bienveillance que la commission leur avait écrite, calma l'agitation ; cette commission demandait une conférence ; elle fut accordée.

La conférence eut lieu le 21 décembre, au village de la Petite-Anse, près de la ville du Cap, sur l'habitation Saint-Michel. L'assemblée coloniale y envoya une délégation dont faisait partie M. Bullet, l'ancien maître de Jeannot, dont nous avons dit les crimes. Jean-François, suivi d'une nombreuse cavalerie, laissa Biassou à la Grande-Rivière; et, plein de confiance dans les représentants du roi, il se porta au rendez-vous ; il descendait de son cheval, quand Bullet (1) en saisit la bride et lui appliqua un coup de cravache ; le fait était tellement brutal et inat-

(1) Bullet abandonna le Cap le 2 août 1792.

tendu, que Jean-François, sans proférer une parole, se retira avec précipitation vers les siens qui se tenaient à distance ; la magie du blanc n'était pas encore tombée aux yeux de l'esclave, car qui empêchait Jean-François et sa nombreuse escorte de disperser à coups de coutelats la poignée de blancs qui se trouvait à Saint-Michel ?

Mais le commissaire Saint-Léger alla seul, à plus de deux cents pas vers Jean-François ; cet acte de confiance ranima celle de l'insurgé qui se précipita aux pieds du commissaire, en signe de dévouement à la loi et au roi. Saint-Léger n'oublia rien pour faire oublier à Jean-François l'injure qu'il avait reçue.

On convint de la concession de cinquante libertés, de la remise des prisonniers et du retour des ateliers aux travaux de l'esclavage. Jean-François, de son côté, demanda sa femme, qui était détenue dans les prisons du Cap : rien ne prouve que cette demande ait été exécutée par les blancs. Mais lui, fidèle exécuteur de sa parole, renvoya le lendemain les prisonniers ; ce furent Toussaint et François Laffite qui en firent la remise. Chacun croyait à la paix ; mais le mouvement était plus puissant que Jean-François et ses lieutenants. On dit que quelques contre-révolutionnaires engagèrent les insurgés à violer la foi promise. Quoiqu'il en soit, le bruit des armes devait retentir encore longtemps dans ces climats infortunés.

Jean-François s'empara d'Ouanaminthe, à l'est de l'île, le 15 janvier 1792; dans la nuit du 22 au 23 du même mois, Biassou tournait le village du Haut-du-Cap, égorgeait tous les malades de l'hôpital de la Providence, surprenait la batterie du Bel-Air, et là, tirait deux coups de canons sur la ville du Cap, qui, réveillée en sursaut, tremblante, se voyait déjà la proie des flammes et le théâtre d'un affreux carnage; quand au jour on alla à sa rencontre, il était rentré au camp Galiffet, emportant comme un trophée, sa mère qu'il venait d'arracher des fers de l'esclavage.

Jean-François, en recueillant l'héritage de Bouckman, dans la folie de son ambition, s'était d'abord donné le titre pompeux de roi (1), puis celui de généralissime, puis enfin, il avait reçu de l'adulation castillanne, celui de grand-amiral. Aimant le pouvoir pour le luxe qu'il peut procurer, il portait un habit de drap gris à parements jaunes, orné d'un crachat, d'une croix de Saint-Louis et du cordon rouge; il ne parcourait les campagnes que précédé de douze gardes-du-corps, ceints d'une bandolière remplie de fleurs de lys; puis rentrant dans la vie d'une molle volupté, il laissait l'ac-

(1) Nous renvoyons le lecteur à la collection de Moreau de S. Méry, année 1791. Archives de la marine.

tivité guerrière à Biassou. Celui-ci se faisait appeler vice-roi des pays conquis; or, ces pays conquis étaient les habitations et quelques bourgades, que l'incendie avait mises entre ses mains; il aimait le séjour du Grand-Boucan dans les hauteurs de la Grande-Rivière; c'est là, sur l'habitation Thomachon, qu'il avait ce qu'il appelait son gouvernement, son palais, ses bureaux ministériels, dont Toussaint était le régisseur et le principal secrétaire.

Deux hommes si dévorés d'ambition finirent par se brouiller; plusieurs fois ils faillirent en venir aux mains dans le bourg de la Grande-Rivière. D'un accord commun, ils se partagèrent le commandement : celui de Biassou s'étendait de la Tannerie au Port-Français; celui de Jean-François, du même endroit aux limites du Fort-Dauphin et à la lisière du territoire espagnol; l'un au nord, l'autre à l'est.

Toussaint, principal aide de camp de Biassou, s'était attiré l'inimitié de Jean-François, qui probablement était blessé de sa supériorité intellectuelle; mais jusqu'alors il avait su se faire respecter par l'un comme par l'autre de ses chefs.

Toussaint, au milieu du tourbillon politique, couché pour ainsi dire à plat ventre, semblait faire peu attention aux dissentions de ses généraux ; décoré du titre de maréchal-des-camps et armées du roi, il s'appliquait à gagner l'estime de l'armée, jetait les racines de l'influence qu'il devait un jour exercer à son tour sur l'esprit de sa race, et méditait la future indépendance de sa fortune.

Lui seul parmi les insurgés avait pleuré (1), quand il avait vu tout espoir de paix s'évanouir devant les intrigues de la contre-révolution, qui pensait, par la ruine des colonies, opérer celle de la métropole, et faire rétrograder au profit de la royauté les progrès du torrent de la liberté.

Lui, plus que tout autre, était demeuré dans la crise insurrectionnelle pur de tout crime ; lui seul resta étranger au hideux commerce de la traite que Jean-François et Biassou avaient inauguré : ces deux misérables vendaient, en effet, sans remords, leurs compagnons aux Espagnols ; ceux-ci faisaient passer à la Havane les malheureuses victimes de cet infâme commerce (2).

(1) *Sic.* Interrogatoire de Laroque. *Archives générales de France.*

(2) Nous n'avons dans nos études rencontré qu'une seule allégation qui accusât Toussaint d'avoir participé à ce crime ; mais elle a paru passionnée. *Archives générales de France.*

CHAPITRE XIII.

Premier fait d'armes de Toussaint. Arrivée de Sonthonax, de Polvérel, d'Aillaud. Prise de la Tannerie, par Laveaux.

Jusqu'alors Toussaint, par insouciance, sans doute, par calcul, peut-être, n'avait encore occupé aucun commandement actif dans l'armée, du moins je ne le vois dans aucun document : il était plutôt occupé des affaires civiles.

C'est son fils qui nous révèle qu'il eut le commandement du camp Pelé qui, assis sur le dos du morne de ce nom, servait d'avancé au camp de la Tannerie ; ce dernier endroit, placé entre le Dondon et la Grande-Rivière, commande en temps de guerre la communication entre les deux villages(1).

D'Assas (2), commandant du régiment du Cap, vint attaquer le morne Pelé le 7 octobre 1792. Le

---

(1) Mémoires d'Isaac L'Ouverture.

(2) Le chevalier d'Assas était le frère du preux du même nom dont la mort héroïque illustra le régiment d'Auvergne : qui ne se souvient du capitaine qui, cerné par l'ennemi dans un poste avancé et menacé de mort s'il poussait un cri, s'écria : à moi, Auvergne ! et en donnant ainsi l'éveil, tomba mort pour le salut de son pays.

combat fut rude. Toussaint se défendit avec une rare intrépidité ; mais, perdant beaucoup de monde, il se retira devant le brave d'Assas, et rentra à la Tannerie. C'est le premier fait d'armes de Toussaint que l'histoire nous ait transmis.

La guerre continuait donc ses ravages. Les commissaires avaient, comme on l'a vu, vainement tenté de faire rentrer les esclaves dans le devoir. Saint-Léger s'était rendu dans l'ouest pour apaiser la grande querelle des affranchis avec les blancs ; Merbeck était retourné en France, où Saint-Léger ne tarda pas à le suivre.

Roume, resté seul en lutte avec l'assemblée coloniale, attendit la nouvelle commission qui était annoncée. Cette nouvelle commission, composée de Sonthonax, de Polvérel et d'Aillaud, débarqua au Cap le 17 septembre 1792.

Sonthonax était l'âme de la mission. Reçu aux Jacobins, il portait dans la colonie toute l'exaltation des principes de cette société célèbre ; mais l'incandescence de sa nature ne recélait aucun principe fixe. Sonthonax, toujours disposé à tourner du noir au blanc et du blanc au noir, les périls de la situation l'émurent souvent. Il avait été journaliste, et collaborait dans *les Révolutions de Paris*, de Prudhomme.

Polvérel, au contraire, avait la générosité d'un jeune homme, la puissance que donne une opinion arrêtée et l'inflexibilité qui caractérise la justice. Moins ardent que son jeune collègue, il avait sur lui l'avantage du calme au milieu de la tempête, le sentiment de la résistance au milieu du danger, et surtout une foi aussi fervente que sincère dans le triomphe des principes révolutionnaires.

La mission d'Aillaud fut un passage si court sur cette terre de douleurs, qu'il est inutile de qualifier son caractère. La tempête lui fit perdre la tête pour ainsi dire ; il se sauva en France.

Les nouveaux commissaires étaient accompagnés de six mille hommes de troupes ; les généraux Desparbès, d'Hinisdal, de Lassalle et de Montesquiou-Fésenzac devaient, le premier prendre le commandement de l'île, chacun des autres, le commandement d'une des trois provinces. Dans cette nouvelle expédition figuraient Etienne-Laveaux, lieutenant-colonel au 16e régiment de dragons, Desfourneaux, lieutenant-colonel au régiment du Pas-de-Calais, et Montbrun, lieutenant-colonel, aide-de-camp de Desparbès ; ce dernier était mulâtre, créole de Saint-Domingue. Ces trois derniers personnages jouèrent plus tard un grand rôle dans l'interminable tragédie dont l'île fut le théâtre. Le général Rochambeau était aussi venu à bord de l'escadre ; mais sa destination était à la Martinique.

Blanchelande, dénoncé comme contre-révolutionnaire par ces mêmes colons aux préjugés des-

quels il avait sacrifié Ogé et ses compagnons, fut
déporté pour la France le 20 octobre. Le 12, avait
été supprimée la funeste assemblée coloniale, qui
fut remplacée par une commission intermédiaire
de douze membres (1). Ainsi, le début de la commission était énergique.

Le 21, Desparbès lui-même, accusé d'incivisme,
et suspect d'idées contre-révolutionnaires, fut obligé
de se rembarquer; le général de Lassalle fut appelé
au gouvernement général. Ce vieillard, qui,
commandant en chef des forces de Paris au 14
juillet 1789, avait enlevé l'admiration de tous les
patriotes à la prise de la Bastille, n'eut pas le
temps d'arriver au Cap pour prendre sa nouvelle
charge, quand le général Rochambeau reparut. Ce
dernier s'était présenté à Saint-Pierre (Martinique)
avec dix-huit cents hommes pour relever le général
Béhague, qui avait arboré le drapeau blanc, et pour
faire proclamer les nouvelles lois françaises; mais il
fut reçu à coups de canon et obligé de reprendre le
large. Alors il fit route pour Saint-Domingue, où
il craignait la même réception; mais il fut joyeuse-
ment surpris quand la municipalité envoya à sa
rencontre des commissaires qui l'engagèrent à entrer
en rade. Sonthonax l'accueillit solennellement et lui
donna la place que Lassalle n'occupait pas encore.

(1) Six de ces membres furent choisis dans le sein de l'assemblée, les autres parmi les anciens libres.

Rochambeau était jeune et ardent; il ne donna aucun repos à ses troupes, entra en campagne à la tête de plus de deux mille hommes. Le 8 novembre, à 5 heures et demie du matin, il reprenait à l'assaut le village d'Ouanaminthe, dont le fort était défendu en personne par Jean-François, qui, incapable de résister à l'impétuosité des Français, se jeta dans les bois et gagna Vallière. Rochambeau avait fait douze prisonniers, neuf nègres et trois soldats du régiment du Cap, qui, déserteurs ou prisonniers au camp d'Ouanaminthe, avaient servi l'artillerie de Jean-François. On les conduisit au Cap, dans l'espoir d'en tirer des renseignements; mais, dans cette ville, presque en face de l'hôtel de la commission, ils tombèrent percés de mille coups sous la rage de la population blanche.

Rochambeau ne put poursuivre plus loin l'insurrection; car, rappelé au Cap, il reçut l'ordre d'aller reprendre le commandement de la Martinique, qui était revenue à de meilleurs principes. Il partit le 12 janvier, laissant le commandement du nord à Laveaux et le commandement général à Lassalle.

Le vaisseau qui portait Rochambeau n'avait pas encore perdu la vue du Cap, que Laveaux organisa, le jour même de son départ, une attaque contre la Tannerie et le Dondon. Trois colonnes : la première, dite de l'Ouest, n° 1, commandée par de

Nully, lieutenant-colonel du 84e; la deuxième, dite de l'Ouest, n° 2, commandée par Desfourneaux, lieutenant-colonel au bataillon du Pas-de-Calais, devaient marcher, la première, par la Marmelade; la seconde par Ouanaminthe; Laveaux avec le centre, composé de 331 fantassins francs, 122 cavaliers francs, 225 hommes de ligne et 45 dragons devaient attaquer par la Grande Rivière.

De Nully partit de la Marmelade le 25 janvier; le 26, il entrait sans coup-férir dans le Dondon, que Jean-François évacua honteusement sur Vallière. Laveaux était sorti du Cap le 14; le 18, il marchait en avant, en enlevant le 19 le morne Milot, où depuis Christophe bâtit sa citadelle, le morne à Mouton et le morne du Grand-Pré. Laveaux n'éprouva de résistance sérieuse qu'à la Tannerie. Ce point avait toujours été considéré comme le boulevard des insurgés; le grand chemin qui y conduit était fermé par une double porte à huit pieds d'éloignement l'une de l'autre; la première porte était doublée en cuivre. D'un côté du camp il y avait un large fossé où on avait fait entrer l'eau de la rivière; de l'autre un fossé montant jusqu'au milieu du morne et garni d'une palissade épaisse. Les batteries, placées sur une plate-forme à mi-morne, étaient protégées par un bastingage fait suivant toutes les règles de l'art (1).

(1) Rapport de Laveaux.

Biassou et Toussaint défendaient cette position qu'ils croyaient inexpugnable ; le combat dura plusieurs heures ; la fusillade et la canonnade de la Tannerie étaient plus soutenues par les insurgés qu'à l'ordinaire. Laveaux avait commencé l'attaque en flanc ; mais un jeune dragon, n'écoutant que son impétuosité, monte sur le mur au milieu d'une pluie de balles, et ouvre la première porte : toute la cavalerie s'y précipite. Biassou ne songea pas à défendre la seconde ; lui et Toussaint s'enfuirent par le grand chemin de la Grande-Rivière, perdant ainsi quinze pièces de canon et plus de dix camps.

La perte des insurgés fut considérable. Laveaux n'eut que neuf hommes tués et seize blessés. Ainsi l'insurrection se trouva acculée dans les doubles montagnes de Valière, et la plaine fut libre ; encore un effort vigoureux, tel que Laveaux savait les donner, et la révolte était étouffée ; mais, le 12 février, Laveaux, malade, rentra au Cap, laissant cependant de bonnes garnisons dans les différents points qu'il avait enlevés.

CHAPITRE XIV.

Sonthonax part pour Port-au-Prince. Sa rencontre à S. Marc avec Polvérel. Guerre de la métropole contre l'Europe coalisée. L'armée de Jean-François passe au service de l'Espagne. Incendie du Cap. Proclamation de la liberté.

Pendant les événements que nous venons de raconter, Polvérel était aux Cayes, cherchant à faire comprendre au sud et à l'ouest les bienfaits de la paix ; mais le Port-au-Prince était éloigné plus qu'aucune autre cité des idées de fusion ; l'aristocratie cutanée, toute puissante, y bravait l'autorité de la commission.

Sonthonax part du Cap le 28 février avec un détachement de cent hommes commandé par Desfourneaux et de cinquante dragons commandés par Martial Besse.

Polvérel, revenant des Cayes à Saint-Marc, guidé par des hommes dévoués, ne toucha pas au Port-au-Prince, dont l'esprit d'insubordination était tel que le gouverneur général de Lassalle y était constitué prisonnier ; dans sa route il rencontra Sonthonax. Ces deux enfants de la France s'estimèrent heureux de n'avoir pas péri au milieu des tourmentes politiques qui dévoraient le pays, et de se rencontrer de nouveau loin d'une patrie commune; l'âme pleine de la beauté et des périls de leur mission, ils s'embrassèrent sur le rivage au milieu de l'émotion générale.

Polvérel et Sonthonax résolurent d'aller soumettre le Port-au-Prince. Le 24 mars, ils mirent en réquisition les quatorze paroisses de l'ouest ; le 21 avril, cette ville, après une cannonade, ouvrit les portes à la commission qui, cette fois, réinstalla les proscrits du 24 novembre dans leurs foyers; elle fit plus ; elle les organisa en troupes soldées, sous le nom de légion de l'ouest, dite de l'Egalité ;cette légion fut composée de trois bataillons, un d'artillerie, un d'infanterie , un de cavalerie.

Tout alors présageait de nouvelles destinées à la colonie. L'infortuné Louis XVI avait porté sa tête à l'échafaud (le 21 janvier 1793) ; la France avait proclamé la République; ce grand événement devait provoquer une lutte à mort contre les rois.

Loin de craindre cette lutte, la Convention en donna le signal; elle déclara la guerre à l'Angleterre, à la Hollande, à la Prusse, à l'Empire et à l'Espagne. Aussitôt la déclaration de guerre, les grands planteurs qui étaient à Londres offrirent au gouvernement de ce pays de lui livrer la colonie de Saint Domingue. Cette offre fut d'abord

repoussée ; car l'Angleterre était absorbée par les
événements du continent européen.

Les nouvelles de l'Europe étaient parvenues officiellement à Sonthonax et Polvérel ; leur énergie
fut à la hauteur des dangers que semblait courir
la mère-patrie. Par leurs ordres la déclaration de
guerre fut proclamée partout avec solennité ; elle
eut lieu au Cap le 22 mars (1).

Les destinées de la colonie se trouvaient compli-
quées de celles de la mère-patrie; la mort de Louis XVI
éloigna plus que jamais les esclaves de toute pensée de recours à la paix. Ces hommes simples, qui
dès le commencement de l'insurrection, n'avaient
jamais cessé de gémir sur le sort du roi, d'invoquer son nom au milieu des combats ; ces malheureux, à qui les contre-révolutionnaires avaient
persuadé que le roi leur avait accordé trois jours de
liberté par semaine, et qui accusaient leurs maîtres
de ne pas vouloir leur accorder ces trois jours, jurèrent haine à la République régicide. Ils étaient déjà
en bonne intelligence avec les Espagnols de qui, en
échange de leurs bestiaux, ils recevaient leurs provisions de bouche, leurs habits, leurs munitions de
guerre quand une politique ennemie de la France
n'eut aucun effort à faire pour les enrôler sous ses
bannières; ils passèrent presque aussitôt après la pu-
blication de la guerre au service du roi d'Espagne,

---

(1) Lettre de la commission intermédiaire à Sonthonax.

Charles IV, sous le titre d'auxiliaires. Jean-François, reconnu lieutenant-général par le roi d'Espagne, perdit l'hyperbole de ses titres de roi et de généralissime. Biassou devint brigadier des armées; son aide-de-camp Toussaint eut le même titre; on leur décerna au nom du roi d'Espagne une médaille à son effigie; à l'exergue se trouvait une couronne de laurier autour de laquelle, on lisait : *el merito*; la main amicale d'un voisin d'autant plus redoutable que seul il pouvait nourrir, entretenir et protéger une insurrection que Laveaux avait rendue aux abois, donna par des hochets une nouvelle intensité à la dévastation; plusieurs postes conquis par Laveaux furent repris. Cette fois, ce ne fut plus pour cinquante libertés que Jean-François, Biassou et Toussaint combattaient; forts du fanatisme espagnol, ils combattirent, disons-le à leur honte, pour l'esclavage des leurs et pour l'intronisation d'un nouveau roi en France (*sic*).

La métropole n'avait pas été sans sollicitude pour ses colonies; dans ces moments critiques, où à peine elle-même pouvait trouver dans son sein de la fidélité et du dévouement, elle jeta les yeux sur le général Galbaud, possesseur de biens dans les colonies et qui devait occasionner un mal plus grand que celui qu'auraient occasionné les esclaves. Galbaud, monté sur la frégate la Concorde, parut au Cap le 6 mai; Laveaux, qui y avait le suprême commandement, le reçut avec la joie que des fils d'une même contrée éprouvent en se voyant.

Aussitôt sans attendre l'arrivée des commissaires, Galbaud se fit installer dans ses fonctions de représentant du pouvoir exécutif; il ne se croyait obligé à aucune déférence à l'égard des autorités civiles. Mais la commission, triomphante dans l'ouest et dans le sud, où elle avait établi partout, à la place des commandants blancs, des commandants mulâtres, entrait au Cap le 7 juin, avec un détachement d'affranchis commandés par Chanlatte.

La commission ne vit dans Galbaud qu'un lieutenant de Dumouriez qui pouvait trahir le gouvernement. L'examen de ses pouvoirs fit penser aux commissaires qu'il avait du reste surpris la religion de la Cconvention, parceque la loi du 4 avril 1792 interdisait le gouvernement général aux possesseurs d'immeubles à Saint-Domingue. Une première explication, qu'il n'entre pas dans notre plan de détailler, eut lieu entre les commissaires et le général Galbaud; la commission ordonna l'embarquement de César Galbaud dont les propos inciviques étaient faits pour réveiller leur attention.

Le général voulut réclamer, on lui ordonna à lui-même de se rembarquer; il le fit avec sa femme et ses enfants, le 11; ce jour, Laveaux fut appelé à l'intérim du gouvernement, en attendant Lassalle, qui semblait être destiné à saisir à chaque instant, le timon des opérations militaires malgré la débilité de son grand âge.

Galbaud, à bord du vaisseau le Jupiter, brandissait la torche de la discorde; il se proclama le chef d'une révolte dont la conséquence fut l'incendie et la ruine de la ville du Cap, que les colons appelaient dans leur enthousiate amour, le Paris des Antilles.

La commission se retira au Haut du Cap, sur l'habitation Bréda, où se trouvait un camp pour protéger la ville de l'irruption des révoltés. N'ayant plus aucune confiance dans les blancs, qu'elle soupçonnait tous d'être contre-révolutionnaires ; et, cherchant de nouveaux défenseurs pour la cause républicaine, elle proclama le 22 juin la liberté de tous les esclaves qui s'enrôleraient pour la sainte cause de la République. Cette mesure était commandée par une loi suprême; la commission en assuma la responsabilité sur sa tête. Pierrot, qui commandait pour Biassou, au Port-Français, non loin du Cap, fut le premier à se confier à cette proclamation; il vint avec sa bande se mettre à la disposition de la commission.

Mais l'incendie n'était pas éteint; la flotte était dans la rade, Martial Besse, homme de couleur, ancien soldat au 18e régiment, commandant militaire alors au Terrier Rouge, fut appelé au secours de la commission. A la tête de 150 dragons, il traversa, non sans peine et à fond de train, les fossés de Limonade, s'empara, chemin faisant, du Poste-Saint-Michel et arriva au Haut-du-Cap. La commission l'envoya prendre le commandement de la ville dont Lavaux, toujours malade, ne pouvait supporter le poids et lui adjoignit Villate, capitaine d'une compagnie de troupes franches.

Notons en passant que c'est ici pour la première fois qu'apparaît Christophe, qui devait plus tard devenir roi d'Haïti : il était alors volontaire dans une compagnie de canonniers, dont Galbaud avait ordonné la formation ; cette compagnie était destinée à fabriquer des cartouches (1).

CHAPITRE XII.

Livraison de plusieurs communes aux Espagnols ou à leurs auxiliaires.

Martial Besse avait réussi à faire éteindre les feux de l'incendie ; Galbaud avait suivi la flotte (2) à la Nouvelle-Angleterre ; un seul vaisseau, l'América,

(1) Contrôle nominatif de la compagnie des volontaires; archives générales.

(2) Cette flotte se composait des vaisseaux de 74 : l'America, le Jupiter, l'Éole; des frégates la Surveillante, la Concorde, l'Inconstante, l'Astrée, la Fine, la Précieuse; de la gabare la Nor-

commandé par M. de Cambis, était resté fidèle aux
lois de la République.

La commission rentra au Cap, pensant que
l'appel qu'elle avait fait aux instincts libéraux des
esclaves, eût suffi pour enfanter parmi eux des vengeurs pour la dignité républicaine outragée ; mais
l'amour de la liberté, toujours incompris par les
insurgés, ne résonna dans le cœur d'aucun d'eux,
pas même dans le cœur de Toussaint. Il est vrai
qu'alors Toussaint n'était plus l'obscur esclave révolté, courant tous les dangers d'une situation
nouvelle ; c'était un général au service du roi d'Espagne.

Ce fut à de Nully, commandant alors au Dondon,
que la commission confia le soin de la conversion
de l'armée de Biassou, qui alors campait au Bassin-
Caïman, tandis que Jean-François se tenait dans
l'est.

Voici la réponse que les insurgés firent à de
Nully :

« Le Commandant en chef et les officiers d'état-
major de l'armée campée au Bassin-Caïman, au
nom de ladite armée, répondent à M. de Nully,
commandant en chef le cordon de l'ouest, et aux

---

mande; des corvettes la Favorite, le Cerf, l'Expédition, le Serin,
l'Actif, la Manche, le Las-Casas, la Convention Nationale, la
République ; elle se dirigea aux Etats-Unis d'où elle rentra en
France.

officiers signataires, que ladite armée est pour la protection et aux ordres de S. M. catholique ; qu'en conséquence, ils ne traiteront jamais avec les commissaires civils dont ils méconnaissent l'autorité et les pouvoirs ; déclarant en outre, qu'ayant jusqu'à présent conjointement avec leurs autres frères, combattu pour soutenir les droits du roi, ils répandront tous jusqu'à la dernière goutte de leur sang, pour la défense des Bourbons, auxquels ils ont promis une inviolable fidélité jusqu'à la mort.

Au camp du Bassin-Caïman, 25 juin 1793.

Signé : Toussaint, général d'armée du roi ; Moyse (1), brigadier des armées du roi, Thomas, commandant la Crète-Rouge ; Biassou, gouverneur général pour le roi (2); Gabart, colonel.

Ce qui contribuait le plus puissamment à donner tant d'arrogance aux insurgés, était la criminelle tentative du général Galbaud ; cette tentative fut en effet un coup funeste à la France : les troupes européennes mêmes firent défection, et La Feuillée, qui commandait à Ouanaminthe, livra ce bourg à Jean-François (6 juillet), bien que ce poste important fût défendu par 400 soldats de

---

(1) Moïse était neveu d'adoption de Toussaint ; c'est la première fois que nous voyons son nom.

(2) Biassou, on le voit, prenait indifféremment tous les titres d'honneur.

ligne et 8 pièces de canon ; le même jour, le camp Lesec, dont la garnison s'élevait à 100 hommes, et qui était gardé par 3 pièces de canon , passa à l'ennemi ; et le camp de la Tannerie, qui couvrait la plaine du nord , commandé par Allemand, renfermant 12 pièces de canon, donna aussi l'exemple de la défection en se livrant à Toussaint: ainsi manquaient à la France républicaine ceux qui jusqu'alors avaient mérité ses éloges.

Toussaint avait grandi par ses succès inespérés ; dès lors, il eût voulu secouer le joug de l'autorité de Biassou et ne relever que de l'autorité espagnole; mais les temps n'étaient pas venus; d'ailleurs, dans le service de l'Espagne , Toussaint avait si bien perfectionné le fond de dissimulation dont il possédait le germe, qu'il sut comprimer sa passion pour le pouvoir.

CHAPITRE XIII.

Toussaint s'empare du Dondon.

De Nully commandait un cordon important ; à lui Galbaud, dans la présomption du triomphe de la rébellion, avait, pendant les néfastes journées du Cap, envoyé l'ordre d'arrêter les commissaires qu'on supposait en fuite. L'ordre avait été inter-

cepté ; malgré la fidélité de Nully, le lendemain de
sa vaine négociation avec Toussaint, la commission ombrageuse lançait contre lui un mandat
d'amener. Pacot lieutenant-colonel du régiment de
la Charente communiqua à Nully le mandat;
celui-ci effrayé se hâta, le 26 dans la nuit, de gagner
avec ses officiers, le territoire espagnol d'où on
les fit partir pour l'Espagne. Pacot prit le commandement du cordon. Mais la fuite de Nully l'avait
compromis : la commission envoya pour le remplacer Brandicourt qui avait succédé à Laveaux
au commandement du 16ᵉ dragons.

La position du Dondon était alarmante ; cette
place, par la prise de la Tannerie, n'avait plus de
communication avec le Cap d'où elle tirait ses
approvisionnements. Dans ce moment critique, des
intrigants faisaient croire aux soldats, déjà portés
au découragement, que Galbaud les attendait à
Monté-Christo; et ils leur faisaient envisager la terre
espagnole comme un pays de ressources qui leur
tendait les bras.

Le commandant Brandicourt, manquant de vivres, ne voyant aucune tentative contre la Tannerie,
résolut de se retirer à la Marmelade où sa troupe
pouvait trouver des subsistances, parce que tous les
environs étaient au pouvoir de l'insurrection. Or, il
convoqua le 10 un conseil de guerre qui décida
l'évacuation ; pendant la nuit l'artillerie fut en-

clouée, les munitions noyées. Il y a des traîtres partout : Pacot qui avait facilité la fuite de Nully, déjà d'accord avec les insurgés, obtint du conseil, contrairement à toutes les lois de la guerre, que la retraite ne s'opérât qu'au jour; Toussaint en fut alors prévenu et alla poser des embucades sur la route du Dondon.

Le lendemain au matin, l'armée se mit en marche, laissant une centaine de malades à l'hôpital et entraînant une pièce de canon. Planel, lieutenant de grenadiers du 16e régiment, commandait l'avant-garde; au qui vive que lui cria une embuscade, il répondit: France!—Que votre général vienne parler au nôtre, s'écria un des officiers de Toussaint; il ne lui sera fait aucun mal. Le commandant Brandicourt était au centre; ne comprenant pas le motif de la halte, il se précipita en avant, laissant le commandement à Pacot. Quand il eut reconnu l'ennemi, il ordonna de faire feu de la pièce; mais toutes les voix l'engagèrent à aller voir Toussaint, dont l'humanité, lui disait-on, était connue, et de lui recommander de préférence les malades qu'on avait laissés au Dondon. Brandicourt, malheureusement, céda à ce conseil spontané, et suivi de deux officiers, il poussa en avant. Qui eût pu douter de la magnanimité de Toussaint...? Brandicourt et ses officiers furent jetés à bas de leurs chevaux, désarmés, liés mains derrière le dos, maltraités et conduits au camp de

Toussaint. Toussaint ordonna à Brandicourt d'é-
crire à sa petite armée de se rendre : ce brave
militaire, qui avait cédé si facilement à un funeste
conseil, écrivit en pleurant à Pacot que, prisonnier,
il lui laissait le commandement de la colonne et
qu'il s'en référait à sa prudence. Mais le serpent
devenait dragon : Toussaint lut la lettre, la déchira
avec colère : « Je veux, dit-il à Brandicourt, un
ordre exprès de votre part à Pacot de se rendre ici
avec l'armée pour y mettre bas les armes ! »
L'esclave commençait à devenir roi : il fallut obéir
à sa dictée. Un officier, plus républicain que Pacot
n'eût pas tenu compte d'un pareil ordre et après
avoir attendu deux heures son chef supérieur, il se
fût précipité en avant, tambour battant, mèche
allumée ; mais Pacot communiqua cet ordre à ses
officiers, en leur disant : « Faites ce que vous vou-
drez ; pour moi, je me rends ! » Alors la colonne
s'ébranla pour se rendre au déshonneur. Désarmée
et conduite à Saint-Raphaël où commandait le
marquis d'Almonas, elle fut delà dirigée sur Sant-
Domingo. Brandicourt qui la suivait était à chaque
poste mis au cachot ; envoyé à Porto-Rico, il y
mourut avec le chagrin d'un brave trop crédule, il
est vrai, mais qui avait espéré obtenir les égards
dus à l'honneur militaire. C'est à tort que Sonthonax proclame Brandicourt traître à la patrie,

que Garan de Coulon l'appelle infâme ; c'est aussi
à tort qu'un panégyriste de Toussaint attribue la
reddition de la colonne par celui-ci comme un chef-
d'œuvre de combinaisons militaires.

CHAPITRE XIV.

**Laveaux reprend la Tannerie. Fête de la Fé-
dération. Polvérel va dans l'Artibonite.**

Toussaint avait fait brèche au cordon de l'ouest ;
il ne lui restait qu'à s'emparer de la Marmelade et
d'Ennery pour découvrir l'Artibonite, et entrer aux
Gonaïves ; c'était une affaire de temps.

Presque le jour même de l'évacuation du Dondon,
l'infatigable Laveaux, à la tête de huit cents hommes,
marchait à la reprise de la Tannerie. Cette position,
attaquée le 9 juillet, à trois heures du matin, fut
défendue jusqu'à huit heures par Jean-François ;
elle lança sur la petite armée de Laveaux plus de
deux cents coups de canon : mais le feu était si mal
dirigé, que Laveaux ne perdit que 46 hommes et
n'eut que 36 blessés (1).

La reprise de la Tannerie n'avait aucune signi-

_____

(1) Lettre de Laveaux à un de ses parents.

fication importante sans la conquête du Dondon ;
la commission était consternée du présent et inquiète
de l'avenir ; mais l'énergie de Polvérel se réveilla ;
on décida de célébrer sur les ruines encore fu-
mantes du Cap, la fête commémorative de la prise
de la Bastille pour remuer le patriotisme des citoyens.

Or, ce jour là, 14 juillet, un autel élevé à la patrie
sur la place d'armes du Cap, ceint des nobles couleurs du signe de l'alliance de l'humanité, fut entouré par les troupes de ligne, la garde nationale et
les nouveaux libres.

Polvérel et Sonthonax, ayant à leur côté le gouverneur de Lassalle, les membres de la commission
intermédiaire et l'état-major de la place, gravirent
les marches de l'autel. Ces enfants de la révolution,
qui avaient fait 1800 lieues pour travailler à la
paix et à la liberté de Saint-Domingue, étaient douloureusement affectés des maux qui pleuvaient sur
la colonie ; leur figure grave et méditative inspirait
je ne sais quoi de religieux à la population noire et
jaune qui par flots se pressait dans le sein de la
place. Polverel prononça le discours suivant :

Citoyens,

« Ce n'est pas pour célébrer une fête que vous
êtes assemblés. Et comment pourrions-nous nous
occuper de fête au milieu des cendres et des ruines

dont l'infâme Galbaud nous a environnés ! Nous
avons en ce moment un devoir plus sacré à remplir. Il y a aujourd'hui quatre ans que le peuple
Français fit le premier pas vers la liberté et porta
le premier coup à la tyrannie; il y a aujourd'hui
quatre ans qu'il se fit une fédération entre tous
les opprimés contre tous les oppresseurs.

« Les opprimés étaient des soldats qu'on faisait
marcher à coups de plat de sabre, qu'on menait
à la boucherie pour venger les querelles des rois,
qui couraient tous les périls de la guerre, et qui
n'avaient aucune part à la gloire et aux récompenses;
les opprimés étaient les cultivateurs qui fécondaient
la terre de leurs sueurs et n'en partageaient pas les
fruits. Les opprimés étaient des africains que les
rois et leurs satellites envoyaient acheter, dans leurs
foyers, des rois qui n'avaient pas le droit de les
vendre pour les condamner en Amérique à un esclavage éternel. Les opprimés étaient les descendants des africains qui, lors même qu'ils avaient
recouvré leur liberté, étaient réputés indignes de
jouir des droits de l'homme.

« Les oppresseurs sont tous les rois qui trafiquent
de la vie et de la liberté des hommes de tous les pays
et de toutes les couleurs. Les oppresseurs sont tous
les traitres et les brigands qui veulent ressusciter la
royauté et l'esclavage.

« Renouvellons cette sainte fédération ; jurons

tous une guerre à mort contre tous les rois, contre
tous les ennemis de la liberté et de l'égalité.

« Jurons d'être fidèles jusqu'au dernier soupir
à la République Française, et d'exécuter ponctuellement toutes les lois que la Convention nationale
a rendues, et celles qu'elle pourra rendre à l'avenir.»

Tous les citoyens prêtèrent ce serment ; le bruit
de l'artillerie le répéta au loin ; l'hymne des Mar-
seillais fut entonné. Les commissaires, en retour-
nant à leur gouvernement, reçurent les témoignages de la bénédiction générale ; le nom de la Convention nationale était répété avec l'amour le plus en-
thousiaste.

Un citoyen, fidèle au nom à jamais illustre qu'il
portait, Vergniaux, alors juge sénéchal, aussi dévoué à la cause des opprimés que le girondin dont
il était parent, propageait partout l'exaltation de
son cœur ; il fit prendre le bonnet phrygien qui
surmontait l'arbre de la liberté, et, suivi du peuple,
il vint à six heures du soir, devant la maison du
gouvernement. Sonthonax et Polvérel parurent
sur le pérystile. Vergniaud prit la parole : « Des
hommes, dit-il, que la cupidité européenne arracha de leurs foyers pour les plonger dans l'esclavage, des africains, des enfants d'africains, depuis
long-temps dans les fers que vous venez de briser,
vous offrent l'hommage de l'emblême de la liberté.

Votre asile est son temple ; ce gage doit y être dé-
posé. Il est impossible que leur reconnaissance
égale vos bienfaits ; cependant, pour y parvenir, ils
sacrifieront tout jusqu'à leur existence, et s'il est
permis de le dire, leur liberté, votre ouvrage. »

Sonthonax répondit à la foule : « Citoyens, le
bonnet de la liberté est l'image adorée de la nouvelle religion des Français, celle de l'égalité entre
tous les hommes. Vous avez pris les armes pour la
défense de la République et de ses délégués, cet acte
généreux vous a rendus dignes d'être libres ; vous
l'êtes devenus, et nous vous maintiendrons tels au
péril de notre vie.

» L'état de liberté vous fait passer du néant à
l'existence ; sentez tout le prix d'un aussi grand
bienfait ; vous prouverez que vous l'avez mérité, si
vous exécutez ponctuellement les ordres des commissaires civils, si, surtout, vous forcez au travail
ce tas de vagabonds et de fainéants qui ne veulent
ni cultiver la terre, ni défendre les cultivateurs. En
France, le peuple est libre et il travaille. Souvenez-
vous bien que la liberté ne consiste pas à ne rien
faire ; sans travail, il n'y a ni repos ni bonheur. »

Les cris de : Vive la république française ! qu'on
avait entendus le matin, se répétèrent de nouveau.
La pique et le bonnet de la liberté furent déposés
dans la salle d'audience des commissaires, comme

le gage authentique de la reconnaissance des citoyens, sur qui ils avaient répandu les bienfaits de
la République.

Le lendemain matin, Polvérel, cet homme admirable de courage, qui honora tant la France
dans ces contrées lointaines, et dont l'ingratitude
de la monographie n'a pas encore sculpté les vertus, redoutant tout pour le cordon de l'ouest, dont
la tête qui était le Dondon venait de succomber,
volait avec Chanlatte et quelques hommes de couleur pour exalter le patriotisme des défenseurs de
la République. Son arrivée à Plaisance, déjà découverte, paralysa les traîtres; à Ennery et aux Gonaïves
elle opéra le même prodige. Polvérel laissa Chanlatte, patriote connu de tous, au commandement du
cordon de l'ouest dont le quartier-général était à
Plaisance, et se dirigea à Saint-Marc. Cette ville,
commandée par Savary qui, à l'aurore de la révolution, donna à ses frères de la Croix-des-Bouquets
tant de preuves de dévoûment, ballotait et flottait
au gré de tous les vents.

Polvérel apprit une conspiration formidable contre les intérêts de la colonie. Un noir de Port-
au-Prince, nommé Guyambois, que Beauvais avait
fait affranchir après la canonnade du Port-au-
Prince, que Sonthonax avait fait officier, et qui
se trouvait chef de poste non loin de la Petite-Rivière, était à la tête d'un projet de triumvirat dont

Jean-François et Biassou devaient être membres. La prise du Dondon avait uni les insurgés avec Saint-Raphaël, Saint-Michel et Hincha. Dans ces trois villages espagnols, les auxiliaires passaient et repassaient souvent; il ne leur avait pas été difficile d'étendre de là leurs ramifications. Guyambois entra dans la coalition. Secondé par les autorités de la Petite-Rivière, il conclut un traité avec Jean-François et Biassou. Ces hommes, qui avaient refusé le bénéfice de la proclamation des commissaires , se proposaient de demander à l'Espagne la concession du territoire de Saint-Michel, de Saint-Raphaël et de Hincha, d'y établir un gouvernement indépendant, et de proclamer la liberté universelle des esclaves.

Polvérel, malgré son grand âge et une santé débile, se transporte avec la rapidité de la foudre au bourg de la Petite-Rivière, fait arrêter Guyambois et ses complices, les fait conduire dans les prisons de Saint-Marc, assemble le peuple de la montagne et des campagnes, lui fait une peinture hardie et terrible de la tyrannie des rois et fait jurer à tous haine aux ennemis de la République.

Sans l'arrivée inopinée de Polvérel, tout le cordon de l'ouest, découvert par le Dondon, perdait ses communications avec le Port-au-Prince. Polvérel, ayant consolidé pour un moment le respect à la foi républicaine, se dirigea au Port-au-

Prince; à la Croix des Bouquets il fit arrêter Hyacinthe dont la connivence avec les Espagnols était flagrante et le fit conduire dans les prisons de la ville.

CHAPITRE XV.

Attentat du 14 juillet, aux Cayes. Rigaud gouverneur de cette province; son portrait. Organisation de sa légion.

La fête de la Fédération, qui avaient été si touchante au Cap, fut souillée aux Cayes par le plus abominable forfait. Remontons à l'origine des choses.

La ville de Jérémie n'avait en aucun temps connu l'autorité de la commission ; là, l'aristocratie cutanée était toute puissante ; jamais elle n'avait voulu de la loi du 4 avril 1791, qui accordait aux affranchis l'égalité des droits politiques.

La commission s'était vue obligée de charger Pinchinat et Delétang d'aller dans ces parages pour y faire rentrer les hommes de couleur qu'on en avait chassés et qui s'étaient refugiés aux Cayes. Ces délégués étaient accompagnés d'un petit corps d'armée commandé par André Rigaud, alors capitaine.

Ce petit corps d'armée se mit en marche du village du Petit-Trou le 17 juin ; le 18 , il se trouva
en présence d'un camp établi par les blancs de
Jérémie sur l'habitation Desrivaux, garni de cinq
pièces de canon et défendu par cinq cents hommes,
entouré d'une palissade de dix pieds de hauteur et
dominé par deux maisons à étages dont le toit
était percé de meurtrières. Rigaud, n'écoutant que
son ardeur et heureux de la réquisition de la délégation, se disposa pour le 19 à l'attaque de cette
position formidable. Mais sa bravoure éprouva un
cruel échec ; trois fois il monta à l'assaut par trois
colonnes, trois fois il fut refoulé. Là périrent le brave
Jourdain, René Leloup, l'intrépide Tassel. Rigaud,
après quatre heures de combats, ordonna la retraite, et, à la tête de cinquante hommes, il
sut la couvrir au milieu des plus grands dangers.
Rentré au Petit-Trou, Rigaud se prépara à marcher de nouveau en avant ; alors arrivèrent du Port-
au-Prince le capitaine Doyon avec un détachement
de la légion et le capitaine Pétion avec du canon et
sa compagnie d'artillerie.

L'incendie du Cap eut lieu dans ces entrefaites
(20 août). Sonthonax appela à la liberté tous les
esclaves qui voulaient s'enrôler au service de la République (29 août). Rigaud fut mandé aux Cayes
par Delpech qui avait succédé à Aillaud pour exécuter la proclamation de Sonthonax. L'enrolement

des esclaves par Rigaud renouvela la haine que les colons lui avaient vouée dès le commencement de la révolution, et que sa récente attaque du camp Desrivaux n'était pas faite pour calmer.

La fête de la Fédération avait trouvé Rigaud aux Cayes. Blancs, nègres et mulâtres venaient de s'y donner le baiser de paix : la fraternité semblait être dans tous les cœurs. Mais ces heureux présages furent bientôt évanouis : Rigaud avait été sourdement désigné au poignard. En effet, au moment où, à la tête d'un détachement qu'il avait amené du Petit-Trou, il accompagnait à son hôtel le commissaire Delpech, il fut brusquement attaqué par l'infâme Bandollet, commandant de la garde nationale blanche, et ne dut son salut qu'à l'énergie avec laquelle il sut, sous une grêle de balles, se faire jour à travers une forêt de sabres qui s'agitaient autour de lui. Le héros mulâtre, qui s'était attiré ce guet-à-pens pour la pureté de ses principes républicains, gagna alors le fort-l'Ilet, déjà enlevé d'assaut par son frère, Augustin Rigaud.

L'attentat du 14 juillet eut un résultat immense, tant pour la fortune des anciens confédérés du sud que pour la fortune de ceux de l'ouest : toutes les autorités militaires furent renouvelées dans ces deux départements. Rigaud, nommé d'abord commandant-militaire des Cayes, fut fait (25 juillet) colonel de la légion de l'égalité du sud et commandant de la province, en remplacement du colonel Harty.

6

Rigaud, qui doit jouer un si grand rôle dans l'histoire des colonies, était un mulâtre dans le vrai sens du mot, c'est-à-dire fils d'un blanc (1) et d'une négresse (2). Elevé à Bordeaux, où il avait fait d'assez bonnes études et appris le métier d'orfèvre, après avoir fait la campagne de Savannach sous le comte d'Estang, qui aimait sa bravoure, et avoir tenu garnison à la Guadeloupe menacée par les Anglais, il était rentré, modeste et simple fourrier-major dans la milice, au sein de la ville des Cayes, dont la principale gloire est de lui avoir donné le jour. Là, la révolution vint le surprendre exerçant son métier d'orfèvre qui, dans l'échelle des iniquités coloniales, était un privilége exorbitant pour la race nègre (3).

Homme d'une taille moyenne, d'un front martial que le sourire le plus gracieux venait dérider au fort des plus rudes tourmentes de l'âme, il était, au dire d'un de ses contemporains (4), un homme à qui un théâtre a manqué et qui, dans l'Hindostan, eût fondé un empire.

Ainsi l'ancien orfèvre était commandant d'une province et commandant d'une légion qu'il devait

(1) Rigaud, son père, était huissier à la sénéchaussée de Saint-Louis.

(2) Rose Bossy, africaine. Rigaud, naquit aux Cayes le 17 janvier 1761.

(3) Des préjugés de couleur, par M. Linstant (d'Haïti).

(4) Valentin de Cullion.

organiser ; il l'organisa effectivement ; et bientôt
la légion de l'égalité du Sud monta à 24 compagnies, dont 18 d'infanterie, 4 de cavalerie et 2
d'artillerie. Cette légion, dont les grenadiers étaient
tous des hommes choisis, coiffés de bonnets à poil,
fut disciplinée et façonnée aux évolutions militaires.
Elle a été le plus beau et le plus redoutable corps
de troupes qui ait été formé à Saint-Domingue.
Son colonel avait d'ailleurs pour elle une amou-
reuse dévotion ; il ordonna même de faire apprendre
à lire aux soldats. Si , dans le Sud de l'île , le
voyageur rencontre aujourd'hui quelques vieillards
africains qui possèdent les éléments de l'instruction
classique, il peut les saluer : ce sont des légionnaires
de Rigaud ; tous admirables de bon sens, ils ont
le cœur haut, et placé au dessus des préjugés de
l'épiderme ; pour eux, le blanc , le mulâtre et le
nègre sont fils d'un même père. Je rends grâce
aux cieux que l'époque de mon passage sur la terre
m'ait permis de toucher la main de ces vieux débris
de la gloire de mon pays, de ces vieux nègres, dont
l'Europe ne connaît pas l'excellence du cœur et
l'aptitude de l'esprit et dont les descendants sont
appelés à justifier les espérances des amis de
l'égalité.

CHAPITRE XVI. *

Toussaint prend la Marmelade. Defourneaux est battu devant Saint-Michel. — Chanlatte sauve les Gonaïves.

Toussaint, après la conquête du Dondon, se précipita sur la Marmelade. Vernet était commandant-militaire de ce village; c'était un mulâtre à esprit faible et méfiant, deux défauts qui semblent inconciliables ; peu entreprenant, il n'acquérait de bravoure que par l'émulation.

Bien que Vernet eût sous ses ordres une légion de nouveaux libres dont Paul Lafrance (1) était le colonel, et qui était aussi disciplinée que les bataillons de Toussaint, il ne cessait d'importuner la commission de demandes de secours. Polvérel lui écrivait le 20 juillet ces lignes foudroyantes : « Ennery avait moins de forces que vous lorsqu'il a repoussé les Espagnols et les brigands réunis ; nous ne vous croyons pas un traître ; mais vous ne montrez pas le courage d'un républicain ; si vous ne vous en sentez pas assez pour mourir, plutôt que de céder le terrain, nous vous conseillons en frères de nous le dire franchement ; nous

*C'est par erreur typographique que le titre des chapitres XII, XIII et XIV ont été répétés. En outre, on doit lire de la page 75 à 79 inclusivement, le millésime 1793 au lieu de 1792 et de 1794.

(1) Honnête Africain, qui avait vécu en France.

trouverons encore des citoyens qui comptent la mort pour rien, quand il y va de leur honneur et du salut de leur pays. » Cette lettre produisit un effet contraire à celui qu'on devait attendre.

Toussaint attaqua la Marmelade le 27 au matin ; il s'était ménagé des intelligences dans la place ; le traître Jean-Baptiste Paparel, qui commandait le principal poste-avancé, le lui livra ; mais dans l'enceinte du village, Vernet et surtout Paul Lafrance se défendirent encore jusqu'au soir; alors l'évacuation fut décidée sur Ennery. Paul Lafrance se retirait l'honneur sauf, quand Vernet, sans égard à la rude leçon de Polvérel, alla se rendre à Toussaint qui l'attacha à sa personne (1).

Pendant que la Marmelade succombait, le lieutenant-colonel Desfourneaux marchait contre Saint-Michel pour opérer une diversion en faveur du cordon de l'Ouest ; parti du Port-au-Prince dès le 15 juillet avec un détachement du 4ᵉ régiment et les grenadiers du 48ᵉ, il était alors aux Gonaïves où il enrôlait des volontaires.

Là commandait Caze, homme obscur alors, mais qui devait acquérir par la trahison une célébrité produite par le rayonnement de la gloire de Toussaint.

(1) André Vernet épousa une nièce de Toussaint, devint général, et mourut sous le règne de Christophe, les uns disent empoisonné.

Desfourneaux, que nous avons vu arriver avec la commission, a droit ici à quelques mots, car les événements l'ont appelé à remplir un rôle important dans les colonies. C'était un grand et bel homme, disposé aux bonnes actions par une nature généreuse, ayant la brusquerie du geste qu'il confondait avec la noblesse des manières, se faisant mérite d'un langage grossier, n'ouvrant la bouche que pour proférer des jurons ; cette façon d'être attira bien des maux partout où il passa ; c'était du reste un brave soldat.

Desfourneaux s'avançait ; il envoya ordre à Paul Lafrance de venir d'Ennery se joindre à son armée à la Crète-Salée; à cet officier il donna le commandement de l'avant-garde.

Le 3 août, Saint-Michel fut attaqué. Malgré le courage de Desfourneaux et la bravoure téméraire de Paul Lafrance, dont les troupes ne le cédaient en rien aux troupes européennes, les armes républicaines furent complètement défaites par le marquis d'Almonas et Biassou. Sur vingt-cinq artilleurs, dix-sept succombèrent sur leurs pièces; Desfourneaux lui-même reçut plusieurs blessures (1).

Desfourneaux rentra aux Gonaïves, laissant Paul Lafrance à l'habitation Pilboreau pour protéger cette ville. La défaite de Saint-Michel avait en-

(1) Rapport de Desfourneaux et celui de Paul Lafrance.

core enhardi Toussaint. Cet homme, sous les yeux de qui la Marmelade venait d'être incendiée par ses soldats, entra le 13 août dans le canton d'Ennery et attaqua le poste-Pilboreau qui reploya sur celui de Rouffelier, à la porte du village. Paul Lafrance se rendit en diligence aux Gonaïves pour y réclamer des secours ; mais Duvigneau, commandant-militaire d'Ennery, jeune mulâtre qui cependant avait déjà repoussé les troupes de Toussaint, cédant cette fois à l'ascendant de la force, livra son poste à l'ennemi, sans brûler une amorce.

Toussaint, profitant de sa victoire, fit écrire par les habitants aux citoyens des Gonaïves pour les engager à capituler ; le traître Duvigneau lui-même signa ces propositions. Caze semblait perdre la tête ; la générale fut battue ce jour-là et le lendemain sans qu'on vît apparaître les citoyens sous les armes ; chacun au contraire s'empressait de s'embarquer : la plage était couverte d'hommes, de femmes et d'enfants se disputant les canots.

Mais Chanlatte part de Plaisance avec une poignée de braves, tombe rapidement le 16 sur Rouffelier, Ennery, la Crête-Salée, fait prendre la fuite à Toussaint, délivre 112 malades, enlève et fait traîner toute l'artillerie qui défendait ces différents endroits et rentre triomphant aux Gonaïves, où déjà s'étaient repliés les débris de l'armée de Desfournéaux et où, avec 150 légionnaires, venait de débarquer

(**20 août**) Bleck, capitaine de la légion de l'Ouest.

Toussaint, refoulé dans la Marmelade et dans le Dondon, s'appliqua plus par politique que par humanité à adoucir les maux de la guerre. Il rappela tous les propriétaires qui, dès le commencement des troubles, avaient émigré sur le territoire espagnol; il les remit en possession de leurs habitations, sans distinction de couleur. L'esclavage reparut. Comment en blâmer Toussaint? Sa position dans le service de l'Espagne ne faussait-elle pas les tendances de ses sentiments? Mais à cela ne peut-on répondre : Pourquoi n'abandonnait-il pas ce service pour embrasser celui de la République? Toussaint ne se souvenait plus alors du livre de l'abbé Raynal.

CHAPITRE XVII.

Polvérel au Port-au-Prince. Proclamation de la liberté générale.

Polvérel, à son retour de l'Artibonite, changea complètement les autorités militaires. Il nomma (8 août) Lapointe commandant à l'Arcahaye, Morin aux Vérettes, Savary à Saint-Marc. Le 14, le lieutenant-colonel Beauvais alla prendre le gouvernement du Mirebalais. Ces quatre places formèrent un nouveau cordon destiné à protéger

le Port-au-Prince, dans l'hypothèse de la prise des
Gonaïves par les auxiliaires de la partie espagnole.
Ces auxiliaires, en effet, étaient à redouter : c'é-
tait au nom de la royauté et de la religion que
Jean-François, Biassou et Toussaint boulever-
saient l'île de l'est au nord, du nord à l'ouest.
Pauvres esprits ! ils repoussaient avec horreur
la bannière républicaine qui les appelait au partage du bonheur de la liberté ! — La République !
c'était pour eux une idéalité dont ils n'entrevoyaient la réalisation nulle part ; leur raison
viciée par l'esclavage ne comprenait la société que
comme un jeu, un instrument, une machine aux
mains d'un seul.

La liberté marchait cependant à grands pas.
Quelques hommes de couleur, quelques blancs, un
blanc surtout, Vergniaud, agitaient l'idée de l'affranchissement général. Ces hommes de couleur
et ces blancs, ne trouvant pas dans la proclamation du 25 juin, une suffisante application de
toutes les lois divines et humaines qui étaient depuis
des siècles violées dans les colonies, pressèrent Sonthonax de briser audacieusement les fers de la
servitude. Les instructions de la commission ne
le portaient pas, il est vrai ; mais est-il toujours
besoin de s'appuyer sur la légalité pour réaliser
la liberté, quand ce principe est si profondément
écrit dans la conscience humaine ?

Sonthonax proclama donc la liberté générale.
La cérémonie fut auguste et touchante ; ce jour-là,
29 août, autour d'un autel élevé à une Patrie
lointaine, mais présente à tous les cœurs, sous la
gracieuse flottaison de drapeaux tricolores, confondus dans le signe d'alliance de l'humanité, nègres, mulâtres et blancs se serrèrent et se pressèrent les cœurs et les corps dans les saintes convul-
sions que donnent les grands spectacles de la
fraternité.

Le coup était hardi ; il s'agissait d'avoir l'assentiment de Polvérel qui était au Port-au-Prince, et
de Delpech qui était aux Cayes ; il s'agissait encore
d'avoir l'assentiment de la Convention.

Honneur à Sonthonax de ne s'être arrêté devant
aucune considération humaine, pour réparer le
plus grand outrage que l'humanité ait enduré ! Sa
mémoire doit réconcilier les africains avec les
blancs.

Chacun avait pensé que l'acte d'émancipation
aurait dessillé les yeux des malheureux qui s'étaient
enrôlés sous les bannières de l'Espagne ; mais Jean-
François, Biassou et Toussaint, chamarrés de rubans,
dominant de toute leur vanité les ateliers qu'ils
avaient armés, et qui formaient leur *peuple*, conti-
nuèrent à maintenir les fers de l'esclavage; et dans
quelques lettres que j'ai sous les yeux, ils subordon-
naient leur adhésion aux propositions de paix que

leur faisait Sonthonax à l'intronisation d'un roi en France !

Polvérel, malgré son énergie, n'avait pas saisi la situation ; la forme l'emportait sur le fonds : vieil avocat, il crut un instant à la compression de son collègue ; mais Sonthonax le tira d'erreur en déclarant que la liberté générale était dans son cœur, comme dans ses actions. Restait Delpech qui, homme faible, ne comprenait rien à la transformation sociale de l'île et qui devait mourir sans laisser à la colonie autre chose que des regrets officiels.

Sonthonax avait, par une simple proclamation, brisé la verge de la servitude ; Polvérel voulut verbaliser; néanmoins la cérémonie du Port-au-Prince fut solennelle et plus touchante que celle du Cap.

Un autel fut élevé sur la place d'armes (aujourd'hui Place-Pétion) et consacré à la trinité républicaine, liberté, égalité, fraternité : c'était le 20 septembre, la veille de l'anniversaire de la fondation de la république. Le 21, autour de l'autel où se tenait Polvérel, étaient rangés en carré la garde nationale, la légion, les troupes européennes, la gendarmerie à pied et à cheval. Polvérel fit d'abord prêter à chaque fonctionnaire le serment civique et, au bruit de l'artillerie, il attacha la cocarde nationale au bonnet de la liberté. A côté du vieillard était posée, comme près d'un sacrificateur antique, une amphore remplie de parfums ; il y alluma le feu sacré au chant de la Marseillaise; puis il déroula l'acte de manumission que chaque notable s'empressa, émerveillé du grandiôse de la scène, de venir signer. Montbrun, riche possesseur d'esclaves, signa le premier. Ce mulâtre donna la liberté à cinq cents nègres qu'il possédait. La cérémonie fut renouvelée dans toutes les communes de l'Ouest et de l'Artibonite.

CHAPITRE XVIII.

Toussaint et Bramant Lazzary; reprise de la Tannerie.

Toussaint, repoussé du canton d'Ennery par Chanlatte, après avoir organisé les autorités de la Marmelade, était revenu au Dondon; il chercha à gagner à ses drapeaux Bramant-Lazzary, homme noir, qui s'était converti à la République et à qui Laveaux avait donné le commandement du fort de la Tannerie.

Il est fâcheux qu'on ne puisse produire au lecteur la lettre que le rusé Toussaint écrivit à Bramant; mais la réponse en donnera une idée; elle est, du reste, curieuse en ce qu'elle peint l'état des esprits à cette époque, où l'on voyait d'une part des esclaves armés au nom de la royauté, d'autre part des esclaves armés au nom de la République.

« Camp de la Tannerie, 1er septembre an II de la République Française,

« Bramant-Lazzary, commandant en chef les forces de la Tannerie, composées de braves citoyens français de toutes couleurs sans distinction.

« Au citoyen Toussaint-L'Ouverture, soi-disant général des armées de S. M. Catholique de ce jour, hier soi-disant de celles du roi, et à son secrétaire, chef des perturbateurs de l'ordre et de la tranquillité de tous ses frères.

« Citoyen,

« Le Dieu vengeur dont vous profanez le nom, sera, dites-vous, mon premier exterminateur ; tremblez, mon frère, c'est contre vous qu'il agira, puisque vous tenez dans l'erreur vos autres frères qui tous n'aspirent qu'à leur bonheur. La cause de mes concitoyens et la mienne sont les mêmes, c'est celle de vingt-cinq millions d'Européens qui ont anéanti la tyrannie et la persécution ; ils vivent enfin libres.

« Saint-Domingue, sans l'erreur où vous jettent la barbarie et l'*esclave* espagnol, serait déjà tranquille et jouirait aussi du même bonheur. Vous en avez des preuves par la proclamation de notre bon père Sonthonax, commissaire civil et représentant la volonté de la France entière, que je vous ai fait passer hier, et dont vous vous êtes bien gardé de me parler ; mais fier de la liberté générale de tous mes frères de toutes couleurs et de la mienne, j'en attends un bon effet.

« Il ne reste plus d'esclaves à St.-Domingue ; tout homme de toute couleur est libre et *égaux* en droit, et nous croyons que c'est le premier des biens. Qu'avez-vous recueilli du temps des rois et pendant des siècles pour prix de vos travaux et vos vertus naturelles ? La honte et le mépris. Vous n'avez vécu, dis-je, que sous la verge de fer et de cruauté ; pouvez-vous aujourd'hui ne pas être reconnaissant au bien que vous fait la mère-patrie ? Je vous jure que vous aurez beau faire, que vous serez victime de vos folles prétentions, et rappelez-vous surtout que le nom de roi fera toujours frémir tout bon Français. Sachez qu'ils (*les rois*) ne sont jamais qu'au milieu des esclaves, et que, depuis le 21 janvier que notre mère-patrie n'en a plus, elle jouit d'un bonheur parfait ; nous sommes ses enfants (*de la mère-patrie*), et du même avis qu'elle, et périrons plutôt tous que de reconnaître des tyrans et des pervers semblables. Notre devise à tous est de vivre libres ou de mourir ; nous vous en donnerons des preuves, lorsque vous nous en fournirez l'occasion.

« De vous à moi, frère Toussaint-L'Ouverture, je n'ai rien à me reprocher ; je vous ai témoigné amicalement l'indignation que j'avais ressentie de vos qua-

lités de l'ancien régime, puisque tous nos frères et
moi frémissons du souvenir de nos tyrans. Vous
savez comme moi ce que nous avons souffert et la
conduite infâme qu'ont tenue les scélérats espagnols
envers notre brave frère Ogé qu'ils ont livré aux
gens du parti du ci-devant roi pour le faire sacrifier sur la roue. Ils en sont venus à leur perfide
projet, et toute la France entière, je vous le répète,
composée de vingt cinq-millions de frères, a crié
vengeance. Et quelle était la cause, mon frère? il
voulait notre bonheur à tous ; osez-vous encore résister à des sentiments aussi généreux? Non, je ne
le puis croire; vous ouvrirez les yeux et vous revien-
drez à vos meilleurs amis qui n'ont d'autres prétentions que notre bien commun.....

« Bramant-Lazzary. »

Le général d'armée Toussaint reçut la lettre;
mais incertain des avantages qu'il pouvait rencontrer
sous une république dont les destinées elles-mêmes
étaient incertaines, il resta fidèle au roi d'Espagne.
Pendant que Lazzary se croyait si fort et si puissant dans le camp de la Tannerie, il y était surpris
le 10 septembre et n'avait que le temps de s'enfuir
avec un petit nombre des siens. Toussaint fit le
même jour raser la position; puis il revint à la
Marmelade, pour guetter les Gonaïves, comme certains animaux font avec certains oiseaux.

CHAPITRE XIX.

Guerre avec l'Angleterre. Voyage de Polvérel aux Cayes. État des forces de la colonie.

Delpech mourut (27 septembre), laissant aux mains d'André Rigaud les rênes générales du gouvernement du sud ; il mourut en discutant le droit de ses collègues à proclamer la liberté générale.

Les rênes du gouvernement du sud eussent été lourdes pour un autre que pour Rigaud, car les Anglais, guidés par les colons, venaient d'arborer leurs drapeaux sur les fortifications de la ville de Jérémie qui, plus rebelle qu'aucune autre cité, n'avait jamais reconnu aucune loi de la révolution, et qui, depuis l'affaire du camp Desrivaux, portait au pinacle les folies de l'orgueil.

Ce fut le colonel Withloke, commandant du 13°, venant de la Jamaïque, qui prit avec 200 hommes possession de Jérémie au nom de Georges III ; le principal meneur de la trahison était Venant de Charmilly, grand planteur de l'Ile, qui lui-même nous raconte complaisamment son histoire (1). Il avait rencontré à la Jamaïque le baron de Mon-

(1) Réfutation de Briand'Ewards, par Vanant de Charmilly.

talembert qui, fuyant la proscription en France.
pensait opérer dans les colonies une contre-révolution en faveur de la royauté qui était son idole ;
le Môle-Saint-Nicolas suivit cet exemple et se
rendit aussi à un faible détachement anglais. Ainsi
la pauvre reine des Antilles, déjà étreinte à l'est
et à l'ouest par l'Espagnol et par les hordes de
la première insurrection, se trouva pressée par
l'Angleterre, dont l'œil avide ne comptait plus de
distance ni de périls.

Alors Polvérel, quoique malade de la dyssenterie,
devenait plus magnifique de dévouement à mesure de
l'accroissement du danger; il partit pour les Cayes
(2 octobre), ne voulant pour commander son
escorte que Renaud-Desruisseaux, capitaine à la
légion de l'ouest. Le 6 il était aux Cayes; le 9 il y
proclamait cette liberté générale à laquelle le
tempérament de Delpech n'avait pas été fait; le 17, il
nommait Renaud-Desruisseaux commandant-militaire du Fonds-des-Nègres, bourg alors florissant,
dont l'embarcadère se trouve à Miragoâne; le 18, il
nommait Tessier, capitaine à la légion de l'ouest
venu avec Pétion et Doyon pour renforcer le Petit-
Trou, commandant-militaire de l'Anse-à-Veau ; le
même jour, il nommait le capitaine Brunache com-

mandant-militaire du Petit-Goâve; le 19, le capitaine
Beauregard, commandant-militaire de Cavaillon. Gé-
rin avait le commandement-militaire du Petit-Trou;
Toureaux,—des Cayes; Boury,—de Torbeck; Faubert,—de Baynet; Delisle-Bressolle, —du Grand-
Goâve; Greffin, — de Léogâne; tous ces officiers
avaient donné des preuves de leur dévoûment aux
principes de la révolution.

Mais combien de forces militaires la commission
avait-elle à opposer aux Anglais, aux Espagnols,
aux auxiliaires de ces deux nations et à la trahison,
pour faire respecter le drapeau de la France? Des
débris des 15e, 16e, 18e, 41e, 44e, 60e, 73e, 92e,
166e de ligne, du deuxième et du troisième bataillon
de l'Aisne, des troisième de la Charente, du Finis-
tère, du Morbihan, du Pas-de-Calais, et des débris
du 16e dragons et quelques artilleurs; ces forces
répandues sur la surface de la colonie ne présentaient qu'un effectif de cinq mille hommes découragés, inquiets, regrettant la patrie lointaine, et
toujours disposés à chercher un théâtre moins
obscur de gloire que celui où ils se trouvaient.
Puis, venaient la garde nationale et les troupes
franches. La garde nationale n'était composée que
de citoyens indifférents, toujours disposés à abaisser
leurs drapeaux devant le premier vainqueur venu.
On n'a pas besoin d'en donner le chiffre. La troupe
franche formait au nord trois régiments, dont le

premier commandé par Jean-Villatte, le deuxième par Pierre-Michel, et le troisième par Léveillé, pouvait présenter un effectif de deux mille hommes. Puis enfin venaient la légion de l'égalité de l'Ouest et celle de l'égalité du Sud qui, mal organisées comme les autres troupes coloniales, étaient cependant les plus redoutables aux ennemis de l'intérieur et de l'extérieur. Ces deux légions étaient divisées en trois armes ; elles n'eurent jamais sous les drapeaux plus de quatre mille hommes. Pour terminer ce dénombrement, l'île n'avait environ que douze mille défenseurs, mal armés, peu exercés, manquant des moindres nécessités qu'exige le campement.

Certes, ce n'était pas avec de pareilles forces que la commission devait sortir victorieuse de la lutte contre les Anglais, contre les Espagnols et surtout contre leurs auxiliaires ; mais rendons-lui cette justice, son énergie fut toujours à la hauteur du danger.

CHAPITRE XX.

Importance de la ville du Môle. Voyage de Senthonax au Port-au-Prince.

Les Anglais, à qui la trahison de Deneux, lieute-nant-colonel commandant de place, avait livré le Môle - Saint-Nicolas, se croyaient alors maîtres du golfe du Mexique. Le Môle, fondé par le comte d'Estaing qui prit le gouvernement de Saint-Domingue le 7 mai 1764 (1), est de la plus grande importance en temps de guerre et devient alors un port formidable de la marine militaire ; la flotte la plus nombreuse peut y mouiller en sûreté,

(1) Rapportons ici un fragment de l'admirable discours qu'il prononça ce jour là, à l'entérinement de ses lettres au Conseil supérieur du Cap :

« Vous devez bonne justice à tous les hommes sans distinction de couleur ; ne mettez pas dans vos priviléges le funeste avantage de protéger les débiteurs et de faire attendre les infortunés créanciers ; ils ont pu porter leur plainte jusqu'à la cour (de France) ; ils ont dû être écoutés et peut-être exiger la sévérité du meilleur des princes... Mais, Messieurs, le pouvoir que le roi m'a donné est assez étendu peur que j'ose prendre sur moi de vous dissimuler des reproches déjà aussi douloureux pour un chef, qu'ils seraient amers pour moi.... Voilà le seul abus que je ferai de mon autorité. » Dépôt de la marine, (archives).

peut s'y faire caréner et radouber avec toutes les facilités que lui donne l'île de la Tortue qui, couverte de forêts antiques comme le temps, fournit les plus beaux bois de construction. Tout ce qui vient de la Jamaïque est obligé ou de passer devant cette importante place maritime pour débouquer, ou de tourner à l'ouest pour gagner le canal de Bahama; ce n'est pas tout, mieux que la Jamaïque et Cuba, le Môle est placé dans le golfe du Mexique. Ce port peut jeter des brûlots à la Côte-Ferme, aux deux-Guyanes et faire trembler toutes les Antilles par l'abri qu'il donne à des flottes. Il commande l'Océan qui baigne le continent américain; il peut en interdire l'accès à la Suède, au Danemarck, à la Prusse, et surtout à la France qui, dans ces parages lointains, ne compte plus que quelques îlots.

Mais tels étaient les événements de cette époque, que peu de gens songèrent aux intérêts de la mère-patrie. Dans les îles comme en France, l'incertitude et l'ignorance de l'avenir enfantaient la trahison : aussi dans la dislocation générale des institutions, du présent de la colonie, de son avenir, le gouverneur lui-même, le général de Lassalle, ce vieux vainqueur de la Bastille, alla-t-il se jeter au Môle dans les bras des Anglais.

La prise du Gibraltar du Nouveau-Monde et la fuite de Lassalle appelaient Sonthonax du Cap. Il partit de cette ville, escorté de Martial-Besse, lieu-

tenant-colonel commandant de la place du Terrier-
Rouge et précédé de Laveaux, avec les troupes
européennes qui tenaient garnison au Cap, laissant
à Villatte le commandement de cette ville et de ses
dépendances.

Villatte, prompt, brusque, altier, impression-
nable, était fait pour rester au commandement de
la caserne ou pour marcher à l'ennemi ; le commandement d'une place ne convenait pas à cette
nature tracassée, mais toujours prête à arroser de
son sang le drapeau de la liberté.

Sonthonax, à son arrivée au port des Gonaïves,
appela Laveaux à remplacer de Lassalle au gouvernement-général, lui laissa le soin de reprendre le
Môle sur les Anglais; puis, toujours escorté de Martial-Besse qui mit en réquisition au Gros-Morne cinquante dragons, il entra à Plaisance où commandait Antoine Chanlatte; celui-ci avait su préserver
ce village de la propagande de Toussaint.

Sonthonax, arrivé à Saint-Marc, renvoya les
dragons du Gros-Morne ; et, comme il le dit (1),
resté seul avec Martial-Besse et Chanlatte dans
cette ville, il se reposait sur la foi publique et
cherchait à apprivoiser les anciens maîtres avec
la liberté quand une conspiration éclata contre
lui. Il en fut prévenu par Chanlatte. Le mouvement se préparait dans les Hauts-de-Saint-Marc,

(1) Lettre à Polvérel du 9 décembre 1793.

aux Vérettes et à la Petite-Rivière, mais il partait du sein même de la ville où se trouvait Sonthonax. Quelques anciens *pompons-blancs* en étaient l'âme, Savary en était le bras; le prétexte en était le despotisme de la commission; le motif, la proclamation de la liberté générale, et l'excuse, le décret d'accusation que la Convention avait rendu contre ses agents. Sur ces entrefaites Lapointe arriva, le 8 novembre, de l'Arcahaye avec cinquante hommes et une pièce de canon, et, prenant Sonthonax sous sa protection, il le conduisit au Port-au-Prince.

CHAPITRE XXI.

Etat de la France; mort des Girondins; Sonthonax et Polvérel accusés.—Acte de résistance à l'oppression. — Toussaint aux Gonaïves.

Les victoires de Jourdan, de Moreau, de Pichegru, avaient illustré la République. Elles avaient refoulé du territoire français les armées étrangères qui marchaient à la vengeance de la mort de Louis XVI; mais la terreur régnait au dedans. La Gironde (1) même, malgré son éloquence et son dévouement

(1) Le parti modéré de la Convention était généralement com-

à la République, succomba. Sonthonax et Polvérel, liés avec la plupart des Girondins qui
avaient constamment défendu la liberté des noirs,
furent atteints par la réaction ; les colons, profitant
des divisions qui déchiraient la Convention, jouant
à la démagogie, après avoir été royalistes prononcés,
surprirent (le 14 juillet) un décret d'accusation
contre Sonthonax et Polvérel.

L'exécution de ce fatal décret fut confiée au
comité de Salut-public, qui en retarda les effets
pendant plus de huit mois (1); mais les Anglais le
firent imprimer et répandre dans les colonies:
cette publicité enhardit alors les conspirateurs de
l'Artibonite.

Sonthonax était parti de St-Marc le 10 novembre;
le 13, les habitants des Vérettes que commandait Morin et ceux de la Petite-Rivière que commandait un frère de l'infortuné Ogé, se réunirent
à St-Marc: ces trois paroisses proclamèrent, sous
le titre de *Résistance à l'oppression*, un manifeste
contre la Commission. Ce manifeste déclarait que

posé des députés du département de la Gironde, dont on lui
donna le nom; à la tête de ce parti, se montraient Vergniaux,
Guadet, Gensonné, Boyer-Fonfrède, Brissot, etc.

(1) Rapport de Garan-Coulon, t. 4, p. 163.

l'acte de l'affranchissement général n'avait jamais été dans le vœu de la France, qu'il était nul ; que d'ailleurs les commissaires étaient décrétés d'accusation ; enfin, ne reconnaissant que deux classes d'hommes, celle des hommes libres et celle des esclaves, il invoquait la loi du 4 avril et rappelait dans leurs foyers les émigrés et les déportés.

Savary, qui cumulait à St-Marc les fonctions de maire et de commandant-militaire, donna, par une criminelle dérision à l'administration de la scission, le titre de *Conseil de paix et d'union*, titre qu'avaient adopté dans cette même ville les hommes de couleur au commencement de la révolution ; le drapeau blanc fut arboré dans toute l'Artibonite, à l'exception des Gonaïves et du Mirebalais (1).

Le *Conseil de paix et d'union* invita toutes les communes à imiter l'exemple de Saint-Marc ; Léogâne, le Grand-Goâve le firent ; le Petit-Goâve, où commandait Brunache, n'osa remuer, et sans l'énergie de Renaud-Desruisseaux qui commandait à St-Michel du sud, ce quartier arborait aussi l'étendart de la révolte.

Bleck commandait en ces instants de honteuse trahison le cordon du nord-ouest dont le quar-

(1) Lapointe, qui venait de sauver Sonthonax, entra lui-même dans la trahison et devint le plus cruel ennemi de la Révolution.

tier-général était aux Gonaïves. Frère du martyr
du même nom que les colons avaient fait prisonnier aux Cayes et qu'ils avaient roué et brûlé,
il avait fait la guerre des États-Unis; bon soldat,
il était dévoué aux intérés de la France : aussi, tandis que Caze accédait à la prétendue *Résistance à*
l'oppression, il jurait, lui, de mourir au service de
la République.

Mais dans les dissentions civiles les plus courageux s'émeuvent : Bleck n'avait qu'une garnison
de 30 hommes du 4e régiment, de 94 hommes du
48e, débris de l'armée de Desfourneaux et des cent
cinquante légionnaires qui l'avaient accompagné du
Port-au-Prince. Déjà menacé en face par Ennery,
au nord par Plaisance et à l'ouest par Saint-Marc,
sans communication avec la commission, il rendit
compte de sa position à Laveaux qui se tenait au
Port-de-Paix. Alors, confiant dans le conseil séant
à St-Marc, où il voyait figurer des hommes avec
lesquels il avait combattu pour la liberté du peuple noir, appelé par eux, il se rendit en cette ville,
pour ramener les siens aux sentiments de l'honneur; mais il fut arrêté et peu après déporté.
Pendant l'absence de Bleck, nom deux fois martyr,
un jour par les blancs, un autre jour par les mulâtres, le commandant militaire des Gonaïves pour-
suivait ses intrigues avec Toussaint contre la République ; le *Conseil de paix et d'union* se promettait

ainsi les plus belles espérances. Il envoya au capitaine Masseron, du détachement du 4°, une commission de commandant militaire, menaçant de ne
plus lui donner de vivres pour ses soldats ; car ce
n'était que de St-Marc qu'on pouvait en attendre,
le Port-de-Paix étant affamé, le Port-républicain
coupé et l'Océan au pouvoir des Anglais. Le
vieux Français, fidèle à l'honneur militaire, re-
jeta toutes les offres, et, méprisant les ordres de
Caze et de la municipalité, il se montra disposé à
verser son sang pour la République. Cette conte-
nance extraordinaire releva le courage des détachements de la ligne et des légionnaires ; les conspirateurs se turent ; mais arriva Savary (1er décembre)
pour forcer les Gonaïves à arborer le pavillon blanc.
Cependant il fallait avant tout s'entendre avec Toussaint, ameuter les cultivateurs et les forcer à tomber
sur la ville. Masseron y fit alors retrancher dans
divers camps les détachements qu'il avait à quatre
lieues à la ronde. Savary entra aux Gonaïves le 5 décembre, et, avec le commandant Caze, il vint som -
mer les troupes européennes d'arborer le drapeau
blanc ; Masseron s'y refusa et fit mettre ses soldats
en bataille devant la caserne. Malgré cette conte-
nance, 950 hommes arrivèrent du Gros-Morne, qui
est éloigné de huit lieues des Gonaïves. Masseron
voulut le 6 évacuer les Gonaïves ; on ne pouvait plus
se rendre au Port-de-Paix, car Toussaint était allé

au Gros-Morne la veille ; il fallut penser à se ra-
battre vers le Port-au-Prince. Le conseil de guerre
n'était pas encore séparé qu'on entendit aux Gonaïves vingt-un coups de canon se répéter dans
chacun des camps de la Coupe-à-Pintade et de la
Couleuvre dont Bleck avait donné le commandement
général à Paul Lafrance et qui couvraient la ville.
Ces camps venaient d'arborer le drapeau blanc et de
se rendre à Toussaint sans brûler une amorce.
Pour prix de cette trahison, Paul Lafrance fut maintenu dans son commandement, et un des lieutenants
de Paul Lafrance, Clervaux, que nous voyons apparaître pour la première fois, fut nommé par Toussaint lieutenant-colonel.

Pendant que Toussaint, escorté de Paul Lafrance,
de Caze et de Savary, avançait sur les Gonaïves dont
la conquête était assurée, le capitaine Masseron
évacuait sur le Pont-de-l'Ester pour gagner le Mirebalais. L'entrée de Toussaint aux Gonaïves eut
lieu le 6 décembre, une heure après le départ de la
garnison ; elle fut solennelle : le pavillon blanc fut
arboré au bruit de vingt-un coups de canon. C'était
le premier port de mer que les auxiliaires livraient à
l'Espagne dans l'Artibonite. Le triomphe, il est vrai,
n'avait pas coûté de bien grandes fatigues à Toussaint ; aucune combinaison militaire n'y avait
contribué ; dans l'Artibonite comme au Dondon,
comme à la Marmelade, comme à Ennery, c'était

la hideuse trahison, toujours perverse, portant la
clef du camp à un ennemi plutôt redouté que redoutable ; c'était, en outre, toujours l'incertitude des
destinées de la mère-patrie qui refroidissait le peu
de patriotisme que pouvaient avoir les uns, et qui
favorisait les projets les plus insensés.

Savary avait avisé Saint-Marc de la retraite de
Masseron. Ce brave arriva le lendemain au Pont-de-
l'Ester ; le bac était coupé ; il se dirigea au bac du
Milieu qui, amarré à l'autre rive, était gardé par
un détachement ; ce ne fut que sur la menace de
faire feu que le détachement se dispersa ; un soldat
alla à la nage briser la chaîne du bac et le ramena
pour le passage de ses camarades. Masseron continua sur les Vérettes, livré à l'Espagnol comme
la Petite-Rivière. Que pouvaient 210 hommes
contre plus de mille ? où aller ? où se retrancher ?
Masseron jugea plus rationnel de se rendre à
St-Marc, qui n'avait encore arboré aucun drapeau
ennemi. Enfin, le 8 décembre, Masseron campa
sur l'habitation Mirault ; là, cerné par Buquet,
commandant de la garde nationale des Vérettes, il fut forcé de rentrer à Saint-Marc. Les
légionnaires répugnant à cette idée, se déban-
dèrent pendant la nuit ; mais presque tous furent
pris et désarmés ; cinq seulement à travers les bois
purent se rendre au Port-Républicain. Masseron
entra à Saint-Marc le 9 ; là venaient d'arriver De-

neux et deux officiers anglais qui, appelés par
une députation, marchandaient la trahison. Ces
officiers repartirent pour le Môle le même soir.
Tout était si abandonné à l'indécision que pendant
que le pavillon blanc flottait sur les remparts de la
ville, deux partis proposaient d'en arborer chacun
un autre : les blancs,—le pavillon anglais, les mulâtres, — le pavillon espagnol. On peut dire qu'en
un même jour trois pavillons se balancèrent dans
cette ville au gré des vents politiques; quatre cocardes
symbolisèrent aussi les opinions : certains blancs
portaient la cocarde noire, d'autres blancs la cocarde
blanche, les mulâtres la cocarde rouge; les seuls
soldats des 4ᵉ et 48ᵉ portaient la cocarde tricolore(1).
Toussaint était si peu fait avec les succès qu'il
venait de remporter, qu'il s'était arrêté tout court
dans le cordon qu'il venait de briser, tandis qu'en
habile capitaine il eût pu entrer à Saint-Marc
sans donner au hasard le temps de regretter ses
faveurs. Mais il laissa la proie lui échapper. Le 16 décembre au soir, arrive du Môle une frégate anglaise
qui demande le mouillage et qui, pendant la nuit,
s'empare d'un navire chargé des effets précieux des
habitants de la ville ; alors l'indécision fait place à la
détermination : l'intérêt personnel avait parlé. Les
partisans de l'Anglais comme ceux de l'Espagnol

(1) Rapports de Boscus, de Masseron, faits à Savannach, le
22 janvier 1794.

s'entendirent; on accepta le protectorat des Anglais, imposé d'une façon si extraordinaire : il n'y a que les Anglais pour jouer un tour pareil.

Or, le 18 décembre, à six heures du soir, 70 à 80 hommes de troupes anglaises et du régiment de Dillon débarquèrent; le lendemain, sur la place-d'armes, on prêta le serment à Georges III et à Louis XVII. Masseron avec ses soldats refusa de se rendre à la cérémonie; ces braves, rangés en bataille, menacés d'être écharpillés par la mitraille, mais décidés à s'ensevelir dans les plis du drapeau de la République, demandèrent à poursuivre au Port-Républicain; ce vœu ne fut pas exaucé; on leur accorda seulement de se retirer sur un bâtiment marchand, jusqu'à ce que le gouvernement anglais pût les faire passer en France. Et, chose infâme! cette promesse fut odieusement violée; ils furent envoyés à la Nouvelle-Angleterre.

L'île échappait à la France, qui alors n'avait pour défenseurs, au nord, que Laveaux et Villatte; au Mirebalais, que Beauvais; au Port-au-Prince, que Montbrun; à Jacmel, que Martial-Besse; et aux Cayes, que Rigaud.

CHAPITRE XXII.

**Origine du surnom de Toussaint. Il revoit
sa famille à Saint-Raphael.**

Toussaint portait alors le surnom de L'Ouverture. Les uns (1) racontent que Laveaux ayant dit
qu'il faisait ouverture partout, parce qu'il avait
forcé le cordon de l'Ouest, que cette expression lui
fut rapportée, qu'il s'en saisit et s'en fit un nom;
d'autres prétendent (2) que c'est parce qu'il était
édenté, et citent à l'appui de cette dernière opinion
nous ne savons plus quelle indigne billevesée.

Or, n'importe le parrain, le baptême reste: Toussaint fit réellement à ma race l'ouverture à toutes
les destinées sociales ; malgré ses fautes, ses erreurs,
ses crimes, si l'on veut, il a relevé aux yeux de
l'européen cette race noire si calomniée ; il a montré
que les dons de Dieu ne sont pas distribués aux
hommes en raison de la blancheur de leur épiderme.

Toussaint-L'Ouverture, après sa conquête des
Gonaïves, était rentré à la Marmelade et y avait

(1) Mémoires d'Isaac L'Ouverture.
(2) Histoire d'Haïti par M. Madiou.

assis son quartier-général Jusqu'alors, embryon
de la gloire, il ne prévoyait pas la destinée qui
l'attendait ; marchant sous la bannière du roi
d'Espagne, il ne comprenait rien aux promesses
d'émancipation faites au nom de Dieu à l'univers
par la révolution française. Plus habile que
Jean-François, que Biassou, il avait su, profitant
de la faiblesse de ses ennemis et de l'imbécillité de
ses chefs, s'asseoir du Dondon aux Gonaïves, une
réelle domination au nom du roi d'Espagne. Du
centre de cette domination, L'Ouverture avalait
au besoin,—au Nord-Est, le Cap, et au Sud-Ouest,
— l'Artibonite, — peut-être même le Port-au-
Prince. La position était admirable pour Toussaint,
car il posait de la Marmelade le pied sur toute l'île.

Alors Toussaint-L'Ouverture vola, pour nous
servir d'une expression filiale et méritée, à la rencontre de sa femme. Depuis son entrée au service
de l'Espagne, il l'avait éloignée du théâtre de la
guerre ; il l'avait lui-même conduite à Saint-Michel et, depuis sept mois, il ne l'avait pas revue.
Toussaint avait le cœur bon ; nous devinons son
émotion à la vue de sa femme et de ses enfants.
Mais qui pourra faire un tableau de cette scène?...
Demandez aux gouvernants du pays pourquoi n'ont-
ils jamais cherché à relever la gloire des grands
hommes qui les ont précédés ?...

L'entrée de Toussaint à Saint-Michel fut une

ovation : le gouverneur de la place, le marquis d'Almonas, flatta la vanité de l'homme en lui donnant pour récréation des luttes de taureaux.

CHAPITRE XXIII.

Prise du Port-au-Prince par les Anglais; — Départ des commissaires.

L'année 1794 ne s'ouvrit pas pour la colonie sous de meilleurs auspices que l'année qui venait de se clore. Rigaud avait vainement tenté de reprendre Léogane ; Beauvais avait été obligé, entouré par les Anglais et les coalisés, menacé par les Espagnols et leurs auxiliaires, d'opérer la retraite (2 janvier) du Mirebalais sur le Port-au-Prince. A la tête de deux cents lanciers, de trois pièces de canon, de cent légionnaires (1), il opéra son évacuation, à travers les embuscades, pendant six heures de combats, jusqu'au pied des Grands-Bois , le Trianon ayant été intercepté : retraite magnifique dont une portion de la gloire revient à David-Troy (2), alors maréchal

(1) Ces cent légionnaires étaient préposés à la garde du bonnet de la liberté qui, dans les jours de solemnité au Mirebalais, ornait l'autel de la patrie.

(2) Ce brave soldat fut tué le 21 juin 1809, à l'attaque du

des-logis dans la gendarmerie.Les Espagnols prirent
possession du Mirebalais. Ainsi partout des revers.
Le Fort-Dauphin tomba aussi (28 janvier) aux
mains des Espagnols et de Jean-François.

Sonthonax, au Port-au-Prince, menacé par les
Anglais, déployait cependant autant d'énergie que
l'ordonnaient les circonstances ; mais malheureusement il avait fait mettre en liberté Guyambois
et Desfourneaux que nous avons vu Polvérel faire
emprisonner avant son départ pour le Sud. Cette
mesure fut impolitique, car Guyambois, chargé
d'une mission pour le Cul-de-Sac, suscita du
désordre dans les ateliers; et Desfourneaux, chargé
de faire des recrues pour son bataillon, ne voulut
y admettre aucun mulâtre, ni aucun nègre : son
recrutement ne s'opéra que parmi les matelots
qui pullulaient à la Croix-Bossale et qui avaient
servi sous Praloto. Cette mesure indisposa même
Beauvais, qui commandait alors à la Croix-des-Bouquets (1). Montbrun, adjudant-général, commandant la province de l'Ouest, s'indigna avec raison
de la préférence que donnait Desfourneaux aux
royal-goudron ; c'est ainsi que le peuple appelait

fort de la Sourde aux environs de la Grande-Rivière ; il était
père de l'infortuné général du même nom.

(1) Lettre du colonel d'infanterie Beauvais , de la Croix-des-
Bouquets, à Sonthonax, du 5 mars 1794. C'est à tort que Pamphile de Lacroix raconte cet événement d'une autre façon.

les recrues ; delà, un combat entre la légion et le
bataillon du Pas-de-Calais, dans la nuit du 16 au
17 mars. Montbrun, vainqueur, dicta la loi; Desfourneaux fut embarqué; tout parut tranquille
comme à la veille d'une tempête. La nouvelle de
cet événement amena des Cayes Polvérel au Port-
au-Prince.

Cette mésintelligence entre les principales autorités fut funeste ; le Port-au-Prince se rendit (5
juin) à la flotte anglaise ,pour ainsi dire, sans-coup
férir ; cinquante navires du commerce, richement
chargés, furent perdus pour la France. La désorga-
nisation était telle, que l'énergie du colonel Martial-
Besse ne put rien (1), et que le dévouement du
lieutenant-colonel d'artillerie Pétion (2) fut impuis-
sant pour empêcher cette perte honteuse du Port-
au-Prince. La commission évacua sur Jacmel : la
reconnaissance des cultivateurs qu'elle avait émancipés lui fraya, avec la cognée, un passage par le
morne de la Coupe.

Arrivés à Jacmel le 6 juin, accompagnés de Beau-

_____

(1) Il avait été appelé de Jacmel, dont il commandait l'arrondissement, pour prendre le commandement du Port-au-Prince,
à la place de Montbrun, qui avait perdu la confiance de la commission (1er juin).

(2) Pétion commandait l'artillerie de toute la place ; mais son
poste spécial, dans ces graves circonstances, était au fort de
l'Ilet, situé dans la rade que menaçait la flotte anglaise.

vais, Martial-Besse, Chanlatte, suivis par Montbrun, les commissaires se rétablissaient à peine des
fatigues de la lutte, qu'apparut une corvette venant
de France: c'était l'Espérance, capitaine Chambon,
portant le décret d'accusation rendu contre la commission que les colons étaient enfin parvenus à faire
mettre à exécution (1).

Polvérel et Sonthonax s'embarquèrent à bord de
la corvette, laissant à Jacmel Montbrun, gouver-
neur-général de l'ouest, Beauvais, commandant de
l'arrondissement ; Martial-Besse et Chanlatte, en
congé d'une année, partirent pour France avec
eux. Polvérel avait écrit à Rigaud une lettre pleine
de défiance contre Montbrun, que la voix de
l'opinion accusait d'avoir livré le Port-au-Prince ;
Sonthonax avait écrit à Laveaux pour lui recommander le salut de la colonie.

Les commissaires subirent en France un long et
mémorable procès, d'où ils sortirent vainqueurs,
contre les colons qui les accusaient de tous les maux
de Saint-Domingue. Dans le cours des débats, mourut le vertueux Polvérel.

Polvérel, avant de partir, avait dénoncé (lettre du
23 prairial, 11 juin) Montbrun à la vigilance de
Rigaud : « La renommée, lui disait-il, a dû vous
apprendre que le Port-Républicain a été livré aux
Anglais. Cette trahison est l'ouvrage des anciens

(1) Rapport de Chambon, du 18 juin 1794 (19 prairial an 2).

libres de toutes les couleurs. Il s'en faut de beaucoup
que Montbrun soit exempt de soupçon ; il est à
craindre qu'il *livrera* aux Anglais tous les quartiers
où il aura de la prépondérance. »

Montbrun, cependant, partit pour ses terres à
Aquin, afin de soigner les blessures qu'il avait reçues
au fort-Byzoton, laissant Beauvais à Jacmel. Bien
qu'il ne fût pas sans savoir la correspondance défa-
vorable à laquelle sa conduite avait donné lieu entre
Beauvais et Rigaud, il revint à Jacmel le 29 thermidor (ou 16 août) pour reprendre le gouvernement
de l'Ouest : il fait alors arrêter quelques officiers dévoués à Beauvais et ordonne même l'arrestation de
ce dernier. Beauvais, averti à temps, se retire au fort
Béliot près de l'Eglise, fait braquer de l'artillerie et
jure qu'il ne se laissera prendre qu'à la mort. La
légion de l'égalité se partagea dans ce conflit. L'on
consentit à s'en remettre à la médiation de Rigaud
et de Pinchinat ; ceux-ci arrivèrent à Jacmel, et,
redoutant quelque nouvelle trahison, ils arrêtèrent
le même jour 9 fructidor (ou 26 août) que Montbrun
se retirerait à Aquin et laisserait le commandement
de l'ouest à Beauvais. Bientôt Montbrun fut arrêté
à la Grande-Colline par Blanchet, commandant
militaire à Aquin, sur l'ordre de Rigaud, et embarqué sur celui de Laveaux.

CHAPITRE XXIV·

Toussaint-L'Ouverture passe au service de la France.

Je viens de dessiner les événements généraux : il fallait que le lecteur trouvât des jalons dans la course rapide que va faire L'Ouverture dans l'histoire des colonies.

Toussaint se sentait enfin à l'étroit dans le camp des Espagnols; la fortune avait agrandi l'horizon de sa vue politique; méprisant la stupidité de son général Biassou, il voulait passer sous les drapeaux de la France républicaine. Un mulâtre surtout l'y détermina : c'était un de ses lieutenants, Chevalier, commandant le village de Terre-Neuve, et que Laveaux avait converti à la révolution. En cédant aux conseils de Chevalier, Toussaint prouva un bon sens au-dessus de celui de ses anciens généraux.

Jean-François, dans ses démêlés avec Biassou, avait un jour appesanti sa colère sur Toussaint, dont il redoutait les conseils influents; il l'avait fait arrêter et conduire dans les prisons de Vallière; Biassou l'en avait délivré. Ce fut cependant en s'attaquant à la personne de ce dernier chef que Toussaint inaugura la trahison qu'il méditait contre l'Espagne qu'il avait jusqu'alors si dévotement servie.

Biassou était campé sur l'habitation Larivière, près du village d'Ennery, chargé d'un plan de conquête contre les hauteurs du Borgne, de Plaisance, de la Marmelade, du Dondon et du Grand-Boucan qu'occupaient des révoltés qui méconnaissaient ses ordres; après avoir balayé ces localités, il devait marcher contre le Cap (1). Ce chef commençait à faire replier plusieurs postes que Toussaint avait établis et qu'il jugeait inutiles à la réalisation de ses projets; mais Toussaint entra en fureur, fit rétablir les postes tels qu'il les avait placés, puis, après avoir fait sortir sa femme de Saint-Raphaël et l'avoir fait rentrer à la Marmelade, il cerna Biassou au camp de Larivière: celui-ci n'échappa que par miracle à son ancien aide-de-camp et se rendit à Saint-Raphaël que Toussaint dans son audace approcha; il tenta aussi de s'emparer de Cabrera, avec qui il avait jusque-là si bien vécu (2).

Toussaint proclama la liberté générale dans tous les quartiers qui se trouvaient sous sa dépendance : (3), aux Gonaïves, au Gros-Morne, au canton d'Ennery, à Plaisance, à la Marmelade, au

(1) Plainte en date du 4 avril 1794 par le député des émigrés français au président gouverneur et capitaine général en cette colonie. — Archives générales.

(2) Plainte précitée.

(3) Lettre de Laveaux du 24 mai 1794, à la commission, datée du Port-de-Paix.

Dondon, à l'Acul et dans le Limbé ; partout, dans ces endroits, il fit, le 4 mai, descendre le pavillon espagnol et arborer le drapeau tricolore (1).

C'était toute une révolution : deux cents des pauvres émigrés qui étaient rentrés dans ces quartiers furent massacrés impitoyablement. Toussaint se défend bien de ce carnage : « J'ai le cœur, dit-il « à Laveaux, navré de l'événement qui a sévi sur « quelques malheureux blancs qui ont été victimes » dans cette affaire. Je ne suis pas comme bien d'au- « tres qui voient les scènes d'horreur avec sang- « froid ; j'ai toujours eu l'humanité pour partage, et « je gémis quand je ne puis empêcher les mas- « sacres. »

Laveaux annonça à la commission, qui était encore au Port-au-Prince, la reddition de Toussaint-l'Ouverture et lui demanda le grade qu'il devait lui donner dans l'armée. Sonthonax félicita Toussaint de son entrée au service de la France ; mais nous remarquons qu'il ne lui assigna aucun titre militaire ; Laveaux même n'accordait que celui de colonel à l'ancien général d'armée (2), et Toussaint lui-même

(1) Lettre à Lavaux, datée de la Marmelade, 18 mai 1794,—Bibliothèque nationale, section des manuscrits.

(2) C'est à tort que M. Madiou dit que Laveaux nomma alors Toussaint général de brigade ; c'est à tort aussi que, répétant un mauvais pamphlet signé Dubroca, il fait dater au 25 juin l'entrée de Toussaint au service de la France.

ne souscrivait ses actes que sous la rubrique de commandant-général du cordon de l'Ouest.

CHAPITRE XXV.

Position critique du Cap. Toussaint et Rigaud; avantages qu'ils remportent.

La ville du Cap, resserrée comme celle du Port-de-Paix, par les Espagnols et leurs auxiliaires qui en tenaient les environs, et par des flottes qui en bloquaient la rade, souffrait de toutes les horreurs de la famine. Au Port-de-Paix, la garnison blanche était à l'uniforme des troupes noires, c'est à dire que le soldat était nu-pieds, sans habits, sans solde, sans autres vivres que quelques racines sauvages qu'on extrayait du sein de la terre, et dont la distribution se faisait avec parcimonie. Au Cap, la situation était tout aussi affreuse; la nourriture ne consistait depuis longtemps que dans des cannes à sucre qu'on allait enlever à coups de fusil dans la campagne. Néanmoins Laveaux et Villatte repoussèrent avec la plus héroïque fierté toutes les menaces et toutes les tentatives de corruption qui leur furent faites par les Anglais et les Espagnols; Laveaux envoya un cartel d'honneur au général Withloke, qui com-

mandait au Môle ; Villatte envoya des cartouches à
Aristizabal, qui commandait l'escadre espagnole
devant le Cap : c'était de la chevalerie du moyen-
âge, mêlée à je ne sais quoi d'antique.

Les grands exemples d'héroïque dévouement, dont
Laveaux et Villatte s'honoraient, étaient faits pour
élever le patriotisme de Toussaint-L'Ouverture et de
Rigaud ; aussi ces officiers se signalèrent-ils par de
brillants faits d'armes.

Rigaud part avec huit cents hommes des Cayes,
fait quarante lieues en quatre jours, laisse habi-
lement le fort de l'Acul sur ses derrières, et, dans
la nuit du 15 au 16 vendémiaire (5 au 6 octobre)
se présente devant Léogane, et enlève, après un
combat de trois heures, cette ville que les Anglais
avaient flanquée de bastions et qu'ils jugeaient
inexpugnable. Campan, émigré qui commandait la
place, évacua par les habitations Belleval, Petit et
Lassale sur le Port-au-Prince, laissant, au pouvoir
de Rigaud, 20 milliers de poudre, 12 pièces de
campagne, 50 de siége et 150 prisonniers que celui-
ci envoya dans les prisons du sud. L'armée dans
cet assaut n'avait perdu que douze hommes et ne
comptait qu'autant de blessés.

Rigaud, le lendemain, fit juger et fusiller les
principaux traîtres qui avaient livré la place aux
ennemis de la France : l'exécution d'André Labuis-
sonnière, de Marcelin Lemaire, de Lamartinière,

mulâtres ; de Sanlecque, de Davezac et de Tiby, blancs, est le témoignage de l'impartialité politique de l'homme que l'ignorance et la mauvaise foi cherchèrent long-temps à présenter comme un chef de caste.

Ce fut aux cris de vive la République ! vive Rigaud ! que l'armée du Port-de-Paix apprit la prise de Léogane (1). Les vingt milliers de poudre surtout étaient dans le moment une conquête précieuse ; Rigaud en envoya huit à Laveaux.

Toussaint, aussitôt sa reddition à Laveaux, se porta sur le Camp-Bertin au Limbé, qu'il enleva aux Espagnols, prit possession du Port-Margot, puis revint précipitamment à la Marmelade. Jean-François venait d'envahir tous les camps aux environs du Dondon et cernait le colonel Moyse dans cette petite ville. Toussaint attaque Jean-François dans la journée du 1er Juillet, (13 messidor) reprend sur lui tous les postes et le refoule dans la Montagne-Noire.

Jean-François rentra au Fort-Dauphin le 7 juillet, (19 messidor) avec près de huit cents de ces brigands que Toussaint venait de battre ; il n'avait jamais paru dans cette ville qu'avec une faible escorte ; c'était même à cette condition que le Fort-

(1) Lettre de Laveaux à Rigaud, du 3 brumaire an III ou 24 octobre 1794.

Dauphin avait capitulé. Don Gaspard de Cassasola,
d'abord étonné à la vue de cet envahissement
de barbares, fit prendre les armes à la garnison
espagnole. Soudain les bandes de Jean-François
se dispersent et fondent dans toutes les maisons
qu'occupaient les colons et s'y livrent au meurtre et au pillage. On dit que le signal de cette
Saint-Barthelemy fut donné par un curé (1).
Les cris, les gémissements des malheureuses
victimes glacèrent d'épouvante les Espagnols qui, se
réfugièrent dans le Grand-Fort, incapables de contenir la férocité de leurs auxiliaires ; ni le sexe, ni
l'enfance, ni la vieillesse, n'avaient été épargnés.
En ce jour, d'horrible mémoire, sept cent trente-
quatre personnes périrent !

Don Gaspard de Cossasola, renfermé dans le
fort, n'osa plus reparaître dans la ville ; Jean-François,
le 9, l'y fit inviter plusieurs fois ; il n'y vint que le
10. Il fit à Jean-François les plus terribles reproches
de ce forfait que rien ne justifiait ; il l'engagea à
restituer tous les objets pillés, et obtint avec peine
la sortie de ces monstres de la ville. L'histoire doit
flétrir à l'égal de Jean-François ceux des Espagnols
qui lui conseillèrent le massacre des Français et la
garnison qui, les armes à la main, ne s'y opposa
pas.

(1) Vasquez, curé de l'Axabon.

La nouvelle de ce grand crime surprit Toussaint au Camp-Marchand, alors la seule position qu'il occupait à l'Artibonite. Cette position était commandée par Blanc-Casenave. Toussaint, quoique malade, battit les Espagnols dans la Savane d'Alford, fit quelques prisonniers au régiment de Cantabre et revint dans le nord avec l'intention de venger l'humanité des crimes commis par son ancien général (1).

CHAPITRE XXVI.

Toussaint attaque Saint-Marc; il enlève Saint Michel et Saint-Raphael. Laveaux au Cap.

Toussaint-L'Ouverture, à qui Blanc-Casenave avait depuis longtemps fait remise d'un poste qu'il commandait pour les Anglais à l'Artibonite, porta ses regards de ce côté. Il enleva le Pont-de-l'Ester, la Petite-Rivière, et vint attaquer Saint-Marc dans les premiers jours de septembre; mais, repoussé par la garnison qui pouvait s'élever à deux mille hommes, il se contenta de laisser un cordon autour de la ville, et, après avoir été faire arborer le pavillon tricolore aux Vérettes, il revint, le 6, assiéger la place. Il s'empara du fort-Belair et du Morne-Diamant. En ce dernier

(1) Lettre de Laveaux.

endroit il éleva une batterie dont le feu cribla la ville. Ce fut aux travaux du Morne-Diamant, en aidant les ouvriers à mettre un canon sur son affut, qu'il se brisa les cinq doigts de la main gauche. La douleur contraignit Toussaint à se retirer sur une habitation voisine et à laisser la direction des opérations à ses lieutenants Guy, Blanc-Casenave et Morin. Mais le principal chef manquant, jamais les affaires ne vont bien ; (1) d'ailleurs l'armée avait peu de munitions. Les anciens partisans du *Conseil de paix et d'union* qui s'étaient rendus à Toussaint, découragés, l'abandonnèrent pour rejoindre les maîtres qu'ils s'étaient donnés ; Toussaint lui-même faillit tomber victime de leur perfidie. Il se porta avec son armée au bac Daquin; et, laissant aux Vérettes, à la Petite-Rivière et au Pont-de-l'Ester, des forces imposantes pour menacer l'ennemi, il forma plusieurs postes en avant de ces trois grands camps et les confia à ses meilleurs officiers.

Il se dirigea contre Saint-Michel et Saint-Raphaël. Parti de la Marmelade le 18 vendémiaire (9 octobre) avec 4800 hommes, il enlève d'assaut, dans la nuit du 29 au 30 (20 au 21 octobre), la tranchée de Saint-Raphaël, fait à la tête de sa cavalerie une boucherie des fuyards et tombe sur Saint-Michel qu'il enlève aussi d'assaut : la nuit seule protégea

(1) Lettre de Toussaint à Laveaux de la Marmelade, 13 vendémiaire an III (4 octobre 1794).

quelques Espagnols de son obscurité. Toussaint fit cinquante prisonniers; beaucoup d'artillerie et de munitions tombèrent en son pouvoir (1).

Cette conquête, à laquelle avait échoué Desfourneaux, valut à Toussaint un plumet de grenadier que lui envoya Laveaux et qu'il porta à son tricorne dans toutes les circonstances de sa vie; elle lui valut aussi une lettre de félicitations d'André Rigaud (2). Laveaux, étant alors au Cap, alla visiter le Dondon, dont Moyse était commandant-militaire; L'Ouverture l'y attendait. C'était la première fois qu'ils se voyaient : Toussaint lui présenta ses principaux officiers, Dessalines, commandant de Saint-Michel, Duménil, commandant de Plaisance, Desrouleaux, Clerveaux, Maurepas, etc., ces derniers commandant des corps armés.

La présence de Laveaux au Cap lui attira la malveillance de toutes les classes de la population de cette ville; quelques mesures administratives achevèrent de lui aliéner les esprits. Il avait si longtemps séjourné au Port-de-Paix qu'on semblait ne plus le reconnaître : les uns, habitués au gouvernement

(1) Lettre de Toussaint à Laveaux du 31 vendémiaire an III.

(2) Je ne peux trop te dire de bien de ce brave Toussaint-L'Ouverture ; c'est un homme intéressant, grand ami de la République, de l'ordre et de la paix; je suis enchanté que tu lui aies écrit, et c'est avec une joie infinie qu'il a lu ta lettre ; il était chez moi au Cap, il est venu me la faire lire. — Laveaux à Rigaud, 1er nivôse an III (21 décembre 1794).

de Villatte, trouvaient injuste qu'il vînt au Cap donner des ordres, d'autres redoutaient de perdre leur position avec une nouvelle administration. Les premiers étaient des imbéciles, les seconds étaient des intrigants. Parmi ces derniers se trouvait un blanc, chef de brigade du 1er régiment; Rodrigue était son nom. Laveaux ordonna l'arrestation de cet officier (5 pluviôse 24 janvier); mais au moment où Villatte exécutait cette arrestation, Rodrigue, arraché des mains de la garde par les officiers de son corps, fut conduit aux casernes. La garde nationale demanda à la municipalité son intervention. Laveaux accepta cette intervention dans la crainte de voir par la mésintelligence des autorités, tomber le Cap, comme le Port-Républicain, au pouvoir des ennemis. Il laissa néanmoins cette ville en proie au levain de la discorde et retourna au Port-de-Paix, d'où il ne sortit que le 27 vendémiaire an IV, (19 octobre 95) pour recueillir au Cap les plus grands outrages qu'une population ennemie puisse faire subir à la première autorité d'un pays.

CHAPITRE XXVII.

Toussaint-L'Ouverture remporte de grands succès dans le Nord et dans l'Artibonite; —traits de bienfaisance et de cruauté.

L'Ouverture fut infatigable dans son dévouement aux intérêts de la France. L'espace pour lui n'existait pas : il se trouvait partout où le danger était imminent. Ce n'était plus l'humble médecin d'une bande insurrectionnelle ; ce n'était plus l'aide-de-camp-secrétaire du dégoûtant Biassou ; ce n'était plus même Monsieur de Toussaint, général des armées du roi ; c'était, comme il signe dans plusieurs rapports à Laveaux que nous avons sous les yeux, le serviteur de la République une et indivisible. A force de guerroyer, il était devenu capitaine, et savait, non plus seulement disposer des embuscades, mais encore les lever et disposer un plan de combat. Le curé du Dondon, le savant abbé de Lahaye (1), qui avait vu les débuts incertains de L'Ouverture dans la révolution, ne reconnaissait plus, à l'époque

(1) L'abbé de Lahaye desservit longtemps la cure du Dondon; homme de science, il avait beaucoup écrit sur l'histoire naturelle de l'île ; il est à regretter que les ravages de la Révolution aient détruit ses manuscrits.

où nous sommes, l'esclave révolté à qui il refusait toute capacité militaire, mais à qui il accordait tous les sentiments de l'homme de bien.

Brisbane, colonel anglais, avait repris le village des Vérettes, avait forcé les troupes de Toussaint de reployer tous les postes sur la Petite-Rivière et sur le Pont-de-l'Ester, et avait déjà passé le fleuve de l'Artibonite; un seul camp, celui de Labadie, commandé par Valleray, mulâtre, et défendu par trente hommes, tenait tête à Brisbane. Toussaint, du bac-Daquin, où d'ordinaire il tenait son quartier-général, part dans la nuit, aux premiers jours de frimaire (décembre), avec 330 hommes de cavalerie, arrive à la Petite-Rivière, pousse au camp-Labadie. Le lendemain, à son approche, les Anglais et leur auxiliaires se retirèrent honteusement; un de leurs corps d'armée tomba dans une embuscade qu'il avait envoyé occuper le Haut-des-Vérettes et y perdit son chef : le cordon était sauvé.

Toussaint-L'Ouverture, avant de retourner aux Gonaïves, se plut à laisser à la Petite-Rivière des témoignages de son humanité : dans ce petit village se trouvaient des enfants de toutes couleurs, des femmes, surtout des mulâtresses et des blanches; parmi ces dernières étaient deux sœurs de charité qui avaient émigré des quartiers qu'occupaient les Anglais. A toutes ces femmes manquaient les premiers besoins de l'existence; L'Ouverture ordonna

qu'on leur délivrât le pain de chaque jour et que
de l'argent fût distribué aux plus malheureuses.

Cet homme, qui commençait à être extraordinaire, revenait à peine de la Petite-Rivière qu'il
se trouvait à la Marmelade, organisant une force
armée pour aller purger la Grande-Rivière et ses
hauteurs des bandes de Jean-François qui, malgré
toutes les tentatives de Laveaux, tenait toujours
pour le roi d'Espagne et couronnait encore les
montagnes du Nord de ses camps retranchés. Quatre
colonnes se mettent en mouvement : la première,
commandée par Moyse, doit par le Grand-Gilles
attaquer les postes avancés du village de la Grande-
Rivière ; la seconde, par Charles Chevalier, doit attaquer le camp-Beaujoin ; la troisième, par Noël-Ar-
thaud, doit enlever le camp-Buquet à la Montagne-
Noire ; la quatrième, commandée par Jérôme, doit
attaquer le camp-Vaucel. Deux compagnies sont dé-
tachées sous les ordres de Dessalines et de Paparel ;
la première doit passer par le Pignon et la seconde
par la Ravine-Marianne. Toussaint marche avec la
colonne du centre, qui est celle de Moyse.

Toussaint partit du Dondon le 11 nivôse (31
décembre); le 15, c'est-à-dire en quatre jours,
il avait pris et rasé vingt-huit camps ; celui de
Bamby, situé sur une crête effroyable et défendu
par trois pièces de canon, fut pris sans couter un
seul coup d'armes, le fusil en bandoulière et à

travers le feu du canon et de la mousqueterie (1).
Si, ainsi que l'ordre lui avait été donné, Noël-Arz
taud, eût intercepté le chemin de Vallière, les succès
de L'Ouverture eussent été completés et l'insurrection eut été détruite ; mais il n'en fut rien. Toussaint cernait le fameux camp-Lesec, quand Jean-
François arriva par Vallière, avec des forces supérieures et le cerna à son tour. Alors à l'arme
blanche, Toussaint se fraye un passage et, après
avoir établi un cordon à la Montagne-Noire, il
rentre le 18 nivôse (7 janvier 1795) au Dondon.

Le cordon de l'Ouest, que L'Ouverture commandait, partait à cette époque de la Grande-
Rivière et liait le Dondon, Saint-Raphaël, Saint-
Michel, les Gonaïves et l'Artibonite jusqu'à la
Saline, sans compter Ennery et la Marmelade.
Il sut, avec des hommes mal armés, surtout mal
disciplinés, peu exercés aux manœuvres militaires,
faire respecter pendant long-temps contre les
Anglais, les Espagnols et les émigrés, ce vaste
cordon qui comprenait plus de trente lieues d'étendue. C'est là un fait qui prouve une activité vrai-
ment prodigieuse, parce qu'il fallait toujours que
Toussaint se trouvât à l'endroit menacé ; littéralement, cet homme, comme le centaure de la
fable, ne faisait qu'un corps avec son cheval. Cepen-

(1) Lettre à Laveaux sans date.

dant il trouvait le temps de tenir toujours au courant
sa volumineuse correspondance qu'il dictait lui-
même, et de porter les gens des campagnes à la culture des terres. Toujours zélateur de la discipline,
ombrageux pour tout ce qui touchait aux prérogatives
que son commandement important lui donnait, il ne
voulait qu'un asservissement complet à sa volonté ;
autant il était modéré vis-à-vis de tout ce qui pliait
devant lui, autant il devenait impitoyable pour tout
ce qui semblait se mesurer à lui. Blanc-Cazenave
même , ce lieutenant favori qui lui avait ouvert
l'entrée de l'Artibonite, dont il appréciait la bravoure
et à qui il avait donné le commandement des Cahos,
ayant eu le malheur de lui devenir suspect, il le fit arrêter et jeter au cachot des Gonaïves; ce malheureux
y mourut peu après. « Sa mort fut occasionnée, dit
Toussaint dans son rapport, par une colère bilieuse;»
cependant l'opinion accusa la politique de la fin pré-
maturée de Cazenave. L'Ouverture, quoi qu'il en
soit, en parlant de cet événement à Laveaux, sembla
se souvenir de l'indifférence des trapistes en présence
de la mort, et se contenta de dire : *Requiescat in
pace* (1) ! Il y a dans ces paroles quelque chose de
cruel qu'on ne saurait comment définir : est-ce que
Toussaint, qui s'est piqué jusqu'aujourd'hui d'humanité et de charité, laisse pervertir son cœur ?...

(1) Rapport à Laveaux, du 18 pluviôse an III (6 février 1795).

Toussaint, pareil à bien des grands hommes, étouffa sous des lauriers plus d'un acte coupable.

Toussaint revenant, aux premiers jours de janvier, vainqueur du colonel Brisbane qui avait envahi la Petite-Rivière et d'où il l'avait contraint à coups de canon de rétrograder, se porta à la Saline (près des Gonaïves), qu'une frégate anglaise venait d'incendier, et où un débarquement avait eu lieu. Déjà, dans cette espèce de bourgade où l'Artibonite jette ses eaux dans l'Océan, la garnison avait reployé ; les Anglais s'avançaient, pensant donner la main à ceux qui attaquaient la Petite-Rivière ; alors parut Toussaint qui, avec la cavalerie, tomba sur eux à la Guildive et les força de se rembarquer en désordre : il dirigeait en personne la charge (1).

C'est à cette attaque générale que le colonel Brisbane fut blessé (4 février) près du Vieux-Bac ; il alla mourir à Saint-Marc.

_____

(1) C'est là sans doute le fait si pittoresquement raconté par M. Isaac-L'Ouverture dans ses Mémoires ; nous ne voyons pas, dans le rapport que nous avons sous les yeux, le général, son père, donner à ce fait d'aussi grandes proportions que M. Isaac L'Ouverture.

CHAPITRE XXVIII.

Toussaint organise ses régiments.

Jusqu'alors les troupes de Toussaint-L'Ouverture n'avaient aucun numéro comme régiments; c'étaient des compagnies et des bataillons qu'il massait au besoin. Toussaint lui-même, malgré les grands services qu'il rendait à la France, n'avait aucun grade officiel. Laveaux voulait organiser le cordon. L'Ouverture lui proposa (1) la création de quatre régiments dont la force totale pouvait s'élever à huit mille hommes ; les régiments devaient être, suivant L'Ouverture, numérotés du cordon de l'Ouest. Les hommes armés de Plaisance, de la Marmelade, d'Ennery et de Hinche devaient former le régiment n° 1 du cordon, les hommes armés du Dondon de-vaient former le n° 2, les hommes armés de la Grande-Saline de l'Artibonite jusqu'au Haut-des-Lianes, pays adjacent au Mirebalais, devaient former deux autres régiments, n° 3, n° 4. C'est à Moyse qu'il réservait le commandement du 2e ré-giment, à Desrouleaux le commandement d'un des deux autres, etc.

(1) Lettre datée de l'Artibonite du 3 thermidor an III (21 juillet 1795).

Laveaux, dans cette combinaison, voulut donner
à Toussaint le rang de colonel ; il lui laissa le
choix du commandement d'un des régiments du
cordon. L'Ouverture, comme chef général du
cordon, demanda le commandement du 1er. La
tactique de Toussaint était adroite jusqu'à un
certain point, en ne voulant pas faire suivre aux
nouveaux régiments le chiffre successif des trois
régiments qui existaient déjà au Cap ; savoir : le
premier, colonel Rodrigue ; le second, colonel
Pierre-Michel ; le troisième, colonel Leveillé ; car
c'eût été pour l'homme prendre un rang de bataille
inférieur à son ambition et, aussi du reste, à son
mérite. Ce fut à quelques soldats du régiment de
Dillon, qui avaient livré le Môle aux Anglais et que
Toussaint avait fait prisonniers à la prise des camps-
Molet, qu'il confia l'instruction de ces régiments,
au numéro desquels Laveaux ne nous semble pas
avoir donné son assentiment. Néanmoins l'armée
du cordon s'exerçait, se disciplinait, se façonnait
à l'européenne ; elle était déjà de longue main
aguerrie ; elle se trouva bientôt prête à figurer en
ligne de bataille contre les troupes anglaises et les
émigrés.

CHAPITRE XXIX.

Rigaud reprend Léogane et assiége le Port-au-Prince.—Toussaint attaque Saint-Marc. —Les Anglais prennent possession du Mirebalais.

Rigaud de son côté n'avait rien perdu de son activité : il avait mis la ville des Cayes à l'abri de tout coup de main ; il éleva six forts, dont deux battaient la mer, les autres regardaient l'intérieur ; la ville était entourée d'un fossé de vingt-cinq pieds de large rempli d'eau ; on ne pouvait y entrer, n'y en sortir que par un pont-levis qui se fermait tous les soirs à la retraite.

Le colonel, alors sans inquiétude pour sa ville chérie, part de Léogane le 1er germinal (21 mars 95) avec Beauvais, la légion du Sud et la légion de l'Ouest pour la conquête du Port-au-Prince. Un vaisseau et un brick anglais, embossés devant Mariany, à mi-chemin du Port-au-Prince, en face d'un étroit sentier, le seul praticable, arrêtaient la marche de l'expédition. Le lieutenant-colonel d'artillerie Pétion, à la nuit, monte une batterie sur le dos du sentier. Au jour, la cannonade commence; plusieurs boulets atteignent le vaisseau qui lève l'ancre, ainsi que le brick. Une grande chaloupe, abandonnée par les Anglais, fut prise par les

vainqueurs qui la nommèrent l'*Enfant-Trouvé* :
c'était de bon augure.

Rigaud campa au carrefour-Truitier, à une lieue
et demie du Port-au-Prince. Il visita les environs
du fort-Byzoton, et ordonna d'établir sur une éminence qui le dominait une batterie à laquelle il
donna le nom de fort de la Montagne. Les travaux
furent inquiétés par le Port-au-Prince. Le colonel
Markams, qui commandait cette ville, fait une sortie
le 6 germinal (ou 26 mars) à la tête de mille
hommes, surprend les avant-postes de Rigaud, pé-
nètre jusqu'au quartier-général établi dans la
maison principale de Truitier et s'empare, malgré le
courage de soldat que déploie Beauvais, de toutes
les pièces d'artillerie et de toutes les munitions. Le
colonel Rigaud et Pétion descendent du fort de la
Montagne et arrivent au milieu des désordres d'une
déroute. Chacun presse Rigaud de s'élancer sur
son cheval et de prendre la fuite pour épargner ses
jours ; mais le preux légionnaire s'y refuse, s'empare d'un fusil, rallie cinquante hommes, se jette
au milieu des Anglais occupés au pillage et en fait
un affreux carnage ; les canons sont repris, les
fuyards reviennent au combat ; Markams à son tour
bat en retraite ; il est poursuivi et tombe percé de
balles. Lamartinière, alors capitaine, ne cessa de ta-
lonner les Anglais qu'à l'eau de Byzoton (1) ; là périt

(1) Lettre de Rigaud à Laveaux, de Léogane, 4 floréal an III
(25 avril 1795).

le noir Joseph Cazeau ; cet ancien ami de Beauvais avait noblement figuré parmi les confédérés de la Croix-des-Bouquets, mais la fatalité l'avait porté à embrasser le drapeau anglais contre ses frères de race.

Les travaux du fort de la Montagne furent achevés, et, le 24 germinal (13 avril), cinq pièces de canon, de 8, 16, 18, 24, et un mortier dirigés par le lieutenant-colonel Pétion, commencèrent à canonner et à bombarder le fort-Byzoton ; le feu fut si vif qne la pièce de 8 et celle de 24 crevèrent, tuèrent et blessèrent beaucoup de monde ; ce ne fut qu'à un miracle que Pétion dut la vie.

Rigaud fit venir du Petit-Goâve d'autre artillerie, 8 mortiers de campagne et un mortier de siége. La Montagne fut armée de 10 pièces ; le bombardement se continua ; la garnison de Byzoton se tenait au revers du morne, du côté de la mer, et souffrait par conséquent peu de l'effet des projectiles. Cette canonnade dura cinquante jours ; le fort était rasé ; encore quelques jours et il succombait, quand Laveaux conseilla de lever le siége, car, écrivait-il à Rigaud, « en admettant que tu viennes à prendre Byzoton, auras-tu assez de munitions pour le garder ? » Ce conseil parut un ordre, et il fut suivi : l'armée rentra à Léogane. Le plan de l'enlèvement du fort-Byzoton avait-il été conçu suivant les règles de l'art? Pourquoi Rigaud, comme pour la prise de Léogane, ne laissa-t-il pas Byzoton sur ses derrières et, à travers la Rivière-Froide et le montagnes de la Coupe, ne tomba-t-il pas sur le Port-au-Prince?

Pendant que Rigaud était devant Byzoton, L'Ouverture pour faire une diversion en faveur de de son collègue d'armes, était venu assiéger la ville de Saint-Marc avec près de six mille hommes; c'était d'ailleurs l'ordre que lui avait donné Laveaux sur la demande de Rigaud. Mais Saint-Marc n'était plus découvert comme aux premières attaques; régulièrement fortifiée, cette ville était devenue une véritable place de guerre. Toussaint y livra trois assauts les 25, 26 et 27 juillet (7, 8 et 9 messidor); après des prodiges de bravoure, il fut obligé de rentrer dans ses quatiers, au moment où Rigaud proposait de lui envoyer dix bâtiments de guerre et 600 hommes de renforts (1).

Après la retraîte de Rigaud et celle de Toussaint, la guerre, surtout à l'Artibonite, n'eut aucune proportion historique; elle ne fut qu'une série d'escarmouches que le meilleur et le plus infatigable soldat eut pu à peine suivre.

Le colonel Beauvais avait été contraint d'abandonner le Mirebalais aux partisans de la factieuse

(1) Lettre de Rigaud à Laveaux (24 floréal, 13 mai).

Résistance à l'oppression; ceux-ci en avaient ouvert les portes aux Espagnols; un noble, un émigré, le marquis d'Espinville y commandait. L'Ouverture, dont les postes de ce côté de l'île étaient à la Petite-Montagne, entretenait des intelligences dans la place, à sa voix, la population se soulève et en chasse les Espagnols qui se retirent à Las-Cahobas (1), place; frontière, située à six lieues du village de Mirebalais. Christophe Morney et Valleray en prirent possession avec 600 hommes, au nom de la République (fin de juillet 95). L'Ouverture se porta alors au Mirebalais, dont il donna le commandement à un blanc nommé Guiot; et, après un terrible combat dans lequel périrent plus de cent Espagnols, il arbora le pavillon tricolore à Las-Cahobas et envoya aux Gonaïves cent quarante prisonniers (2).

Le Mirebalais tire son nom d'un quartier du Poitou avec lequel son aspect a beaucoup de simi-

(1) Las-Cahobas est ainsi nommé à cause des forêts d'acajoux qui l'environnent; *Cahobas* (mot espagnol) signifie en français acajoux.

(2) Lettre de Toussaint à Laveaux du Mirebalais, 19 thermidor an III (6 août 1795). Toussaint annonça ces succès à Rigaud qui se trouvait à Léogane; voici ce que Rigaud écrivait à Laveaux, le 4 fructidor an III (21 août 1795): « J'ai appris avec plaisir par le camarade Toussaint que le Mirebalais était sous les ordres de la République; j'ai aussi appris la conquête de Las-Cahobas.

J'admire le zèle et la conduite de ce brave républicain; voilà comme tous les Français devraient agir, et les ennemis n'auraient pas beau jeu. »

litude ; il est entouré de hautes montagnes ; il
n'a de communication avec les autres parties de
l'île que par des gorges et des défilés éloignés
au moins de deux lieues du village, qui est assis
dans son centre, non loin de l'Artibonite. Chacune
des gorges, chacun des défilés, est un véritable
Termopyle ; ce n'est pas sans raison que Moreau
de St-Méry a dit que l'homme de génie pourrait en
faire un champ de gloire (1). Le village de Saint-
Louis, qui porte aussi le nom de Mirebalais, célèbre
à plus d'un titre depuis la révolution, commande
une campagne d'au moins huit lieues d'étendue du
nord au sud et de douze du levant au couchant.
Borné au nord et à l'est par Hincha et Banica,
au couchant, par les mornes de Banica et ceux du
Cul-de-Sac, au midi du village, par le quartier des
Vases, le canton est favorable à l'éducation de tous
les animaux ; la nature y a semé, pour le cheval
surtout, tant de gras pâturages que j'ôserais dire
qu'il y a là la remonte de la plus nombreuse
cavalerie, et qu'un chef intelligent peut de ce
point porter au besoin la terreur de ses armes à
l'est comme au nord, à l'ouest comme au sud.

Les Anglais sentirent la portée du point culmi-
nant que leur offrait le Mirebalais ; ce peuple, dont
chaque idée est une combinaison, dont chaque

(1) Description de la partie française de St-Domingue.

acte est un calcul, devina que le Mirebalais commande l'intérieur de l'île, comme le Môle commande la mer : or, les Anglais résolurent de prendre possession du Mirebalais que les Espagnols n'avaient pas su garder et qui l'était peu par Paul-L'Ouverture. Deux colonnes partirent, l'une du Port-au-Prince, sous les ordres du marquis de Bruges, l'autre de l'Arcahaye, sous les ordres du traître Lapointe, et forcèrent Paul-L'Ouverture à leur livrer la place (30 octobre 95, 8 brumaire an IV), qu'on mit sur le pied de la plus redoutable défense.

CHAPITRE XXX.

Toussaint-L'Ouverture et les serments.

La triste nouvelle de la prise du Mirebalais et de Las-Cahobas affligea Toussaint, et l'affligea d'autant plus que ceux qui, pour ainsi dire, avaient facilité l'entrée des Anglais au Mirebalais, lui avaient prêté serment de rester fidèles à la République. Ce pauvre Toussaint ignorait qu'un serment dicté est une vaine formule, et qu'il n'y a de serment inviolable que celui qui part spontanément du cœur.

Un autre que L'Ouverture eût renoncé dès lors à son habitude de toujours faire jurer; mais, par dé-

faut d'éducation , jamais il ne comprit dans sa vie
d'autre lien à la fidélité que celui du serment. Du
reste, lui, il ne promettait jamais ; une supplication
réitérée lui eût-elle arraché une promesse, et ce
n'était qu'à force de supplications qu'on parvenait
à avoir sa parole, il se montrait alors religieusement
observateur de la foi donnée; il se fût même fait tuer,
pour qu'on n'eût pas à lui reprocher un parjure.
C'est beaucoup de la part d'un Spartacus rentré dans
la vie du monde civilisé : car enfin ses maîtres ,
sa famille, ne lui avaient donné aucun de ces
principes salutaires que nous puisons dans nos
humanités. Mais est-ce tout que ce beaucoup?
l'homme doit-il jamais tyranniser la conscience de
ses semblables? ne doit-il pas plutôt parler à leurs
instincts généreux et les attacher au drapeau de son
parti par la persuasion du beau, du noble et du
grand, au lieu de tenter de le faire par l'obtention
du serment qui, après tout, n'est que l'abdication du
libre arbitre.. ? Méfiance ridicule que de demander
un serment ! Le serment ne prouve rien ni en
faveur de celui qui le demande , ni en faveur de
celui qui le donne, l'un tyrannise et l'autre obéit.

CHAPITRE XXXI.

Reprise du Dondon par L'Ouverture;—Situation de la métropole. Rigaud, L'Ouverture, Beauvais et Villate généraux de brigade.

Jean-François et Biassou, que par sa politique cauteleuse don Joachim-Garcia avait toujours maintenus sous le drapeau de l'Espagne, furent envoyés pour détruire les grands travaux d'ordre qu'édifiait l'intelligence de Toussaint. Partis des environs du Fort-Dauphin avec 4000 hommes de leurs bandes, ils pensaient pouvoir forcer le cordon de l'Ouest, reconquérir le Dondon, pousser aux Gonaïves et donner la main aux Anglais qui occupaient St-Marc; ils tombèrent donc le 22 vendémiaire an 4 (14 octobre 95) sur le village du Dondon que commandait Moyse et s'en emparèrent: Moyse, à la tête de ses grenadiers, se défendit vaillamment contre le nombre; mais il fut obligé d'abandonner la place et de se retirer sur la Marmelade.

L'écho avait porté le bruit du canon à L'Ouverture qui se trouvait à la Marmelade. Ce centaure, suivi de cinquante dragons, part avec la rapidité de la foudre; il rencontre Moyse qui, dans sa retraite, faisait charger les armes avec des pierres, faute de balles; il rallie la débandade et, renouvelant

le prodige qu'avait opéré Rigaud au carrefour de
Truitier, il charge en personne, chasse Jean-
François, lui fait abandonner le village et le fort
qui protége le village, le poursuit jusqu'aux Pitons
des Roches et faillit même de le faire prisonnier (1).
Dès ce moment la partie espagnole cessa de faire des
tentatives sur la partie française, et la paix conclue
entre la France et l'Espagne vint dénouer la coalition jusqu'alors inextricable de Jean-François et
de Joachim Garcia.

La Convention nationale, par l'énergie de ses
mesures, avait sauvegardé la révolution des périls
que lui faisaient courir les rois : la Hollande avait
été soumise, la paix avait été dictée à la Prusse
et à l'Espagne. Cette dernière puissance par le
traité de Bâle (4 thermidor, an III, 22 juillet 95)
cédait à la France l'immense et fertile territoire
qu'elle possédait à l'orient de l'île.

Et la Convention n'avait pas appris sans son
enthousiasme ordinaire la lutte qu'au nom de ses
principes soutenait par de là l'Atlantique une
génération de nègres qui demandait son droit
de cité dans le monde civilisé. Elle décréta, le 5
thermidor an III (23 juillet 95), que l'armée de St-
Domingue avait bien mérité de la Patrie ; elle
éleva Laveaux, alors adjudant-général, au grade

(1) Lettre de Toussaint à Laveaux, de la Marmelade, 23 vendémiaire an IV (15 octobre 1795).

de général de division ; elle nomma Villatte, Beauvais et Rigaud, alors colonels, généraux de brigade; et Toussaint-L'Ouverture, qui jusqu'alors n'avait aucun grade, bien qu'il commandât une vaste région, et qu'il eût rendu de grands services à la France, fut aussi par le même décret fait général de brigade.

La corvette la Vénus, commandée par le capitaine Désagneaux, fut chargée de porter dans les îles françaises la nouvelle des succès que venait de remporter la métropole, d'annoncer à St-Domingue la paix faite avec l'Espagne et de remettre aux défenseurs de la colonie les récompenses que la Convention venait d'accorder à leur bravoure et à leur fidélité aux destins hasardeux de la Révolution.

Désagneaux arriva le 22 vendémiaire, an iv (14 octobre 95), au Cap où Villatte commandait, et se dirigea au Port-de-Paix où se tenait toujours Laveaux. La nouvelle de la paix avec l'Espagne causa de la joie; le traité fut lu, publié et affiché successivement partout où flottait le drapeau tricolore. L'Ouverture, qui se trouvait à la Petite-Rivière, fut chargé par le gouverneur général de faire passer à Rigaud et à Beauvais leurs brevets de lieutenants généraux (1).

(1) Lettre de Laveaux à Rigaud et à Beauvais, du Port-de-Paix, 24 vendémiaire an iv (16 octobre 1795).

Rigaud fit publier aux Cayes, le 5 brumaire,
an IV (27 octobre), le traité de paix. La pensée
d'aller, au nom de la République reconnaissante,
s'emparer du territoire espagnol, souriait à son
cœur porté aux grandes choses. A sa place il nomma Lefranc, déjà commandant-militaire à Saint-
Louis, chef de brigade de la Légion de l'Egalité
du Sud, et proposa à Laveaux d'embarquer immédiatement sur une corvette de 24 canons et sur trois
bricks huit cents hommes des troupes du Sud,
deux cents hommes des troupes de Jacmel, et d'aller prendre possession de la partie espagnole (1).
Deux motifs déterminaient Rigaud à cette proposition : la crainte que les autorités espagnoles n'en-
levassent les poudres et l'artillerie qui garnissait
Santo-Domingo et la crainte que Jean-François et
Biassou ne se livrassent aux Anglais. Laveaux
n'accepta pas la proposition ; il se borna à demander aux Espagnols la remise du territoire que la
trahison leur avait livré : Fort-Dauphin, Mariba-
roux, Ouanaminthe, Vallière, Sans-Souci (ou Milot),
la Grande-Rivière, la montagne de Sainte-Suzanne ;
se réservant, plus tard, avec des troupes blanches,
de prendre possession de la colonie cédée ; il de-

(1) Lettre à Laveaux, des Cayes, 9 brumaire an IV (31 octobre
1795).

manda aussi l'embarquement de Jean-François, de ses officiers et de ses domestiques (1).

Laveaux, pour obéir à l'ordre du comité de Salut public, qui lui enjoignait d'aller établir son quartier-général au Cap (2), avait laissé le Port-de-Paix le 27 vendémiaire an IV (16 octobre 95) (3), et avait repris possession de la ville du Cap, que des intrigues l'avaient forcé de fuir, et où de grandes tribulations l'attendaient.

CHAPITRE XXXII.

Les généraux nomment des députés pour aller remercier la Convention. De Villatte et de Lavaux.

La colonie se croyait oubliée de la métropole, quand elle reçut le décret du 5 thermidor; l'on songea, dans l'ouest et dans le sud, à envoyer des représentants à la Convention, car les événements

(1) Lettre de Laveaux à Rigaud, du Cap. — 16 nivôse an IV (6 janvier 1796). Jean-François partit pour la Havane le 14 nivôse (4 janvier 1796), avec mille personnes de sa suite ; de la Havane, il se rendit en Espagne où il mourut, entouré de la considération des habitants de Madrid.

(2) Mémoire de Pierre-Vital Grandet, chef-de-bataillon.

(3) Mémoires de l'ordonnateur Péroud.

militaires avaient jusque-là empêché qu'à l'instar
du nord, on le fit. Ce fut inutilement que Rigaud et
Beauvais demandèrent au général Laveaux la convocation des assemblées électorales ; ils n'obtinrent
que l'autorisation d'envoyer privativement des députés remercier la Convention nationale de leur
élévation au généralat : la même autorisation fut
accordée aux généraux Toussaint et Villatte.

Rigaud et Beauvais nommèrent pour cette mission Pierre Pinchinat qui, refugié aux Cayes depuis la prise du Port-au-Prince, prêchait le
dévouement à la patrie, l'amour du travail, de
la liberté, de l'égalité et célébrait les exploits
des républicains dans les relations de leurs ex-
péditions contre les Anglais (1). Rigaud et Beauvais nommèrent aussi un blanc, le capitaine
d'infanterie Sala, et un noir, le capitaine aide-de-
camp Fontaine : cette députation tricolore devait
plus qu'aucune dépêche démontrer à la mère-patrie le désir de l'union que ceux qui l'envoyaient
voulaient voir régner dans l'île.

La députation se rendit au Cap pour s'embarquer sur la Vénus qui retournait en France.
Là, Pinchinat s'aperçut de la mésintelligence qui
régnait entre Laveaux, général en chef, et Villatte
commandant l'arrondissement du Nord.

(1) Mémoire justificatif adressé au conseil des Cinq-Cents par
Pierre Pinchinat.

Villatte s'était habitué à l'indépendance du commandement durant le long séjour de Laveaux au
Port-de-Paix. Lui seul d'ailleurs avait maintenu le
Cap et ses dépendances dans la fidélité aux lois de la
République ; il avait seul préservé l'arrondissement
contre les tentatives des bandes de Jean-François et
contre les menaces des escadres anglaises et espagnoles. Son pouvoir sans violence, sa rigueur
sans méchanceté, lui avaient concilié l'approbation
générale de la population. Cette population l'avait
vu se mettre à la ration des soldats, ne se nourrir
que de cannes à sucre pour économiser en faveur
des Européens qui habitaient la ville du Cap; de
sorte que son courage et sa bonté avaient fait de
lui une idole aussi précieuse que l'étaient L'Ouverture aux Gonaïves, Rigaud aux Cayes, Beauvais à
Jacmel. Or, toutes les mesures d'initiative de
Laveaux, même celles pour le bien public, semblaient à la population une violation des attributions
de Vilatte. Le caractère de ce dernier le rendit
l'écho des plaintes et des griefs du public.

Ni Laveaux, ni Perroud, l'ordonnateur de la
colonie, n'avaient le bon esprit en parlant de patrie
et de fraternité à leurs adversaires, en cherchant à
faire le bien avec le conseil des autres, de dissiper les
préventions qui s'élevaient contre eux. L'opposition
dont Villatte était à leurs yeux, sinon le chef, du

moins le représentant, irrita leur nature. Dès lors au lieu de garder cette impassibilité qui doit toujours caractériser l'homme d'État. Laveaux à son tour devint factieux, en voulant faire sentir le poids de son autorité toute puissante.

Cet état de choses fit penser à Pinchinat, à Sala et à Fontaine que les destinées de St-Domingue couraient encore de plus grands dangers que ceux qu'elle avait traversés. Selon eux, il convenait mieux qu'ils fussent revêtus du titre de représentants du peuple pour se rendre en France et présenter à la métropole le tableau des besoins de la colonie ; ils écrivirent donc à Rigaud et à Beauvais de faire de nouvelles instances afin d'obtenir la convocation des assemblées électorales. Laveaux accéda à ces instances. Pinchinat remit ses dépêches au capitaine Desagneaux qui partit pour la France avec les seuls députés de L'Ouverture, — Caze, Étienne Viart et Philippe Lacroix (1). Pinchinat partit du

(1) Ces députés rendirent en France de grands services à la renommée de Toussaint ; « ils avaient promis et juré, aussitôt « leur débarquement sur la terre de France, d'essayer de rendre « à la Convention le caractère qui distingue le général Toussaint, « d'après leur attachement à sa personne et d'après les grands « et mémorables services qu'il avait rendus à la patrie; ils avaient « aussi promis de ne jamais différer d'opinion et d'intention et « de venir ensuite goûter auprès du général Toussaint-L'Ouver- « ture les douceurs de la pure amitié qu'ils lui avaient vouée

Cap pour Léogane avec ses autres collègues le 2 ventôse an IV (21 février 96); bientôt il fut nommé député au corps législatif.

CHAPITRE XXXIII.

Rigaud prend la place de Tiburon. Toussaint aux Verettes.

Rigaud et L'Ouverture avaient continué à se signaler au service de la République. Rigaud avait repris le 9 nivôse an III (9 Décembre 95) la place de Tiburon, que le traître Sevré avait livrée aux Anglais ; la prise de ce point important qui regarde la Jamaïque est marquée dans l'histoire de traits dignes d'admiration : une batterie élevée par Rigaud fit sauter (8 nivose au matin) la corvette anglaise, le Queen-Grey, dont le feu aidait à la défense de la ville. Dès lors les Anglais perdirent tout espoir de pénétrer aux Cayes (1).

L'Ouverture, de son côté, maintenait son cordon contre les Anglais, portait souvent la terreur de ses armes sur le territoire qu'ils occupaient et sa-

« jusqu'à la mort. » — Procès-verbal du 16 frimaire an IV (7 dé-
« cembre 1795).

(1) Relation du siége de Tiburon par le général Rigaud.

vait défendre contre eux le sol confié à sa bravoure.
Maître des Vérettes, en deçà de l'Artibonite, il
porta le drapeau tricolore aux Matheux et au Fonds-
Baptiste, montagnes élevées et florissantes d'où sa
vue se promena sur le Port-Républicain et en me-
sura la conquête future.

Toussaint avait à peine quitté le village des Vérettes, que Dessource, colon blanc, habitant de
St-Marc, qui commandait une légion de noirs, sous
le nom de chasseurs de Dessource, parut, enleva
le village, y fit mettre le feu et en dévasta les environs. Toussaint reparut aux Vérettes le 12 nivose
an IV (2 janvier 96) avec un bataillon du 4e régiment;
ayant remarqué que le bourg, dominé de tous
côtés par des crètes, facilitait trop les incursions de
l'ennemi, il décida de le porter dans une savane
libre à tous les vents. En conséquence, il laissa un
poste sur l'emplacement de l'ancien bourg, fit descendre les femmes et les enfants, leur traça lui-
même le plan de leurs nouveaux foyers. L'Ouverture
ordonna de creuser tout autour du nouveau bourg
des fossés qu'il était facile de combler d'eau et commença à faire élever une redoute; cette redoute
dorénavant devait mettre les familles à l'abri des
insultes des Anglais et de leurs partisans (1).

(1) Lettre de Toussaint-L'Ouverture, des Vérettes, 21 nivôse
au IV (11 janvier 1796).

CHAPITRE XXXIV.

Dieudonné ; son arrestation.

Sonthonax , dit-on , dans sa fuite, en traversant les montagnes, pour se rendre à Jacmel , aurait rencontré un esclave émancipé par Polvérel, du nom de Dieudonné ; Sonthonax , aurait donné son écharpe à ce nègre qui à la Charbonière commandait une bande d'Africains et lui aurait dit qu'il le fesait en son lieu et place commissaire-civil.

Dieudonné, qui avait assisté à la chute du Port-Républicain sans comprendre qu'il fallait défendre la République, fier du prétendu titre que lui avait conféré la malicieuse plaisanterie de Sonthonax, refusa de reconnaître l'autorité du général Rigaud; et, disposé à la vie sauvage, il ne comprenait pas qu'un autre que lui commandât ; l'obéissance aux mulâtres lui répugnait surtout ; il se montrait plutôt disposé à prendre le parti des Anglais. Rigaud et Beauvais lui envoyèrent inutilement le décret de la Convention qui les élevait au rang de généraux de brigade ; Dieudonné déclara qu'il ne voulait pas leur obéir et lacéra le décret.

Il est triste de penser qu'il ait pu se trouver des hommes assez ignorants, pendant toutes les révolu-

tions de Saint-Domingue, qui de dire : je ne veux
pas obéir aux blancs; qui de dire : Je ne veux pas
obéir aux noirs; qui de dire : Je ne veux pas obéir
aux mulâtres. Malheureux et tristes pécores ! Lais-
sez donc de côté les nuances de l'épiderme qui,
comme a dit Pétion, disparaissent devant l'immensité de la puissance de Dieu (1).Ne faites exception
de personne; faites acception de toutes les couleurs,
pourvu qu'elles vous apportent moralité, grandeur
d'âme, intelligence et courage ! Ce n'est qu'avec ces
conditions que l'humanité progresse : Pierre Dieudonné ignorait qu'avec les principes de la fraternité universelle, qu'avec la fusion des races, un jour
il n'y aura sous le ciel des Antilles qu'une race,
celle des sangs-mêlés ; bon gré, mal gré, c'est ce qui
arrivera ; alors pourquoi donc tant de haines, tant
d'incompatibilité apparente?

Rigaud invita L'Ouverture, à qui il faut rendre
cette justice qu'il ne connut jamais le préjugé de
couleur, bien qu'il l'exploitât cependant quelquefois
pour le besoin de sa politique, à venir le joindre à
Léogane pour faire rentrer Dieudonné sous les lois
de la république.

Les occupations de L'Ouverture l'empêchèrent
de faire le voyage ; mais il envoya deux de ses

(1) Réponse du général Pétion aux écrits séditieux du général
Christophe, janvier 1807.

officiers, l'un nommé Docteur et l'autre, le chef de bataillon Maurepas; ces officiers, arrivés au camp-Nérette, rencontrèrent Renaud-Desruisseaux que Rigaud y avait envoyé de son côté.

Laplume facilita l'arrestation de Dieudonné sous les ordres duquel il commandait; convaincu de pactiser avec les Anglais, Dieudonné fut amarré par ses propres gens, mis au supplice de la barre et dirigé sur l'habitation Turgeau. Quelque temps après il fut conduit à Léogane, d'où on l'envoya dans les prisons de Saint-Louis du Sud, où était renfermé Montbrun ; là mourut Dieudonné (1). Laplume fut à cette occasion nommé chef de brigade par Laveaux; Beauvais le fit reconnaître en cette qualité sur la place-d'armes de Léogane; Rigaud forma des gens de Laplume un régiment franc qu'il organisa lui-même, et, après avoir envoyé ce régiment occuper la Charbonnière, il descendit incognito dans le Sud (2).

(1) Dieudonné mourut le 11 germinal an IV (31 mars 1796), sous le poids des chaînes dont Lefranc, qui commandait la place, l'avait chargé.

(2) Lettre de Rigaud à Laveaux du 26 ventôse an IV (25 février 1796).

CHAPITRE XXXV.

Belle défense de Léogane.

Rigaud était dans le sud ; les Anglais, dont Toussaint empêchait les communications avec les insurgés du nord , résolurent d'attaquer la ville de
Léogane ; ils venaient de recevoir des renforts
d'Europe ; le général Bowyer partit du Port-au-
Prince avec 2,000 hommes de troupes de ligne et
1,200 des auxiliaires du baron de Montalembert et
de Lapointe. L'armée était répartie sur une escadre
de quatre vaisseaux, de six frégates, d'une corvette,
de bricks ; cette escadre était commandée par l'amiral
Parker ; une grande quantité de bâtiments, transpor-
tant provisions et munitions, suivaient l'expédition ;
ces derniers bâtiments étaient de tous les tonneaux : c'étaient cent-neuf voiles qui cinglaient,
le 3 ventôse (20 mars 96), du Port-Républicain
contre la place de Léogane.

A la vue de cette flotte considérable, dont l'appa-
rition, suivant les Anglais, devait jeter la déroute à
Léogane , le chef d'escadron Desruisseaux, de la
légion du Sud, qui commandait la place, ordonna
de battre la générale et de tirer le canon d'alarme.
Soixante tambours, parcourant les rues de la ville,

appelaient les citoyens aux armes ; le bruit du canon annonçait au loin l'imminence du danger ; et
telle était la confiance que la population avait dans
les officiers de la place, qu'on vit, dans ces instants
toujours pleins d'épouvante, les femmes et les enfants montrer un enthousiasme inoui ; nouvelles
Spartiates, les Léoganaises excitaient les hommes
à voler au combat.

Deux mille hommes bordèrent les remparts ;
Desruisseaux plaça la réserve sur la place-d'armes,
avec tous les parcs d'artillerie. L'escadre approchait ;
elle canonna et balaya le poste de la Petite-Rivière,
où Lapointe avec les troupes de l'Arcahaye, et
Montalembert avec la légion britannique, prirent
position ; descendant au sud, elle échangea quelques
boulets avec le fort Ça-Ira, balaya le poste de l'Ester comme elle avait fait de celui de la Petite-Rivière, et débarqua le général Bowyer avec les régiments anglais. Le général Bowyer alla établir son
quartier-général à l'habitation Buteau : tout fut
disposé pour enlever la place le lendemain.

Le chef de bataillon Pétion commandait le fort
Ça-Ira, point essentiel ; ce fort, défendu par trois
cents hommes, était couronné par seize pièces de
canon, dont une de 18, une de 24 et deux de 36.
Pétion avait là de jeunes et intrépides lieutenants,
entre lesquels on remarquait Ogé, si digne du nom
que le hasard lui avait donné, car aucun lien de

parenté ne l'unissait au martyr du même nom, et
Segrettier, dont le nom est le synonyme de l'honneur militaire et de toutes les vertus civiques.
L'amiral Parker, le lendemain (1er germinal, 21
mars), avec le vent d'ouest, qui est régulier dans
toute la baie de la Gonâve, remonta vers le fort Ça-
Ira et fit embosser l'escadre; la canonnade commença à neuf heures et dura jusqu'à six heures du
soir; 14 ou 16,000 boulets plurent sur le fort Ça-Ira.
La canonnade, pendant la première heure, avait
fait taire les feux du fort; tous les ouvrages inté-
rieurs qui s'élevaient du parapet avaient été rasés;
le pavillon tricolore, qui flottait encore, étant
venu à tomber, la drisse ayant été coupée par un
boulet, l'amiral Parker crut à la reddition du fort.
Mais aussitôt Pétion ordonne à un matelot (1) d'aller
clouer le pavillon au mât; le pauvre marin, en
redescendant de ce mât, reçoit un biscayen et tombe.
Pauvre jeune homme! Il regrettait une vie prête à
s'éteindre prématurément : « Eh! malheureux, lui
dit Villaumetz, que ferais-tu de cette vie, si nous
étions vaincus?» Ces paroles donnent au jeune enfant

(1) Quand la flotte parut le 30 ventôse, il se trouvait en rade
à Léogane trois corsaires, dont un s'appelait les *Droits de
l'Homme*, commandé par Villaumetz; pour ne pas les laisser
prendre par les Anglais, on avait fait sombrer ou jeter à la côte ces
corsaires; les équipages s'étaient rendus au fort Ça-ira, à la défense duquel ils contribuèrent.

le courage de la mort. « S'il en est ainsi, s'écria-t-il, vive à jamais la République! » et il expira.

Cependant le feu redoublait de part et d'autre avec une nouvelle violence; Pétion commande à Ogé d'aller à Léogane chercher des munitions; celles qu'il avait commençaient à s'épuiser. Ogé, à son retour, est cerné par les troupes qui avaient débarqué: l'épée à la main, la bayonnette en avant, à la tête de son détachement, Ogé se creuse un passage dans le sang, et rentre à Ça-Ira. Dès-lors, chaque fois que Pétion eut à honorer le courage, il se plaisait à dire : Brave comme Ogé.

Pétion jeta plusieurs boulets à bord de l'escadre; l'Africa surtout, maltraité, commençait à prendre eau de toutes parts ; la ligne d'embossage était rompue ; l'amiral Parker fit le signal d'appareiller : il en était temps. A bord d'un seul vaisseau, il y avait plus de soixante hommes mis hors de combat; Pétion n'avait perdu que sept hommes (1).

Pendant la canonnade du fort Ça-Ira, le général Bowyer vint attaquer la place par le poste de la Liberté, où commandait le capitaine Dupuche; après un combat d'une demi-heure, Bowyer reploya sur son camp, laissant dans la plaine plusieurs morts et quelques blessés : Lapointe et Montalembert,

(1) Relation de la prise de Léogane par les généraux Rigaud et Beauvais; notes du général Segrettier et du sénateur Georges.

placés en échec aux environs de la Petite-Rivière, ne firent aucun mouvement pendant tout ce combat.

Dans la nuit du 1er au 2 germinal (21 au 22 mars), le général Bowyer fit élever une batterie vis-à-vis du bastion de la Liberté, à portée de pistolet des fossés de la ville; au jour, cette batterie commença un feu acharné qui dura trois heures; Dupuche y ripostait avec trois pièces de campagne; la mousqueterie jouait aussi de part et d'autre: l'habileté de Dupuche força les Anglais à abandonner leurs retranchements. Mais Bowyer, non découragé, ordonne un assaut général; fascines, ponts-volants, échelles, rien n'est oublié pour combler les fossés et pour traverser dans la ville; quatre pièces de campagne soutiennent les Anglais et tonnent sur la ville qui, située en rase plaine comme les environs, a les flancs ouverts de tous côtés. Déjà les Anglais sont au bord des fossés; ce n'est qu'alors que Renaud-Desruisseaux ordonne un feu général sur toute la ligne; cet accueil meurtrier force les Anglais à s'éparpiller; ils abandonnent leurs outils, leurs armes et deux de leurs pièces, douze caissons de munitions et quatre avant-trains : Desruisseaux ordonne la sortie pour s'emparer du butin qu'on fait entrer dans la place, pendant que Dupuche poursuit les Anglais. Lapointe et Montalembert, afin de protéger la retraite des Anglais, font avancer leur cavalerie; mais

les coups de canon du bastion de la Liberté for-
cent cette cavalerie à rentrer dans le bois. Le général Bowyer rallia ses soldats à l'habitation Bossan,
ordonna d'y élever une batterie de quatre pièces de
24 et de douze obusiers; mais les bombes de la
place ne lui donnèrent pas le temps d'achever cette
batterie. Profitant du mal qu'occasionnaient les
bombes, Desruisseaux ordonna une nouvelle sortie,
que les Anglais n'attendirent point : ils reployèrent
sur l'habitation Buteau.

Pendant ce temps Beauvais avançait de Jacmel,
Rigaud avançait des Cayes : les Anglais se rembar-
quèrent pour le Port-au-Prince (1).

(1) Rigaud dans la relation de ce siége que nous avons sous
les yeux omet à dessein sans doute de citer le nom de Pétion,
alors chef du bataillon d'artillerie de la légion de l'ouest et commandant du Fort Ça-ira qui avait autant et peut-être plus qu'aucun, préservé Léogane de devenir la proie des Anglais. Expli-
quons le fait : Pétion, dès l'affaire des *Suisses*, avait perdu toute
estime pour Beauvais, comme pour Lambert; il avait à Jacmel,
après l'évacuation du Port-au-Prince, mécontenté Beauvais en
épousant le parti de Montbrun en qui il voyait la principale autorité ; il fut même à cette occasion mis en prison. — Capitaine
d'artillerie Pétion était en garnison aux Cayes, après l'affaire de
Bandollet; sa compagnie eut maille à partir avec Toureaux, commandant-militaire de la place. Rigaud qui aimait Beauvais et qui
ne jurait que par Toureanx se laissa aller aux suggestions de ses
deux lieutenants contre Pétion ; mais celui-ci faisait peu de cas

CHAPITRE XXXVI.

Troubles du 30 ventôse (20 mars) au Cap.

Le hasard aime quelquefois à faire aboutir, à la même minute, les événements les plus disparates ; pendant que les armes de la République se couvraient de gloire à Léogane un malheur immense compromettait au Cap la tranquillité publique, en abreuvant l'autorité métropolitaine des plus grands outrages. Laveaux, qui, ainsi que nous l'avons vu, avait porté au Cap le siége du gouvernement, avait improuvé et annulé toutes les opérations de Villate, s'était emparé de l'administration, du commerce. Puissamment incité par l'ordonnateur Péroud, jeune homme qui l'avait suivi au Port-de-Paix et

des préventions ridicules ; il continua son service sous ses chefs, sans prendre garde aux traits de leur malveillance.

Pétion, pendant le campement du carrefour-Truitier, malade, étant étendu dans un hamac, Beauvais et Rigaud vinrent le voir ; ils sortaient à peine de l'ajoupa que Beauvais dit à Rigaud : il est si orgueilleux, qu'il aimera mieux mourir que de nous demander un billet d'hôpital. Segrettier rapporta ces paroles à Pétion ; il ont raison, répliqua Pétion, je n'aime pas plus l'un que l'autre. Comment après ce fait, M. Madiou a-t-il pu avancer que Pétion conspira en faveur de Rigaud contre L'Ouverture ?...

(Note de Segrettier).

qu'il avait ramené au Cap, il voulut même introduire un papier-monnaie de sa création, portant
l'initiale de Péroud, et tenta de donner à ce papier
un cours forcé.—Villatte, à l'activité duquel on
ne laissait plus que de vaines parades militaires,
souffrait en silence de la perte de son administration,
qui avait passé en d'autres mains ; les hommes qui
avaient été témoins de ses actions souffraient aussi
avec lui : avant le retour de Laveaux au Cap, cette
ville, par l'ordre et l'économie que Villate y avait su
établir, suffisait, malgré les obstacles de la guerre,
à pourvoir à toutes les dépenses, sans recourir
à aucun emprunt.

Les commerçants s'alarmèrent, le peuple s'a-
meuta, et, le 30 ventôse (20 mars), à dix heures du
matin, pendant que Laveaux causait en déshabillé
dans sa chambre avec l'ingénieur de la colonie, le
colonel Galley (1), le gouvernement fut envahi, et
Laveaux, à qui on ordonna, au nom du peuple
(c'était la formule des factions de l'époque), de se
rendre en prison, s'étant refusé à cet ordre, fut
frappé du bâton et conduit, malgré sa résistance,
dans la prison où il rencontra Péroud, dont on

_____

(1) Lettre de Laveaux à Toussaint du 4 germinal an IV
(24 mars 1796); lettre du même, datée du Fort-Dauphin,
26 prairial an IV (14 juin 1796), au Ministre de la marine et des
colonies.

avait eu soin déjà de s'assurer de la personne.
La municipalité, muette et silencieuse, avait
laissé s'accomplir l'attentat, tant il est vrai que
Laveaux avait perdu la confiance générale; mais
Villate en cette circonstance, commit plus qu'un
crime; il fit la faute de ne pas monter à cheval et
de ne pas aller délivrer le gouverneur; le cœur gros
de rancunes, il laissa consommer l'attentat et fit la
faute de se rendre à l'invitation de la commune
qui l'appelait à la direction générale des affaires, en
le chargeant du salut public.

L'attentat du 30 ventôse n'eût été partout ailleurs
qu'une rébellion que les lois les plus indulgentes
eussent condamnée sévèrement; mais cet attentat
se passait à St-Domingue, sur une terre vouée au
plus monstrueux et au plus ridicule préjugé, celui
de la couleur de la peau humaine. Cette affaire
prit une proportion de guerre de caste.

Laveaux était donc incarcéré avec Péroud; le colonel Leveillé, commandant-militaire du Cap, donna
connaissance de cet évènement au colonel Pierre-
Michel, du 2e régiment, qui veillait à la sûreté du
bourg du Haut-du-Cap. Pierre-Michel envoya de suite
au Cap un des capitaines de son régiment, pour s'in-
former auprès de Villatte des motifs de l'arrestation
des premières autorités de l'île; ce capitaine c'était
Henry Christophe (1) qui ne s'attendait pas alors

(1) Archives générales, carton 53.

aux destinées qui lui étaient reservées et qui, officier obscur, n'avait jusque-là figuré dans aucune bataille. Etienne Magny, chef d'escadron, aide-de-camp de Villatte, reçut Christophe et lui expliqua le véritable caractère du mouvement. Mais aucune explication ne convint, avec raison, au colonel Pierre-Michel; il expédia à L'Ouverture qui se trouvait aux Gonaïves la nouvelle du 30 ventôse. — C'était là une bonne aubaine pour la politique de Toussaint; on avait jeté cette aubaine sous ses pas, il sut la prendre. Pourquoi en homme plus intelligent que Laveaux, quoique un peu moins lettré, Toussaint ne se contenta-t-il pas des faveurs inespérées que le ciel lui envoyait, sans chercher à remuer toutes les passions de castes? Laveaux ne les avait-il pas assez remuées? Péroud ne l'avait-il pas aussi suffisamment fait?

La commune du Cap avait eu horreur de l'œuvre qu'elle avait accomplie; Villatte même, à qui elle avait délégué tous les pouvoirs de salut public, embarrassé d'un fardeau que son ambition avait désiré peut-être! et que les difficultés commençaient à lui rendre lourd, ne savait plus quelle direction donner à la nouvelle révolution.

J'aime bien entendre un écrivain proposer en cette circonstance à Villatte de décapiter ou de déporter Laveaux (1)!... la municipalité, menacée par

(1) *Sic*; histoire d'Haïti par M. Madiou, t. I, p. 295.

le colonel Pierre-Michel, s'attendant à chaque instant à voir paraître L'Ouverture, alla en corps le 2
germinal (22 mars) ordonner la mise en liberté de
Laveaux, de ses officiers et de Péroud. Laveaux
fut, à la municipalité, proclamer l'oubli des offenses
qu'il avait reçues : chacun applaudit à cet acte de
magnanimité.

La ville du Cap était en désolation; des bruits
divers la menaçaient : Laveaux se retira au Haut-du-
Cap (6 germinal, 26 mars); Villatte imita son
exemple, traversa le bac pendant la nuit du même
jour et se rendit au Terrier-Rouge, sur l'habitation
Lamartellière, où se trouvait un camp à qui les
soldats avaient donné son nom. Laveaux vint le
lendemain du Haut-du-Cap avec 200 hommes à la
Petite-Anse. Pendant que ces événements se passaient au Cap, L'Ouverture sortait des Gonaïves
avec deux bataillons et deux cents hommes de
dragons; le 9 au matin il traversait le Haut-du-
Cap et rentrait à la Petite-Anse.

CHAPITRE XXXVII.

Toussaint lieutenant Gouverneur-général de la colonie.

Le mouvement du Cap, désiré par Villatte sans
doute, peut-être concerté par lui, donna à Laveaux

et à Péroud la légitimation de leurs torts et servit à agrandir Toussaint-L'Ouverture ; dans ce mouvement avait concouru la population noire, jaune et blanche ; un noir surtout, du nom de Toussaint, dragon dans la garde nationale, s'était signalé par son exaspération contre Laveaux et Péroud (1).

Cependant Laveaux, dans la lettre qu'il écrivit à Toussaint-L'Ouverture, avança mensongèrement que le mouvement n'avait eu lieu que par des mulâtres, qu'aucun blanc, qu'aucun noir n'y avait pris part ; c'était attirer la foudre sur des victimes désignées à l'avance.

Laveaux accueillit Toussaint, bien que le péril fût passé, avec des transports de joie, lui remit, à sa demande, le commandement général pour vingt-quatre heures ; mais le nom de Villatte était encore puissant sur l'esprit des agriculteurs ; ils s'ameutèrent à l'idée de voir passer le commandement aux mains de Toussaint ; ils s'emparèrent des postes de la barrière St-Michel.—L'Ouverture monte à cheval, fait entendre raison aux mutins ; tout s'apaise sans effusion de sang et Laveaux le nomme lieutenant au gouvernement général (12 germinal, 1er avril 96). Dans la proclamation que Laveaux publia ce jour, il fit les éloges les plus pompeux de

(1) Archives générales, carton 47.

L'Ouverture ; il l'appela le nouveau Spartacus,
l'homme prédit par l'abbé Raynal pour venger
les outrages faits à la race noire ; il déclara qu'il
voulait qu'on eût pour Toussaint la même obéissance que pour lui.

Toussaint devenait ainsi un personnage plus
important que jamais ; il engagea Laveaux à entrer avec lui au Cap, et là, de le faire reconnaître
solennellement lieutenant au gouvernement ; Laveaux n'avait plus rien à refuser : le nom de L'Ouverture fut donc proclamé le 13 germinal (2 avril)
sur la place-d'armes du Cap en présence des 1er et 2e
régiments du nord, et en présence du 2e des régiments que nous avons vu Toussaint organiser et
qu'il avait conduit avec lui ; le vieux Pierrot fut
aussi nommé général de brigade. — Déjà Pierre-
Michel et Leveillé avaient obtenu ce grade.

Toussaint s'était écrié après sa nomination à
la lieutenance-générale : Après le bon Dieu, c'est
Laveaux ! — cette exclamation était juste, car un
homme, jusque là modeste, avait été par une proclamation élevé au rang de la divinité , sans qu'il s'y
fût attendu. — Cet homme , dont l'Europe ne peut
se faire une idée, chercha à ramener à récispicence
Villatte et les chefs des postes extérieurs, qui généralement condamnaient la conduite de Laveaux ;
mais n'ayant pu opérer aucune conciliation, il laissa
le général Laveaux à l'arsenal du Cap, où celui-ci avait

établi sa résidence, en compagnie de Pierre-Michel et de Leveillé, et repartit pour la Marmelade le 20 germinal (9 avril 96), en saluant Laveaux du titre de mon bon papa (1).

Il n'y eut dans la colonie que la seule municipalité de Jean-Rabel, près le Port-de-Paix, qui refusa d'enregistrer la proclamation de Laveaux par laquelle L'Ouverture était nommé gouverneur en second de Saint-Domingue; elle protesta contre cette nomination, se basant sur deux motifs : le premier, qu'un gouverneur ne peut pas déléguer ses pouvoirs; le second, qu'aux termes de la loi du 4 avril, aucun indigène ou propriétaire foncier de l'île ne peut parvenir à son gouvernement (2).

CHAPITRE XXXVIII.

Roume à Santo-Domingo ; sa conduite. Sonthonax au Cap ; fin de l'affaire du 30 ventôse.

Sonthonax, vainqueur du long et mémorable procès que les colons lui avaient intenté, fut nommé

(1) Lettre à Laveaux, du 20 germinal (9 avril 1796), datée du Haut-du-Cap.

(2) Archives générales de France, carton 47.

par la Convention nationale, avec Giraud, Leblanc, Roume et Julien-Raymond, pour aller à Saint-Domingue veiller au salut intérieur et extérieur de la colonie.

Roume était spécialement chargé de rester à Santo-Domingo , capitale de la colonie espagnole, que le traité de Bâle avait cédée à la France, jusqu'au moment où des troupes européennes eussent pu en venir prendre possession.—Roume partit par la voie de Madrid et, ayant précédé les autres commissaires, il débarqua à Santo-Domingo. Là, il apprit l'événement du 30 ventôse; l'accusation dont Laveaux, Péroud et Toussaint chargeaient les mulâtres d'être uniquement responsables, lui semblait avec raison contenir la semence des plus terribles dissentions;—cet homme de bien frémit du danger où l'animosité de Laveaux pouvait plonger la colonie;—la guerre de couleur dont on arborait l'étendart glaçait d'effroi son imagination; car Laveaux et Toussaint déclaraient hautement que les mulâtres voulaient asseoir leur domination sur la ruine des blancs et des noirs. Roume se hâta de demander à Laveaux, à Toussaint et à Villatte, de lui envoyer des personnes de leur confiance pour dissiper la funeste mésintelligence qui existait entre ces généraux;—il voulut que Rigaud et Beauvais eussent aussi des députés à la conférence, afin de mieux répandre d'un bout à l'autre de l'île les principes de la modération. Roume

déclara solennellement que l'événement du 30 ventôse, n'étaitque le résultat des machinations de quelques colons ennemis du bonheur des hommes qui
habitaient la colonie; il certifia avoir eu connaissance
de la catastrophe avant qu'elle n'eût eu lieu, pendant son séjour à Paris. Au langage de Roume, les
députés s'embrassèrent aux cris de vive la République !—Ils promirent au nom de leurs commettants,
l'oubli de tous les torts réciproques. Péroud, qui
était le délégué de Laveaux, écrivit même une
lettre fraternelle à Rigaud et à Beauvais.

Roume avait ainsi commencé à éteindre les feux de
la discorde civile, quand parurent au Cap Sonthonax,
Giraud, Leblanc et Raymond, sur l'escadre métropolitaine, apportant à la colonie des secours d'hommes, d'argent et de munitions pour lutter contre
les Anglais ; cette escadre ramenait Desfourneaux,
alors général de division, Bedos, Lessuire, Martial-
Besse et Chanlatte; ces derniers faits généraux de
brigade par le comité de Salut public, avaient mérité les applaudissements de la Convention nationale, par l'énergie avec laquelle ils avaient aidé le
général Buonaparte et Barras à repousser au 14
vendémiaire, an IV (6 octobre 1795) la terrible insurrection qui ensanglanta les rues de Paris.

Les commissaires étaient à bord du vaisseau le
Watigny. Ce vaisseau mouilla au Cap le 21 floréal
(10 mai 1796); Laveaux leur écrivit et leur raconta à

sa manière les évènements du Cap ; Sonthonax le manda à bord ; leur conférence fut longue et ce ne fut que le lendemain 22 floréal (11 mai), à sept heures du matin, que la commission débarqua au bruit du canon, au milieu des troupes échelonnées du rivage jusqu'à l'autel élevé à la patrie sur la place du Champ-de-Mars (1).

Sonthonax prononça sur cet autel le discours que voici, en présence de tous les inculpés de ventôse, dont il avait ordonné la mise en liberté : « Il s'est commis un grand attentat le 30 ventôse dernier dans la ville du Cap. Les hommes investis de l'autorité supérieure ont été attaqués, traînés dans les prisons. Si jamais des hommes, en se plaignant de la tyrannie, pouvaient se croire autorisés à se faire justice eux-mêmes, la plus hideuse anarchie serait le fruit d'un pareil ordre de choses ; et si, sous prétexte de tyrannie, chaque individu, suivant ses caprices, tentait de détruire l'autorité qui contrarie ses goûts et blesse son amour-propre, où en serait la société ?

Citoyens, celui-là est l'ennemi de la République qui cherche à faire naître la division entre ceux que nos oppresseurs appelaient des castes. Il n'y a pas de caste coupable ; lorsqu'il y a des crimes commis, ce n'est pas la peau, c'est le cœur qu'il faut accuser ;

---

(1) Lettre de Laveaux au ministre, du Cap, 17 messidor an IV (5 juillet 1796).

et nous nous empressons d'improuver hautement les écrits dans lesquels une fausse doctrine, contraire à nos principes, aurait été exprimée; les noirs, les hommes de couleur, les blancs ont vu sortir parmi eux des traîtres, des ennemis des droits de l'homme, et ce n'est pas nous qu'on pourra accuser de faire rejaillir sur la classe entière les fautes des individus (1). »

Ce langage faisait honneur à l'impartialité du mandataire de la République; il établissait là les seules et uniques bases de la science gouvernementale dans ces possessions lointaines où les préjugés de la peau consument en efforts superflus la vigueur des masses; bienheureuse la mémoire de Sonthonax, s'il avait persévéré dans la voie administrative qu'il venait d'indiquer !

Sonthonax envoya à Villatte, qui était toujours au de Lamartellière, le général Bedos, pour venir rendre compte de sa conduite. Villatte sans hésitation se rendit à cette invitation; le lendemain 23 floréal (12 mai), il traversait le bac de la Petite-Anse, presque sans suite et arrivait à l'hôtel de la Commission.—La vue de cet homme, qui avait sauvé le Cap des tentatives de l'étranger, excita un enthousiasme général; le peuple entier se porta sur ses pas; cette manifestation déplut à Laveaux qui, le

(1) Extrait de l'*Impartial*, journal du Cap, n° XXIX.

sabre à la main , à la tête d'un nombreux escadron,
dissipa et foula aux pieds des chevaux *cet attrou-
pement qui allait devenir criminel* , dit-il (1). Les
femmes et les enfants de toutes les couleurs , écla-
boussés , meurtris, purent à peine se sauver de cet
acte de brutalité que la commission n'osa pas blâmer.

La commission avait ordonné à Villatte d'aller
licencier tous les camps qui lui étaient restés fidèles;
et, se confiant en son honneur, elle lui avait ordonné
de venir se constituer prisonnier. Villate avait tout
promis; mais ses soldats ne voulurent pas lui obéir ;
tous, pleins de méfiance contre le Cap, ils déclarèrent qu'ils ne se soumettraient pas à leurs ennemis.
Alors la commission proclama une amnistie et
envoya le 30 floréal (19 mai) César-Thélémaque,
Leborgne et Bellevue porter cet acte au camp de
Lamartellière ; le lendemain 1er prairial (20 mai),
Villatte fit mettre le camp sous les armes : Thélé-
maque donna lecture de l'acte d'amnistie : à la voix
de Villatte, le camp fut déclaré dissout; un morne
silence accueillit la proclamation ; ce silence ne fut
rompu que par une seule personne, par un homme
noir, qui s'emporta contre Laveaux et Péroud (2) ;

(1) *Sic* ; lettre de Laveaux au ministre, du 17 messidor an IV
(5 juillet 1796).

(2) Rapport des envoyés, Archives générales, carton 7.

néanmoins le camp fut dissout.—Villatte monte à cheval pour se rendre au Cap ; alors chacun veut le suivre ; il n'accepte que trente hommes et on se met en marche ; mais les soldats de chaque poste qu'on était obligé de traverser grossissent l'escorte ; et, arrivés au camp-Thomas, les soldats ne veulent plus laisser Villatte continuer sa route.—Les envoyés rentrèrent donc seuls en ville, et Villatte retourna à Lamartel-lière pour empêcher de nouveaux malheurs (1).

Sonthonax, jusqu'alors si modéré dans ce conflit, lève le masque, met Villatte hors la loi et ordonne de lui courir-sus. On s'apprêtait à marcher contre le camp de Lamartellière, quand Villatte descendit au Petit-Caracol, s'embarqua à bord d'un canot et se rendit sur la frégate la Méduse, mouillée au Cap ; Desagneaux capitaine de cette frégate accueillit Vilatte avec la générosité due au caractère d'un brave et se chargea de le conduire en France (2).

(1) Rapport précité.

(2) Villatte fut détenu longtemps à Rochefort ; jugé enfin, il fut acquitté et ne reparut à St-Domingue qu'avec l'expédition du général Leclerc. — Il mourut au Cap le 1er germinal an X, (22 mars 1802).— On dit qu'il fut empoisonné.

CHAPITRE XXXIX·

Ecrit de Péroud. — Troubles aux Cayes.

La mise hors la loi de Villatte était un acte impolitique. Il affecta douloureusement les hommes modérés. Péroud, au mépris de la lettre qu'il avait spontanément écrite à Rigaud et à Beauvais, descendit dans l'arène; il y descendit avec d'autant plus de colère qu'il se sentait protégé par la commission.—Péroud publia, sous le titre de *conspiration dévoilée d'une horde d'hommes de couleur*, le récit de l'affaire du 30 ventôse; ce récit volumineux contient les plus grossières et les plus terribles accusations contre les mulâtres en général; c'était amonceler la foudre sur la tête d'un grand nombre d'innocents.

Roume souffrait de ce système, qui ne tendait qu'à renouveler les dissensions cutanées. Julien Raymond n'osait pas prendre la défense de sa caste, de peur de faire soupçonner son impartialité;—il concentrait sa douleur.—Mais Rigaud ne put contenir son indignation; que ne puis-je, disait-il, voler jusque dans le nord pour préserver mes frères des dangers qui les menacent (1)!

L'écrit de Péroud jeta la plus grande défiance entre les trois classes d'hommes qui habitaient St-

(1) Mémoires de Kerverseau.

Domingue et fomenta tous les germes de la guerre de couleur.

C'est au milieu de la fermentation causée par cet écrit incendiaire, qu'une délégation fut envoyée dans le sud de la colonie.—Cette province, depuis la guerre extérieure, vivait par le fait de l'interception des communications avec le nord dans une espèce d'état d'indépendance. Le pouvoir de Rigaud était du reste consacré par un arrêté de la commission, du 26 novembre 93.

Or, Rigaud pour ainsi dire indépendant, avait dans son département su réprimer le vagabondage, cette plaie honteuse qui dévore tous les esclaves nouvellement émancipés ; il avait su contraindre les cultivateurs au travail , sans lequel il n'y a pas de véritable liberté, comme il se plaisait à le leur dire;—il avait réorganisé la légion de l'égalité du Sud;—les chefs de chacun des bataillons de ce corps commandaient une place militaire ;—Lefranc qui alors était le chef de brigade de la légion du Sud, commandait la place de St-Louis;— Augustin Rigaud était en même temps commandant de la place des Cayes et chef d'escadron de la légion. Ce système militaire, sans despotisme, avait jusque-là préservé le Sud des attaques de l'étranger et avait fait prospérer l'agriculture et le commerce au point que, malgré la guerre , le gouvernement du Sud n'eut jamais, comme l'Ouest et le Nord, recours à aucun emprunt dans les États-Unis d'Amérique, ainsi que chacun était autorisé à le faire par la Métropole.

Sonthonax, ombrageux du pouvoir dont Rigaud
maniait les ressorts, montant au diapason de l'exaltation contre les mulâtres, envoya donc dans le Sud
une délégation pour détruire l'œuvre si péniblement
édifiée de la prospérité publique ;—cette délégation
était composée de Leborgne, dont le cynisme avait
pris le surnom de Marat des Antilles, de Rey, un
des auteurs de l'attentat du 14 juillet, et de Kerverseau, un de ces hommes rares, aussi fidèles à
l'honneur au champ de la bataille, que probe dans
la carrière de la diplomatie.

Desfourneaux, chargé de réorganiser les troupes,
vint joindre bientôt la Délégation en qualité d'ins-
pecteur aux revues.—Les orgies, les propos inciviques de Rey, de Leborgne et de Desfourneaux alarmèrent les citoyens ;—chacun tremblait de voir se
renouveler des troubles pareils à ceux qui avaient
désolé la ville du Cap ; fidèles échos de Sonthonax
et de Péroud,—Rey, Leborgne et Desfourneaux
cherchèrent à ameuter les noirs contre les mulâtres ; mais, je le dis à la louange des noirs, ils
restèrent impassibles devant la calomnie (1).

Sonthonax, à qui on avait fait croire ou qui fei-
gnait de croire que la catastrophe du 30 ventôse

(1) Déposition de Guillaume-Lafleur, alors officier de cavalerie; général de division sous l'empereur Dessalines; sur la tombe
de ce brave soldat et de cet homme de bien, je jette en passant un
laurier.

était l'œuvre de Pinchinat, quoique celui-ci nouvellement nommé député au corps législatif, fût à
cent lieues du théâtre de l'outrage, avait donné à la
Délégation l'ordre d'arrêter l'ancien révolutionnaire,
sans égard au dévouement incomparable avec lequel
cet ancien révolutionnaire avait travaillé à la régé-
nération de la population; mais Pinchinat, averti à
temps par des amis, sortit des Cayes le 25 messidor
(13 juillet 1796) et se rendit au camp des Baradaires
près du chef de bataillon Doyon. Rigaud en ce mo-
ment-là était devant les Irois, cherchant à se rendre
maître de cette place importante où les Anglais
avaient concentré de grandes ressources militaires.

Les nouveaux venus, quoique au nom de la
métropole, brouillaient tout pendant l'absence de
Rigaud ; le 9 fructidor (26 août), ils firent embarquer pour le Cap, Gavanon, blanc, ordonnateur
des finances aux Cayes, jouissant d'une popularité
due à sa philantropie et à son désintéressement.
Le lendemain, Desfourneaux, qui avait mandé aux
Cayes le chef de brigade Lefranc, sous prétexte de
prendre des ordres de service, le fit arrêter pour
être aussi embarqué; mais Lefranc s'évada des mains
de la garde, prit la fuite vers le fort de l'Ilet, en
criant : Aux armes ! la Liberté est en danger !
— La générale se fait alors entendre , le canon
d'alarme est tiré; les gens de la campagne, comme
un torrent, se précipitent en ville et se jettent

sur quelques blancs, dont ils font couler le sang :
en ce jour périrent aussi Edouard, jeune noir africain, aide-de-camp de Desfourneaux, et Lilladam,
jeune mulâtre, sous-contrôleur à la marine, tous
deux partisans supposés du machiavélisme de la
Délégation. Gavanon fut remis alors en liberté ; et
la Délégation appela alors à son secours André Rigaud.—Desfourneaux et Rey s'embarquèrent.

Rigaud mandé par la Délégation, leva donc le
siége des Irois et entra aux Cayes le 14 fructidor au matin (31 août). La Délégation lui donna
tous les pouvoirs nécessaires au rétablissement de
l'ordre. Il s'acquitta de cette mission à l'approbation de tous les blancs qui habitaient la ville.—
Sonthonax, qui devait s'attendre au bouleversement
du sud, rappela la Délégation.—Comme il n'avait
vu dans l'affaire du Cap qu'une conspiration de
mulâtres, il ne voulut aussi voir dans l'affaire des
Cayes qu'une conspiration de mulâtres : sortant de
la réserve qu'un homme d'état doit toujours conserver, il déchaîna les passions et se posa en chef de
parti. Kerverseau blâma hautement cette tendance
funeste.—Sonthonax, en effet, dans sa proclamation du 23 frimaire (13 décembre 96) rappelle contre
Pinchinat l'embarquement des *Suisses*, comme si
Lambert n'y avait pas pris part,— comme si Rigaud
n'avait pas protesté contre cet embarquement,
et rejette tous les torts des deux journées que nous
venons de raconter sur Pinchinat et Rigaud,

quoique ce dernier lût loin des Cayes,—lave ses délégués de tout reproche, déclare qu'il ne correspondra plus avec le Sud, autorise tous les citoyens à s'en retirer sans passeport, et enfin il donne le commandement de Jacmel à Chanlatte, celui de Léogane à Beauvais, en y joignant les Grand et Petit-Goâves, l'Anse-à-Veaux, le Fonds-des-Nègres, et appelle Martial-Besse au commandement de St.-Louis-du-Sud.—Rigaud, outragé à l'excès, suivant son expression, résolut de partir pour la France afin de rendre compte de sa conduite;—mais toutes les communes se lèvent en masse, le somment de rester à son poste jusqu'à la décision de la métropole.

CHAPITRE XL.

Examen de la conduite de L'Ouverture. — Il organise définitivement ses régiments. — Départ de Laveaux.

L'Ouverture, que nous avons vu repartir du Cap, peu après son installation à la lieutenance-générale, vit malheureusement avec indifférence les malheurs arrivés aux Cayes, car André Rigaud étant son ami, il devait embrasser sa cause et non point se rendre l'écho de la calomnie que Sonthonax déversait à plein fiel dans les conversations privées ou publiques sur les hommes de couleur.

Qu'importait que beaucoup de mulâtres eussent contribué à livrer la colonie aux Anglais?—qu'importait que beaucoup de mulâtres fussent ennemis de la liberté générale?—n'y avait-il pas aussi des nègres, comme des blancs, ennemis de cette même liberté générale?—Toussaint lui-même n'avait-il pas voulu un jour faire reprendre aux hordes insurectionnelles les fers de l'esclavage, à la condition que les blancs accorderaient à ses généraux Jean-François et Biassou cinquante libertés ? — En même temps que Savary et Lapointe trahissaient la France et les principes salutaires de la révolution, Beauvais et Rigaud ne s'étaient-ils pas couverts de gloire, en défendant contre les Anglais le territoire du sud et de l'ouest et en prouvant que le bonheur de la masse noire était pour eux une tendre préoccupation ? — Qu'importait que Beauvais eût voté la déportation des *Suisses* ? Lambert, qui était un nègre, n'avait-il pas aussi voté cette déportation ? — Et Rigaud et Pétion, mulâtres, ne s'y étaient-ils pas opposés ?— Qu'importait encore que des esclaves fussent déportés?—Parmi les esclaves noirs ne se trouvait-il pas des esclaves mulâtres? — Pourquoi alors faire une question d'épiderme d'un de ces tristes accidents si communs en temps de révolution ? — Toussaint maheureusement, je le repète, écouta les calomnies de Laveaux et de Sonthonax ;—lui, jusqu'alors si admirable dans ses actes vis-à-vis des blancs, conçut, à l'instar de ses nouveaux patrons, de la défiance contre les mulâtres ; — la mémoire même d'Ogé n'était pas respectée par lui ; ce noble martyr était à ses yeux un ennemi de la liberté générale. - Comprenez-vous, ami lecteur, Toussaint devenu plus philantrope qu'Ogé, que Rigaud, que Beauvais, que Villatte ? Certes, la lieutenance-générale avait développé l'ambition de Toussaint et c'était à bon droit, car Toussaint était réellement plus apte aux affaires que Laveaux ; mais par une fatalité qui tenait à son temps et à son éducation, Toussaint absorbait la politique dans une question de cuir humain.— Heureux Toussaint, s'il avait pu comprendre que dans l'homme on doit chercher la moralité des intentions et des actes; mais qu'on doit faire abstraction complète de la couleur de la peau !...

Le lieutenant au gouvernement organisa définitivement l'armée qu'il avait sous ses ordres : Dessalines, commandant-militaire de St.-Michel, fut fait colonel du 4e régiment ; Moyse, commandant-militaire du Dondon, fut fait colonel du 5e régiment ; Clerveaux, commandant-militaire des Gonaïves, fut fait colonel du 6e régiment ; Desrouleaux et Christophe Morney, qui commandaient des camps dans l'Artibonite, furent aussi nommés, le premier colonel du 7e régiment et le second du 8e. Ces cinq

régiments, qui prirent peu après le nom de demi-
brigades, présentaient un effectif de dix mille
hommes assez bien armés ; mais c'étaient de véritables sans-culottes ; aussi portaient-ils ce nom
révolutionnaire.

Nous laisserons cette armée soutenir ses escarmouches pour la gloire de la France, en luttant
corps à corps et de surprenante valeur contre les
régiments anglais.

Le vieux L'Ouverture, (1) laissant le soin de la
guerre à ses lieutenants, était sur l'habitation Descahaux, caféyère située dans les montagnes de la
Petite-Rivière ; cette habitation était veuve de sa
maîtresse qui était partie pour l'Europe, en en
laissant la gestion à Paul Lafrance (2); elle faisait
alors partie du domaine national. Dans ce gite
solitaire il fallait songer, comme dit Lafontaine.

Toussaint songeait effectivement à l'embarquement de son *cher papa* Laveaux ; et en vérité ce

(1) Toussaint connaissait si bien les hommes à la tête desquels
les destins l'appelaient, que pour faire hommage au respect qu'ils
ont pour la vieillesse et pour seconder ses vues politiques, il
s'appelait de lui-même vieux Toussaint (*vié Toussaint*), *papa
Toussaint*; la foule de propager ces titres vénérables ; du reste,
l'épithète était bien méritée, car *vieux* en créole signifie souvent
rusé.

(2) Paul Lafrance, après sa soumission à Toussaint, fut embarqué aux Gonaïves et ne reparut à St-Domingue qu'avec l'expédition du général Leclerc.

n'était pas maladroit ; car pourquoi le lieutenant ne doit-il pas remplacer le capitaine ?— et du jour que Laveaux avait proclamé Toussaint le vengeur de la race noire, le Spartacus prédit par l'abbé Raynal, —Lavaux n'avait-il pas abdiqué aux mains de L'Ouverture toute la puissance prestigieuse de la métropole, dont lui, en sa qualité de blanc, était l'éloquente représentation ?—Or, Toussaint écrivit de l'habitation Descahaux le 30 thermidor an IV (17 août 1796) au général Laveaux : « Mon général, mon père, mon bon ami, comme je prévois avec chagrin qu'il vous arrivera dans ce malheureux pays pour lequel vous et ceux qui l'habitent,—vous avez sacrifié votre vie, votre femme et vos enfants,—des désagréments, que je ne voudrais pas avoir la douleur d'en être spectateur ; je désirerais que vous fussiez nommé député pour que vous puissiez avoir la satisfaction de revoir votre véritable patrie , et ce que vous avez de plus cher , votre femme et vos enfants , et être à l'abri d'être le jouet des factions qui s'enfantent à Saint-Domingue ; et je serai assuré, et pour tous mes frères, d'avoir pour la cause que nous combattons, le plus zélé défenseur. Oui , général , mon père, mon bienfaiteur, la France possède bien des hommes ; mais quel est celui qui sera à jamais le vrai ami des noirs comme vous ? Il n'y en aura jamais.

« Le citoyen Lacroix est le porteur de ma lettre;

c'est mon ami, c'est le vôtre ; vous pouvez bien lui confier quelque chose de vos réflexions sur notre position actuelle ; il vous dira tout ce que j'en pense. Qu'il serait essentiel que nous nous voyions et que nous causions ensemble ! Que de choses j'ai à vous dire ! Je n'ai pas besoin, par des expressions, de vous témoigner l'amitié et la reconnaissance que je vous ai : je suis assez connu.

« Je vous embrasse mille fois, et soyez assuré que, si mon désir et mes souhaits sont accomplis, vous pourrez dire que vous avez, à Saint-Domingue, l'ami le plus sincère que jamais il y a eu.

« Votre fils, votre fidèle ami.

« Toussaint-L'Ouverture. » (Sic).

Le naïf Laveaux donna dans le piége ; il accepta la proposition que lui faisait L'Ouverture ; celui-ci alors, se hâta de lui écrire, le 14 fructidor an IV (31 août 96), toujours de l'habitation Descahaux :

« Mon général, mon frère, mon bon ami, que votre lettre, en date du 10 courant, a été agréable et satisfaisante à mon cœur ! Que je suis heureux d'avoir en vous un ami aussi sincère et aussi vrai ! Autant mon cœur reçoit de joie en lisant votre lettre, autant il souffre de tous les chagrins qu'il sait que vous éprouvez sans cesse ; mais, tel qu'il en puisse être, résignons-nous entièrement en la divine Providence ; imitons Jésus-Christ qui est mort, et qui a tant souffert pour nous, pour nous donner l'exemple que l'homme sage et vertueux est fait pour souffrir; car celui qui permet que nous souffrions est celui qui nous consolera; mettons tout notre espoir en lui; vous le savez : plus l'homme est sage et vertueux, plus il est sujet à éprouver toutes les méchancetés des hommes.

« Oui, mon général, mon père, mon bienfaiteur, mon consolateur, il n'y a que vous qui pouvez être l'appui inébranlable de la liberté générale; il n'y a que vous qui la ferez vaincre ses ennemis : le nom de Laveaux sera à jamais gravé dans le cœur des noirs.

« Je n'ai pas perdu un seul instant pour envoyer des hommes de confiance pour inspirer à tous les électeurs toute l'importance qu'il y a, pour le bonheur de tous les noirs, que vous soyez nommé député; vous le serez, et rien ne dépendra de moi pour cela.

« Les officiers de mes régiments ont dîné deux jours avec moi; nous avons tous bu à la santé de notre bon papa, et avons juré de l'aimer toujours (1). »

Ainsi, L'Ouverture éclipsait le général Laveaux et se frayait la route à la souveraine domination.— Laveaux, nommé effectivement député au corps législatif, partit du Cap le 28 vendémiaire (19 oc-

_____

(1) Lettre manuscrite, bibliothèque nationale.

tobre 96), laissant le pays au machiavélisme de Sonthonax et à l'ambition de Toussaint : dès-lors, la riche et puissante reine des Antilles fut perdue pour la France.

CHAPITRE XLI.

L'Ouverture s'empare du Mirebalais ; il est nommé général en chef de l'armée de Saint-Domingue.

Avant le départ de Laveaux, député de par L'Ouverture en France, il s'était opéré dans cette grande et puissante contrée une nouvelle révolution : la Convention nationale avait fait place au Directoire exécutif qui dirigea d'abord les destinées de la métropole du genre humain avec une modération dont on avait longtemps perdu l'habitude.

Sonthonax n'imita point dans les colonies cette modération qui dans ces contrées était plus que nécessaire: non content d'avoir outragé Rigaud par ses proclamations, il résolut d'élever les nouveaux libres sur les ruines des anciens affranchis ; il nomma Toussaint-L'Ouverture général de division (1); c'était un coup de poignard porté à

(1) Cette nomination eut lieu le 23 pluviôse an IV, (12 février 1796) ; elle fut confirmée par le Directoire, 30 thermidor an IV (17 août 1796); le Directoire décréta à cette occasion un sabre et une paire de pistolets en faveur de Toussaint.

Rigaud. Celui-ci en effet fut fondé à croire que ses services étaient méconnus ; mais l'amour de la République, la pensée qu'elle ne tarderait pas à lui donner le même rang qu'à Toussaint, le consolait.

L'Ouverture, qui avait été fait général de division, résolut de reprendre le Mirebalais que les Anglais avaient couvert de fortifications et qui était commandé par un émigré français, le comte de Bruges, dont l'armée se montait à deux mille hommes de troupes anglaises de ligne, sans compter une nombreuse milice.—L'Ouverture commença par intercepter le grand chemin du Mirebalais à la Croix des-Bouquets et au Port-au-Prince; et ce fut Christophe Morney qui fit ce mouvement le 4 germinal an v (24 mars 1797). Campé au Block-haus du Gros-Figuier, Morney repoussa le baron de Montalembert qui avançait au secours du Mirebalais avec 700 hommes et deux pièces d'artillerie. .Le 5 germinal, Toussaint acheva l'investissement du bourg, en chassant les émigrés et les Anglais de toutes leurs positions. Le 6 germinal, il ordonna l'attaque des forts : le bombardement commença contre le fort de la Selle qui fut évacué dans la plcae, sur laquelle on s'avança. Toussaint, parvenu sur les petites éminences environnantes, voyait briller la flamme de l'incendie aux quatre coings du bourg, quand l'explosion des Block-haus lui apprit l'évacuation sur les Grand-Bois,

montagnes limitrophes du canton du Mirebalais et
de celui du Cul-de-Sac.

L'Ouverture prit possession de cette place réduite
en cendres et eut le bonheur de délivrer deux cents
prisonniers de toutes les couleurs qui étaient à la
barre (1), et qui attendaient une mort certaine de
l'incendie qui s'approchait menaçant.

Du bourg du Mirebalais, Toussaint se porta dans
le quartier des Grands-Bois et au Trou-d'Eau, dont
il enleva et fit raser tous les camps. Les Anglais
furent repoussés dans la plaine du Cul-de-Sac. Ces
succès importants ne furent le résultat que de quinze
jours de campagne; onze pièces de canon avec
leurs munitions, deux cents prisonniers, parmi
lesquels des soldats allemands, des anglais, des
français, tombèrent au pouvoir de Toussaint (2).

Sonthonax, pour récompenser L'Ouverture de
ses nouveaux faits d'armes, l'appela au commandement en chef de l'armée de Saint-Domingue,
vacant par le départ de Laveaux, et dont Toussaint
s'attendait d'ailleurs à hériter. L'Ouverture fut
alors installé au Cap par la commission en présence de la garnison composée de troupes noires

(1) La barre est une espèce de jambière, supplice horrible
importé par les colons contre les esclaves... Dire qu'à Haïti, ce
supplice est encore dans les mœurs.

(2) Procès-verbal de l'expédition contre le Mirebalais du 20
germinal an v (9 avril 1797).

et des débris des troupes blanches. Voici le discours que prononça le nouveau général en chef:

» Citoyens commissaires, je n'accepte le grade trop éminent auquel vous venez de m'élever que dans l'espoir de parvenir plus sûrement à l'entière extirpation des ennemis de Saint-Domingue, de concourir à son prompt rétablissement et d'assurer le bonheur de ceux qui l'habitent. Si pour remplir la tâche difficile qu'il m'impose, il suffit de vouloir le bien et de l'opérer en tout ce qui peut dépendre de moi, j'espère qu'avec l'aide de la divinité, j'y réussirai; les tyrans seront terrassés; ils ne souilleront plus les lieux où le seul étendart de la liberté et de l'égalité doit flotter, et où les droits sacrés de l'homme doivent être connus.

« Officiers et soldats, s'il est un dédommagement dans les pénibles travaux auxquels je vais être assujetti, je le trouverai dans la satisfaction de commander à d'aussi braves soldats. Que le feu sacré de la liberté nous anime et ne prenons de repos qus nous n'ayons terrassé les ennemis (1). »

Enfin Toussaint gouvernait toute l'île; sa joie était au comble de la mesure; mais son ambition n'était pas satisfaite, car après avoir, pour ainsi-dire, honorablement déporté Laveaux, n'avait-il pas encore la déportation de Sonthonax à opérer?

_____

(1) Bulletin officiel de St-Domingue.

Pourquoi s'arrêter en si bon chemin, quand on sent que la réelle indépendance ne comporte pas de contrôle?—Certes Toussaint était digne des destinées qu'il venait d'atteindre ; ce n'est pas moi, un des hommes de sa race, qui désapprouverai les faveurs méritées dont Sonthonax le combla ; mais plût à Dieu que le commissaire n'eût pas méconnu les nombreux services qu'André Rigaud avait aussi rendus à la cause de la France et de la liberté ; lui qui savait que Rigaud déjà versait son sang pour les grands principes de la révolution, pendant que Toussaint combattait pour les Bourbons de France et d'Espagne, et consentait à faire reprendre aux noirs les fers de l'esclavage, moyennant cinquante libertés, dont la sienne ; à lui Toussaint, apparemment était du nombre.—André Rigaud était cependant, malgré les secrètes douleurs que lui causaient les injustices de Sonthonax, toujours porté aux grandes choses. Le chapitre suivant nous en donne la preuve.

CHAPITRE LXII.

Lettre de Lapointe à Rigaud et réponse de Rigaud.

Arcahaye le 12 Juillet 1797.

AU GÉNÉRAL RIGAUD,
Commandant la Province du Sud.

La guerre que le commissaire Sonthonax allume contre

vous, doit vous convaincre de la perversité de ses projets
et de sa constante résolution de faire de Saint-Domingue,
le sépulcre de tout ce qui fut avant la révolution, libre et
propriétaire : cet homme altéré de sang après avoir anéanti, ou pour mieux dire réduit à un tel point de nullité,
les blancs, qu'il n'a plus rien à craindre d'eux, appelle la
vengeance des nègres contre les hommes de couleur. Les
malheureux blancs qui se trouvent dans son parti, aveu-
glés par la haine et le préjugé abondent dans son sens.
Pour les y amener, il a dépeint à leurs yeux les hommes
de couleur comme les destructeurs de Saint-Domingue.
Le perfide sait bien le contraire ; mais pour justifier ces
atroces complots, il le répète sans-cesse. Le gouvernement
Français feint de le croire ou le croit réellement : il vous
a mis hors la loi ; et Sonthonax, avide de tout ce qui peut
contribuer à faire couler un sang qui n'eut d'autre tort
que celui de l'avoir écouté, a déjà sonné le tocsin de la
mort sur la tête de ce qu'il appelle aujourd'hui *les Mulâtres*.

De grands préparatifs sont faits contre vous : le nègre
Toussaint, aidé des blancs qui ont eu la lâcheté de se ran-
ger sous sa bannière, emploie la vigilance la plus active
pour s'ouvrir une communication dans le Sud. Nous le
gênons à la vérité, il faudrait pour cela nous forcer ; eh ! la
chose n'est pas aisée. Je ne crois pas, quoique m'en ayent
dit quelques uns de ses partisans, que j'ai été à même de
voir ces jours derniers, que son projet soit de vous attaquer
à force ouverte. Cet esclave est trop lâche pour l'entreprendre ; mais je suppose qu'il compte sur l'influence que
lui donne sa couleur et le rôle qu'on lui fait jouer, sur les
noirs, pour capter ceux de votre province. Alors vous vous
verriez réduit à périr de la main de ses satellites, devenus

plus féroces à l'instigation des bourreaux qui arment leurs bras contre vous.

Vous connaissez sans doute la proclamation de Sonthonax par rapport à vous ; vous aurez sans doute remarqué avec quelle barbare adresse il rappelle l'affaire des nègres de la Croix-des-Bouquets, connus sous la dénomination de *Suisses*, embarqués par Caradeux pour la baye des Moustiques.

Attendrez-vous que ce monstre consomme ses forfaits ? Attendrez-vous qu'il porte les derniers coups à la population libre?... et que par son machiavélisme, il soit parvenu à faire de cette Ile superbe une nouvelle Guinée? La faction dont il est agent n'eut jamais d'autre but ; et quoique ce terrible système soit changé en France, le cruel n'a pas renoncé à ses projets. Ouvrez, je vous en conjure, les yeux, promenez vos regards dans l'avenir ; et recourant à cette énergie qui vous a fait surmonter tant d'obstacles, prenez un parti qui vous sauve et ceux que la fortune lie à votre sort, d'un massacre et d'une proscription semblable à celle qu'il exerça contre les blancs, lors de son premier voyage dans cette Colonie.

Nous touchons peut-être au moment où une paix générale rendue à l'Europe réglera les destinées de Saint-Domingue. Ne serait-il pas flatteur pour vous d'avoir préservé les restes infortunés des hommes et des propriétés des lieux où vous commandez, de la fureur dévastatrice de brigands qui ne connaissent que l'anarchie. Croyez que, quelle que soit la puissance destinée à posséder Saint-Domingue, elle s'estimera heureuse d'y trouver le noyau d'une Colonie contre laquelle tant de coups ont été dirigés, et les conservateurs auront seuls raison.

N'attendez pas que la guerre s'allume dans les lieux où

vous commandez : vous connaissez ses ravages. Ils entraîneraient infailliblement la destruction de ce que vous avez conservé, et le hideux en retomberait sur vous.

Je ne vous propose aucun parti : vous êtes grand et sage. Je vous envoie un ouvrage imprimé vers la fin de l'année dernière, sous les yeux du directoire français ; lisez-le avec attention : cette lecture fixera votre opinion sur tout ce qui a trait à la colonie. Je désire que vos réflexions se rencontrent avec les miennes.

Si vous êtes jaloux de répondre à mon ouverture, j'en serai enchanté. Cela pourrait nous mener, sans compromettre notre honneur, à quelque chose d'utile à la colonie. Je suis autorisé à cette démarche par mes chefs ; le désir de concourir à la restauration de mon pays me l'a fait entreprendre. Par le moyen de mes bâtiments armés, vous pourrez correspondre sans craindre les barges de Léogane. Je ne vous indiquerai aucun moyen d'exécution. Peut-être ne les auriez-vous pas ; mais ces bâtiments me les donnent. Celui qui protège le parlementaire chargé de la présente, reparaîtra cinq jours après son arrivée devant le Petit-Goâve. Alors, à un signal, qui sera pavillon National devant et Anglais derrière, vous pourrez le renvoyer. Votre loyauté m'est garant de sa sûreté. Son équipage est de deux hommes.

Faites tout pour la perfection de votre ouvrage ; la conservation, c'est votre apanage, ne souffrez pas qu'on le souille. Je ne puis m'étendre davantage. Il me suffit, j'ai commencé, continuez, et si vous le désirez, nous nous expliquerons ouvertement.

Signé, J.-B. LAPOINTE.
pour copie conforme.
A. RIGAUD.

Aux Cayes, le 29 Messidor, an 5 de la République française une et indivisible (17 juillet 1797).

Le général Rigaud à J.-B. Lapointe.

Aux Arcahayes.

J'ai reçu, avec autant de surprise que vous méritez de mépris, la lettre que vous m'avez écrite, et mon étonnement s'est accru à chaque ligne que j'en ai lue.

D'abord j'ai cru que ce pouvait être l'aveu des crimes que vous avez commis envers votre patrie et vos frères : je m'imaginais que, reconnaissant enfin la profondeur de l'abîme où vous vous êtes précipité, vous vouliez, avant de subir le sort qui vous attend, transmettre à la postérité, par mon entremise, le tableau des plaies que vous avez faites à l'humanité : mon cœur s'ouvrait à la joie en vous croyant encore suceptible de remords.... Mais non : vous persévérez dans le vice, et vous proposez à un républicain intègre de vous imiter!... de sacrifier ainsi la gloire de vous avoir combattu, vous et vos maîtres, et d'avoir constamment résisté à vos efforts réunis, à vos promesses et à vos menaces ! Et dans quel temps, grand Dieu ! osez-vous tenir ce langage ? Au moment même où la paix rendue à l'Europe, dites-vous, réglera les destinées de Saint-Domingue. Ces destinées peuvent-elles être incertaines ? Et Lapointe peut-il se flatter d'en goûter le fruit ? La colonie de Saint-Domingue peut-elle appartenir à une autre puissance qu'à la République Française. Et pouvez-vous espérer d'y finir paisiblement vos jours, après avoir abreuvé cette terre de tant de sang innocent ?

Est-ce vous qui prenez tant d'intérêt à mes camarades et à moi, vous qui avez fait égorger impitoyablement ceux qu'il était en votre pouvoir de sauver ? Vous qui auriez consommé, si vous l'aviez pu, la destruction de tous les hommes de couleur attachés à leur patrie, avez-vous l'audace de vous montrer sensible aux malheurs dont vous les croyez menacés?

Si nous avons quelques différents avec les agents que le gouvernement français a envoyés dans la colonie, c'est à ce gouvernement seul à en connaître. Nous n'avons et ne voulons avoir d'autre appui que sa justice.

Si les Africains, pour la liberté desquels j'ai combattu, devenaient ingrats au point de méconnaître mes services, je n'en serais pas moins fidèle à ma patrie, pas moins attaché aux sublimes principes qui m'ont dirigé : je trouverais au fond de mon cœur la douce consolation d'avoir embrassé une cause à laquelle la mienne est nécessairement liée, et qui aurait été aussi la vôtre, si vous aviez connu vos vrais intérêts : mais ils ne sont pas tous si injustes à mon égard : l'affection de ceux qui me connaissent, me venge bien de la haine qu'on a suggérée à ceux qui n'ont pas été à portée de m'apprécier. Au reste, un républicain qui, pour le bonheur de son pays, sait affronter la mort dans les combats, doit-il la craindre de la part des factions de l'intérieur? Et cette crainte doit-elle le porter à trahir ses devoirs, à vivre dans l'ignominie plutôt qu'à mourir, s'il le faut, avec gloire et sans reproche?

Il n'est pas étonnant que vous m'ayez envoyé un livre composé par un colon et qui ne parle que de la nécessité de l'esclavage. La lecture que j'en ai prise n'a fait que me convaincre de la conformité des principes de l'auteur avec les vôtres et ceux de vos pareils.

Je dois réprimer votre insolence et relever le ton méprisant avec lequel vous me parlez du général français, Toussaint-L'Ouverture. Il ne vous convient pas de le traiter de lâche, puisque vous avez toujours craint de vous me-

surer avec lui, ni d'esclave, parcequ'un républicain français ne peut pas être un esclave. Ces titres vous appartiennent, parceque vous n'avez jamais su combattre vos
ennemis qu'avec les armes de la perfidie lorsqu'ils étaient
sans défense, et parceque vous servez des hommes dont
vous ne pourez jamais devenir l'égal, que vous travaillez,
en les servant, à maintenir l'esclavage. Toussaint, au contraire, combat sous les drapeaux de la liberté pour affranchir les hommes que vous asservissez. Sa qualité de
nègre ne met aucune différence entre lui et ses concitoyens
sous l'empire d'une constitution qui n'établit pas les dignités sur les nuances de l'épiderme.

Lorsque vous aurez pris connaissance de mes sentiments
par la lecture de la présente, vous serez sans-doute convaincu que mon honneur serait gravement compromis,
si j'avais une plus longue correspondance avec vous. Je
ne réponds à votre ouverture, que pour vous payer le juste
tribut d'indignation que votre conduite liberticide et sanguinaire vous attire de la part de tous les hommes sensibles. Chargé de si grands forfaits, il ne vous reste plus
d'honneur. Vos chefs ont si bien senti cette vérité, qu'après
m'avoir envoyé des propositions anonymes, ils vous ont
chargé de m'en faire de signées, comme n'ayant pas d'honneur à compromettre. Mais moi, qui suis jaloux de conserver
le mien, je ne puis plus long-tems m'entretenir avec un
traître.

Vos envoyés ne méritent pas plus d'égards que vous;
car ce sont aussi des Français rebelles à leur patrie et
exposés à toute la rigueur de ses lois. Ils ne peuvent être
considérés comme parlementaires, étant chargés d'une
mission contraire à toutes les lois de la guerre. Ce ne serait
donc pas manquer de loyauté que de les retenir, et je ne
les renvoie que pour vous faire parvenir ma réponse.

A. RIGAUD.

CHAPITRE XLIII.

L'Ouverture déporte Sonthonax.

L'ambition de L'Ouverture se chargea de punir Sonthonax de la cruelle partialité qu'il montra dans sa dernière mission contre les anciens libres, surtout contre les mulâtres. – L'Ouverture, aux yeux de qui l'île était déjà trop étroite pour contenir une autre personnalité à côté de la sienne, fit nommer Sonthonax député au corps législatif: c'était là son second pas au suprême pouvoir. Mais Sonthonax n'ignorait pas la réaction de fructidor qui s'était faite en France ; ses amis les plus ardents, les plus révolutionnaires, n'étaient plus sur le théâtre politique. Vaublanc avait dénoncé sa conduite à la tribune nationale ; il ne se souciait guère de partir, redoutant de rendre enfin compte de son administration.

Toussaint, à qui Sonthonax avait dit, peut-être pour flatter et sonder son ambition, que l'île était assez puissante pour se détacher de la métropole, Toussaint se porte au Cap. Déjà maître des volontés du faible Raymond, il accuse Sonthonax d'un projet d'indépendance et le somme de se rendre à son poste au corps législatif; alors il y eut entre eux plusieurs colloques à la suite desquels Toussaint écrivit à Sonthonax :

« Quartier-général du Cap, 3 fructidor, an 5, (20 août 1797.)
    « *Au citoyen Sonthonax, représentant du peuple et com-*
    « *missaire délégué aux îles sous le vent.*

« Citoyen représentant, privé depuis long-temps des nouvelles du gouvernement français, ce long silence affecte les vrais amis de la République. Les ennemis de l'ordre et de la liberté cherchent à profiter de l'ignorance où nous sommes pour faire circuler des nouvelles, dont le but est de porter le trouble dans la colonie.

Dans ces circonstances, il est nécessaire qu'un homme instruit des événements, et qui a été témoin de tous les changements qui ont produit sa restauration et sa tranquillité, veuille bien se rendre auprès du Directoire exécutif pour lui faire connaître la vérité.

Nommé député de la colonie au corps législatif, des circonstances imprévues vous firent un devoir de rester quelque temps encore au milieu de nous : alors, votre influence était nécessaire ; des troubles nous avaient agités ; il fallait les calmer. Aujourd'hui que l'ordre, la paix, le zèle pour le rétablissement des cultures , nos succès sur nos ennemis extérieurs et leur impuissance , vous permettent de vous rendre à vos fonctions, allez dire à la France ce que vous avez vu, les prodiges dont vous avez été témoin , et soyez toujours le défenseur de la cause sacrée que nous avons embrassée, et dont nous-sommes les éter-nels soldats.

Salut et respect.

Toussaint-L'Ouverture. »

L'Ouverture, après avoir expédié cette lettre, se rendit à la Petite-Anse, et là, entouré de nombreux escadrons, il en attendit l'effet.

Il était triste pour Sonthonax de capituler devant l'ancien esclave qu'il venait d'élever aux plus hautes dignités, et qui alors sacrifiait le bienfaiteur à son ambition. L'ancien Jacobin reprit toute l'exaltation de ses sentiments, ne voulut pas obéir à l'injonction et assembla même les officiers supérieurs du Cap.—Quelques uns de ces officiers, Mentor, Lé-veillé, etc., se prononcèrent en faveur du représen-tant de la France.

L'Ouverture alors envoie dire à Raymond que si Sonthonax ne s'embarque pas, il va tomber sur le Cap avec vingt mille hommes. C'était dans la nuit du 2 au 5 septembre (17 au 18 fructidor), nuit affreuse pour les citoyens du Cap qui craignaient de voir détruire de nouveau leur ville qu'ils avaient relevée après tant de peines !—L'Ouverture fait à minuit tirer le canon d'alarme, et augmente l'effroi : Ray-mond court à la Petite-Anse, supplie L'Ouverture

de ne pas marcher contre la ville avant le jour,
et promet de décider Sonthonax à s'embarquer.
En effet, le lendemain à six heures du matin,
Sonthonax traversait la ville, au milieu d'une
foule muette et silencieuse, sans recueillir aucune
bénédiction des hommes noirs, ni des hommes
mulâtres : les premiers étaient pleins de confiance
en L'Ouverture, les seconds avaient été trop froissés
par le commissaire. Sonthonax s'embarqua à bord
d'un vaisseau espagnol et se dirigea en Europe.

Ainsi Toussaint, à son tour, comme Villatte,
avait fait un 30 ventôse ; à son tour, le vengeur
de l'*autorité nationale outragée*, outrageait la
même autorité.—Qui mettra Toussaint à son tour
hors-la-loi ?—les plaintes de Sonthonax au tribunal
de la France attireront-elles la sollicitude de la
mère-patrie sur les malheureux habitants de St-
Domingue ?—Mais pourquoi parler de Sonthonax ?
n'avait-il pas proscrit Villatte ? n'avait-il pas outragé Rigaud ? ne payait-il pas à cette heure le
fruit de son machiavélisme ?—Heureuse cependant
la colonie, si à l'outrage fait à la France par l'embarquement de Sonthonax, d'autres outrages ne
devaient s'ajouter ! — heureuse, si la politique de
Sonthonax n'avait jeté les germes de la guerre la
plus impie, la guerre de couleur, qui devait bientôt
ensanglanter la terre infortunée de mon pays !...

CHAPITRE XLIV.

Arrivée du général Hédouville. L'Ouverture et Rigaud au Cap.

Cependant le Directoire exécutif frémissait à la pensée de l'immense puissance que L'Ouverture, par son génie, autant que par les circonstances, s'était attribuée ; la marche de cet homme extraordinaire allait directement à l'indépendance de l'île.—Le Directoire expédia le général Hédouville avec les hauts pouvoirs de pacificateur. Hédouville débarqua au Cap le 2 floréal (21 avril).—Ce général, qui avait pacifié la Vendée, était réputé pour un homme de bien : en un autre temps, il lui eût été permis de faire le bonheur de la colonie ; mais déjà l'autorité du général Toussaint ne pouvait plus souffrir de compétiteur.

C'est ici l'occasion de citer les instructions secrètes que le Directoire donna à Hédouville dont les Haïtiens ont tant parlé, et qui, suivant eux, ne tendaient qu'à diviser les deux couleurs qui distinguent les habitants de St-Domingue. Ces instructions, du 9 nivôse an VI (29 décembre 98), sont, au contraire, remplies de philantropie ; on y voit d'abord que les agents du gouvernement dans les

colonies sont investis des mêmes fonctions que le
Directoire exécutif ; ils commandent l'armée ; mais
leurs fonctions sont purement civiles ; leur principale
mission est de faire promulguer les lois du corps
législatif et de faire respecter la constitution,
d'assurer la tranquillité intérieure et extérieure,
de nommer aux charges et de révoquer, de faire
exécuter la loi du 4 brumaire, de faire respecter
la liberté générale, de moraliser les agriculteurs,
de faire exécuter strictement la loi contre les émigrés, de veiller au maintien des bonnes mœurs, de
soulager les vieillards, les enfants, les femmes en-
ceintes, les nourrices et leurs enfants, de développer les principes de l'association.—Une seule disposition dépare ces instructions : la faculté bien mal
à propos accordée à Hédouville de faire arrêter
au besoin le pauvre André Rigaud, qui avait sans
nul doute autant d'ambition que L'Ouverture,
mais qui n'avait qu'un seul reproche à se faire,
celui d'être scrupuleusement fidèle aux intérêts
de la France.

L'agent Hédouville appela au Cap, dès son
arrivée, Rigaud et L'Ouverture ; ces généraux se
réunirent aux Gonaïves où ils se virent pour la
première fois avec quelqu'admiration mutuelle ; car
après tout, c'étaient deux hommes supérieurs: deux
hommes supérieurs ont toujours un point commun d'estime.—Rigaud et Toussaint furent reçus

au Cap par Hédouville avec magnificence. Rigaud, plein de savoir et doué d'un heureux extérieur, captiva plus que Toussaint les attentions de l'agent. Toussaint fut mécontent de tous les égards dont il n'était pas l'unique objet ; méfiant comme un vieillard, il conçut de l'ombrage contre Hédouville et Rigaud.

Le chef de division Fabre, commandant l'escadre qui avait conduit le général Hédouville, se trouvait souvent en présence de Toussaint et de Rigaud ; il dit un jour à Toussaint : « Je serais satisfait, général, de vous conduire en France aussi heureusement que j'ai amené le général Hédouville ; là, vous trouveriez les honneurs et les récompenses dus à vos services, et toutes les douceurs du repos dont vous avez besoin. « Votre vaisseau, lui répondit Toussaint, est trop petit pour un homme tel que moi.» Quelle flèche terrible lancée par un ancien esclave au comte d'Hédouville ! —Décidément L'O'uverture avait la mesure de sa valeur. Un autre jour un officier d'Hédouville, lui vantant les merveilles de la France, ôsa l'inviter à y faire un voyage. L'Ouverture, jetant les yeux et posant la main sur un arbrisseau : «Oui, je partirai, dit-il, quand on pourra faire avec *ça* un vaisseau pour me porter. » Quelques propos inconséquents des jeunes officiers de l'état-major d'Hédouville contre L'Ouverture dont l'aspect n'était pas flatteur, comme traits

physiques, mais dont l'âge, les grands services,
le génie méritaient un réel respect, achevèrent
d'aliéner son esprit ; il refusa de se rendre à bord
de l'escadre où l'on préparait une fête, et sous prétexte de service militaire, il repartit pour les Gonaïves. Rigaud revit L'Ouverture peu après en
descendant dans le sud, et rien n'annonça qu'il y
eût entre eux quelque mésintelligence.

CHAPITRE XLV.

Evacuation des Anglais. — L'Ouverture au Môle.

Aucun fait important ne s'était accompli depuis
longtemps sous le rapport de la guerre, à l'exception de la prise de la fameuse forteresse de la Coupe,
par l'adjudant-général Pétion (1) le 27 pluviôse
(15 février) (2). La prise de la Coupe avait découvert les derrières du Port-au-Prince. L'Ouverture
put faire descendre par le Mirebalais dans la plaine
du Cul-de-Sac une armée de quinze mille hommes.
La ville fut menacée à l'ouest et à l'est ; mais l'ami-

(1) Elevé à ce grade le 1er prairial an v (20 mai 1797), par la
commission.
(2) Rapport de Laplume à L'Ouverture du 27 pluviôse an vi,
(15 février 1798).

ral Maitland , celui-là même qui devait recevoir à son bord l'illustre captif de Waterloo , entra en préliminaires de paix avec L'Ouverture. Toussaint consentit à ce que les émigrés et leurs propriétés fussent respectés ; ces émigrés étaient généralement des colons qui avaient été chercher ou qui avaient accueilli les Anglais, et qui avaient combattu dans leurs rangs contre le drapeau de la France. Toussaint consentit aussi , contrairement à l'honneur militaire, à ce que les Anglais emportasssent des différents points qu'ils occupaient dans l'ouest, non seulement leur artillerie et leurs munitions de guerre , mais encore la nombreuse artillerie et les munitions qu'ils y avaient trouvées quand la trahison leur avait livré ces points. Dans la nuit du 6 au 7 mai (17 au 18 floréal) la ville de Saint-Marc fut évacuée sur le Môle ; l'Arcahaye le fut le 7 ; le Port-au-Prince le fut le 8 sur la même destination. Tout donne à penser que les Anglais, qui connaissaient l'importance de ce Gibraltar du Nouveau-Monde, voulaient s'y maintenir comme dans cet autre Gibraltar qu'une surprise leur donna, et que la politique leur conserve ; car ils n'abandonnèrent le Môle qu'au moment où ils pensèrent que, sans avoir le soin de le garder par eux-mêmes, ils pouvaient le faire garder pour eux par Toussaint. Mais Hédouville , mécontent avec raison de la honteuse capitulation du Port-au-

Prince (1), résolut de négocier lui-même de celle
du Môle. Le traité fut signé sous ses auspices.
L'Ouverture ne vit dans la conduite d'Hédouville
qu'une usurpation de ses attributions militaires ;
il s'en plaignit ouvertement. Son mécontente-
ment, qui alla jusqu'à l'emportement, était lo-
gique : Hédouville dans le traité n'avait accordé,
conformément à ses instructions, aucune ré-
mission aux émigrés ; loin de le faire, il avait
fait afficher sur les murs du Môle une proclamation qui rappelait les lois de la métropole à
cet égard. La conduite de l'agent était, comme on
le voit, une patente condamnation de celle que
Toussaint avait tenue au Port-au-Prince. L'Ouverture n'en voulut pas seulement au général Hédouville ; il en voulut aussi au général Maitland. Or,
ce dernier, qui craignait de compromettre les
intérêts de la politique anglaise, fit lacérer publiquement le traité et la proclamation ; Hédouville,
sans force pour faire respecter son autorité, chargea L'Ouverture d'une nouvelle négociation.

(1) L'Ouverture alla dans cette ville peu de jours après l'évacuation, y fut reçu avec des transports de joie par les colons qui,
sans lui, suivant la loi française, eussent été obligés d'émigrer ;
les femmes blanches semaient des fleurs sous ses pas. Toussaint
renvoya à Léogane Laplume et Pétion qui avaient pris possession
de la ville ; Huin, colon blanc, fut nommé au commandement de
l'arrondissement, et Christophe Morney, à celui de la place.

L'Ouverture, déjà aux portes du Môle avec une armée considérable, y entra le 11 vendémiaire, (2 octobre) et fut accueilli par Maitland avec une magnificence royale ; le prêtre, portant l'ostensoir, escorté de ses ouailles, alla le recevoir sous un dais de velours. L'Ouverture avait refusé un si grand honneur au Port-au-Prince. Cette fois, il l'accepte, prend place à côté de l'ecclésiastique, reçoit de ses mains l'ostensoir et se dirige vers l'autel, portant, à son tour, nouveau pontife, l'image du Sauveur. Ce ne fut pas tout : Maitland avait fait élever sur la place-d'armes une tente spacieuse, pavoisée des bannières de la Grande-Bretagne ; dans l'enceinte de cette tente était dressée une table couverte de ces mets et de ces liqueurs dont les vaisseaux anglais sont toujours pourvus ; tout était servi dans une riche argenterie. Après le festin, l'amiral anglais offrit à son hôte cette argenterie, comme preuve de sa bonne amitié. On monte à cheval ; 6,000 hommes de troupes anglaises, concentrés au Môle, des différents points de l'île, étaient rangés en bataille autour de la place. L'amiral fit à L'Ouverture les honneurs d'une revue et de quelques manœuvres. On alla enfin au gouvernement ; c'était un palais bâti avec élégance. Maitland fit hommage à L'Ouverture, au nom du roi d'Angleterre, de ce palais et de deux couleuvrines en bronze. Ces hommages étaient faits pour séduire tout autre homme que L'Ouverture ; il les accueillit avec joie. Quand il fut de retour au Port-de-Paix , on dit qu'il s'écria , comme avec étonnement « que jamais la République ne lui avait accordé autant d'honneurs que l'Angleterre ! » L'Ouverture ne devait pas cependant ignorer que pour un homme libre le plus grand honneur est celui d'avoir bien mérité de la patrie ; or, cet honneur ne lui avait-il pas été décerné par le décret du 5 thermidor an III (23 juillet 95) ?

La politique avait dicté chaque pas de l'amiral anglais dans la réception qu'il avait faite à Toussaint-L'Ouverture ; je ne serais pas éloigné de croire qu'il lui proposa , comme il a été dit , de faire reconnaître par l'Angleterre l'indépendance de Saint-Domingue, et d'y fonder une monarchie , ce qui cadrait assez avec les vues de Toussaint ; mais celui-ci était souvent irrésolu et craignait les conséquences d'une rupture ouverte avec la France.

L'Ouverture, après tant de fatigues de guerre et de gloire, n'alla pas au Cap, où résidait l'agent du Directoire exécutif ; il se retira dans l'intérieur de l'Artibonite, sur l'habitation Descahaux, située dans les montagnes; de là, il pouvait promener ses regards sur l'île entière et se préparer à fondre avec la rapidité de l'aigle, sur n'importe quelle proie dont son ambition eût eu faim.

CHAPITRE XLVI.

L'Ouverture accueille les émigrés malgré les ordres d'Hédouville. — Il soulève le 5e régiment et force Hédouville à se rembarquer.

L'Ouverture, malgré les ordres de l'agent, ne se contenta pas seulement d'accueillir tous les émigrés qui se présentaient et de les renvoyer en possession de leurs biens ; il en maintint plusieurs, notamment le comte d'Ogorman, le marquis de Contade, le vicomte de Bruges, dans les gros emplois militaires qu'ils avaient occupés sous le régime des Anglais. Hédouville fit à L'Ouverture des représentations qui aigrirent sa haine et qui le déterminèrent à faire son troisième coup d'état : l'embarquement d'Hédouville fut décidé.

L'Ouverture savait à son gré soulever et calmer la tempête : dans la nuit du 21 au 22 vendémiaire (12 au 13 octobre), une insurrection éclate au Fort-Dauphin, dont le général Moyse commandait l'arrondissement ; le 5e régiment crie : aux armes ! et proclame que les blancs veulent rétablir l'esclavage. Manigat, homme noir, officier municipal de cet endroit, respectable par ses vertus privées et civi-

ques, cherche vainement à apaiser ce mouvement ;
un combat s'engage entre les troupes noires et les
troupes blanches ; les premières sont battues et se
répandent dans la campagne, où elles sonnent le
tocsin ; alors recommencent les incendies des habitations à peine relevées de leurs ruines ; plusieurs
malheureux blancs, surpris sur leurs biens, sont
égorgés ; les insurgés marchent contre le Cap. Le
général Hédouville écrit aussitôt à L'Ouverture de
venir apaiser l'insurrection. L'Ouverture, au lieu
d'obéir à cet ordre, cerne la ville du Cap dans la
nuit du 30 vendémiaire au 1er brumaire (21 au 22
octobre), se jette dans les forts et fait tirer l'alarme.
Hédouville, sans aucune force européenne pour
résister à la violence dont il était l'objet, craignant
de voir dans cette ville se renouveler les malheurs
de 1795, s'embarqua le 1er brumaire au matin, sur
la frégate la *Bravoure*, malgré les risques qu'il courait de tomber au pouvoir des Anglais ; ces ennemis
croisaient devant le port. Avant de partir, Hédouville
laissa une proclamation (du 1er brumaire), sans doute
faite dans la nuit ; dans cette proclamation il protestait
de son amour pour le bien de la colonie et prévenait
les habitants que les Anglais ne s'étaient retirés qu'en
apparence du pays et qu'ils avaient préparé le projet
d'indépendance ; il se plaignait aussi de la présence
des émigrés, qu'il déclarait être les ennemis de la li-

berté, et lançait enfin plusieurs traits à l'adresse de
L'Ouverture. Hédouville, à cette même date, adressa
aussi une lettre à Rigaud, par laquelle il lui annonçait: «Qu'il était forcé de quitter la colonie par l'ambition et la perfidie du général Toussaint-L'Ouverture, et que ce général, vendu aux Anglais, aux
émigrés et aux Américains, n'avait pas craint de
violer les serments les plus solennels. Je vous dégage,
ajoute-t-il, entièrement de l'autorité qui lui était
attribuée comme général en chef, et je vous engage
à prendre le commandement du département du
sud, tel qu'il est désigné par la loi du 4 brumaire
an IV (26 octobre 1795). » Or, par cette loi du 4
brumaire, le département du sud commençait au
Cap-Tiburon, remontait par les Petit et Grand-
Goâves, Léogane, jusqu'au chemin du bourg d'Azua,
par la source de la Rivière-Blanche.

Hédouville commit une faute immensément pré-
judiciable aux intérêts de la mère-patrie ; il eût dû
porter le siége de son gouvernement aux Cayes et
attendre en cette ville de nouvelles instructions de
la France ; en agissant ainsi la guerre civile n'eût
pas probablement éclaté.

L'Ouverture fit partir de suite pour France le
colonel Vincent (1) et Caze, ancien commandant

(1) Officier européen, dont le dévouement à Toussaint ne se
démentit jamais.

des Gonaïves, alors un de ses secrétaires, pour aller
justifier sa conduite auprès du Directoire exécutif;
les embarras de la métropole forcèrent le Directoire
de se contenter des explications de L'Ouverture.

CHAPITRE XLVII·

Symptômes de la guerre de L'Ouverture contre Rigaud. — Fête du 16 pluviôse. — Rigaud évacue le Grand-Goâve et le Petit-Goâve.

Ici nous entrons dans une phase des plus lugubres de l'histoire de St-Domingue : ce sont les
champs d'une nouvelle Thébaïde que nous allons
parcourir.

L'Ouverture s'était hâté d'annoncer à Rigaud
l'événement du Fort-Dauphin et l'embarquement
d'Hédouville, qu'il accusait d'être l'ennemi de la
liberté générale ; il accusait aussi Rigaud d'être
entré dans les sinistres projets de l'agent ; c'était
calomnier sans raison deux hommes pleins de
loyauté. Rigaud répondit le 6 brumaire (27 octobre) avec modération à ces accusations gratuites,
indignes de celui qui les formulait et outrageantes
contre ceux à qui elles étaient adressées : « Il craint
que ce ne soient les émigrés qui sèment la défiance
entre les premières autorités de la colonie ; il en-

gage Toussaint à les chasser de l'ouest et,.se disculpant d'avoir été séduit par Hédouville , c'est, termine-t-il , grandement s'abuser que de me croire capable de me prêter à aucun projet qui tendrait à l'abaissement et à l'asservissement des noirs , moi qui n'ai jamais cessé de combattre pour la liberté générale. Quant au départ d'Hédouville , dit Rigaud, (lettre du 50 brumaire) le mal n'est pas sans remède; maintenons la tranquillité dans le pays; prouvons notre fidélité à la France, en chassant les émigrés ; au nom de notre existence, montrez-vous jusqu'à la fin l'homme du gouvernement français.» Ces réponses si mesurées, loin de ramener L'Ouverture aux principes de fraternité qui eussent dû toujours le guider envers son aîné dans la carrière de la liberté , l'irritèrent davantage, surtout en ce qui concernait les émigrés. N'était-ce pas là la cause principale de la haine de L'Ouverture contre Hédouville?—Et Rigaud n'avait-il pas tort de rappeler L'Ouverture à l'exécution des lois de la métropole? —Pourquoi essayer de lutter contre le géant qui se lève et qui n'a besoin d'aucune autre loi que de sa volonté, pour remuer le gouffre des discordes civiles ?— Qu'importait à Rigaud que Toussaint foulât aux pieds les décrets de la Métropole?—Toussaint n'était-il pas plus fort et plus puissant que lui, par l'ascendant prodigieux qu'il exerçait sur tous les noirs que la Révolution avait émancipés?—Ne suf-

fisait-il pas à Toussaint, pour mettre en armes toute
l'île contre Rigaud, de dire aux nouveaux libres :
« Les nègres et les mulâtres qui étaient libres avant
la révolution sont vos ennemis ; c'est moi qui
vous le dis, moi, hier, esclave comme vous. » —
Oui, Rigaud avait le grand tort d'être inexorable
dans sa sévérité contre tous les anciens oppresseurs
du pays ; je veux dire contre les colons qu'au contraire L'Ouverture accueillait, eux qui, un jour,
devaient le trahir... Rigaud apprit aussi à L'Ouverture qu'il était appelé à étendre son commandement jusqu'à Léogane ; mais que Laplume,
paraissant ne pas vouloir servir sous son autorité :
il s'était contenté de lui notifier l'ordre d'Hédouville
pour couvrir sa responsabilité.

Malgré les raisons que Rigaud venait de donner
pour se justifier des accusations de L'Ouverture,
celui-ci revint à plusieurs reprises sur les mêmes
accusations. Rigaud lui écrivit (10 frimaire, 30
novembre), « qu'en se laissant séduire par Hédouville, il eût fait preuve de perfidie et de stupidité ;
je déclare hautement, dit-il, que le général Hédouville ne m'a parlé et écrit que pour la prospérité de
Saint-Domingue, que pour l'établissement de
l'ordre constitutionnel et pour l'affermissement de
la liberté et de l'égalité ». Rigaud termine en di-
« sant, qu'il avait vainement demandé sa démission
à Hédouville ; qu'il la demandera au Directoire et à

Roume. » Ce dernier était alors à Santo-Domingo.
Ainsi, l'œil le moins clairvoyant aperçoit dans le
lointain l'orage qui s'amoncelle et qui éclatera.

C'est dans cet état d'exaltation des esprits que
L'Ouverture invita Roume à venir remplacer Hédouville ; un arrêté du Directoire exécutif appelait
Roume, d'ailleurs, à l'agence, en cas d'éventualité.
Roume parut au Port-au-Prince le 23 nivôse (12
janvier) ; L'Ouverture quoique malade et souffrant,
vint l'y rencontrer le 2 pluviôse (21 janvier).

Roume, dont l'âme pure ne comprenait pas
la possibilité du vice ; toujours disposé à croire à
la vertu de ses semblables et à juger de la droiture des autres cœurs par la droiture du sien, se
laissa aller aux magnifiques protestations philanthropiques que L'Ouverture lui fit, sans qu'il
s'aperçût que L'Ouverture ne les lui faisait si vives,
si éloquentes, que pour faire oublier à la France le
dernier outrage qu'il venait de faire à cette puissance,
en chassant ignominieusement son représentant.—
Et comme le cœur humain est ainsi fait, qu'il
s'enthousiasme pour tout ce qu'il voit et entend de
bien, L'Ouverture fut, aux yeux de Roume, « un
philosophe, un législateur, un général et un bon
citoyen ». C'est ainsi qu'il le dépeint dans une
lettre du 6 pluviôse (25 janvier) au général Kerverseau qui était l'agent de la France à Santo-Domingo.

Roume tenait à dissiper tous les nuages qui ob-
scurcissaient l'horizon politique de la colonie ; il
convoqua Laplume, Beauveais, Rigaud et plusieurs
chefs de corps : la fête du 16 pluviôse an III (4 février 95), ce jour à jamais mémorable, où la Convention proclama la liberté générale, trouva tous
les officiers réunis au Port-au-Prince.

Au pied de l'arbre de la liberté, entouré des généraux, au milieu d'une nombreuse garnison et de
l'affluence populaire, Roume prononça un discours
où il préchait la paix, l'union, l'amour de la République et le dévouement à ses lois. L'Ouverture
répondit à ce discours ; il commença par rendre
gloire à l'armée de ses succès contre les ennemis
de la France et déclara que la plus parfaite union
existait entre les généraux Toussaint-L'Ouverture,
Rigaud, Beauvais, Laplume et les autres chefs militaires. Le lendemain de cette fête patriotique, qui eût
dû laisser une salutaire impression dans tous les
esprits, l'on se mit en devoir de régler les différends ;
l'agent demanda à Rigaud, dans le conseil, non-
seulement de ne plus prétendre à porter son commandement à Léogane, mais encore d'abandonner
au général Laplume les places du Grand-Goâve et
du Petit-Goâve, même celle de Miragoâne : c'était plus
que briser l'arrêté d'Hédouville, c'était mettre ces
places sous l'influence immédiate de L'Ouverture,
en découvrant la péninsule du Sud et en la lais-

sant en proie à une grande ambition, dont tous les anciens libres, noirs et jaunes, dévoués à la France commençaient à s'effrayer. Rigaud argua de la loi du 4 brumaire qui, une fois mise à exécution, ne pouvait plus être rapportée que par le corps législatif; l'agent qui était convenu de marcher toujours d'accord avec L'Ouverture, insista tellement, au nom du salut public, qu'à sa demande Rigaud consentit à faire l'abandon des Grand et Petit-Goâves; mais, avec une juste colère, il refusa l'abandon de Miragoâne.

La discussion avait été vive; l'amoindrissement du territoire du Sud qui, au contraire, devait être agrandi sous les ordres de Rigaud, sembla à celui-ci comme un signe de partialité en faveur de ses adversaires et presqu'une insulte à ses longs services. Aussi Rigaud, dans la matinée du 18, adressa une première lettre à Roume pour lui donner sa démission; la réponse, se faisant attendre, il lui en écrivit une seconde. La position de Roume était pénible; placé entre L'Ouverture et Rigaud, c'était être mal placé. Roume écrivit une lettre bienveillante à Rigaud, et lui déclara que, pour accepter sa démission, il eût fallu qu'il fût l'ennemi de la France et de la colonie. Rigaud ne put que céder à la volonté de l'agent; il resta quelques jours encore au Port-au-Prince, sans avoir d'autres rapports avec L'Ouverture que ceux du service; il partit pour le Sud le 24 pluviôse (12 février). Il fit évacuer, chemin faisant, par le commandant Laferté et le capitaine Bouchard, les Grand et Petit-Goâves que L'Ouverture fit occuper par un bataillon de la 8ᵉ et de la 11ᵉ demi-brigades.

CHAPITRE XLVIII.

L'Ouverture lance l'anathême contre les mulâtres.

L'orage n'était qu'assoupi; il pouvait éclater avec plus de violence. Les colons se ralliaient autour de L'Ouverture; ils n'avaient pas oublié que c'était des efforts des anciens libres, pour parvenir à l'égalité des droits politiques, qu'était sortie la révolution qui avait changé la face des colonies : ils excitaient la division des noirs et des jaunes.

Rigaud était à peine de retour aux Cayes que, le 3 ventôse (21 février) au matin, L'Ouverture fait battre la générale et proclamer que tous les mulâtres eussent à se rendre à l'église; il s'y rend lui-même, monte en chaire, et, présentant quelques papiers qu'il tenait dans les mains, comme les preuves d'une conspiration dont il avait découvert la trame, il dénonce au peuple assemblé la caste entière des jaunes comme coupable de tous les crimes; il rappelle la triste et déplorable affaire des *Suisses,* comme Sonthonax l'avait fait à une autre époque, feignant de ne pas savoir que, parmi les *Suisses,* il y avait des mulâtres, et qu'un de ceux qui avaient voté leur déportation était le nègre Lambert; il parle pendant une heure; les reproches les plus insultants, les menaces les plus violentes, les outrages les plus graves sont prodigués à une population dans laquelle il pouvait se trouver des coupables peut-être, mais dont la majorité était inoffensive; puis, il descend de la chaire, l'air farouche, se dirige au Gouvernement et laisse derrière lui des hommes abattus, des femmes et des enfants consternés et pleurant. Dans la nuit, on arrêta quatorze ou quinze moteurs du prétendu complot; ces malheureux furent conduits dans les cachots du Morne-Blanc, près des Gonaïves.

Les hommes noirs se montrèrent généralement affligés de la conduite de L'Ouverture, mais les colons y applaudirent avec une joie aussi indiscrète que barbare.

Beauvais avait assisté, comme les siens, à cette pieuse homélie. Au sortir de l'église, il offrit à L'Ouverture sa démission; et le lendemain, ce citoyen, qui avait rendu tant de services à la cause de la liberté, se rendit au Gouvernement; là, en présence de beaucoup d'officiers, il reprocha à L'Ou-

verture chacune de ses paroles de la veille, il lui demanda de préciser ses accusations, car, pour l'honneur de la couleur dont il avait plu à Dieu de vêtir
son front, il tenait à démontrer que sa caste ne méritait pas l'anathême prononcé contre elle par L'Ouverture. L'Ouverture, en face de cette vertu d'ordinaire
si sereine, alors si mâle, ne sut que répondre ; il dit
seulement qu'il n'avait pas entendu généraliser et
qu'il avait en tout temps rendu un sincère hommage
au caractère et au mérite de Beauvais. Roume n'avait
pas pu empêcher la triste scène du jour passé, car elle
avait commencé à son insu ; mais il la déplora, et à
force d'invoquer l'union et le salut de la colonie, il
parvint à calmer la douleur de Beauvais et à le décider au nom même des femmes et des enfants de sa
caste, à rester dans son commandement.

Le 7 ventôse (25 février), après avoir fait trembler le Port-au-Prince, L'Ouverture partit avec
Roume pour le Cap.

CHAPITRE XLIX.

**Correspondance de Toussaint avec Rigaud. —
Toussaint traite avec les ennemis de la
France.—Préparatifs de guerre.**

Depuis la prise de possession du Môle, L'Ouverture, par suite des sugestions de l'amiral Maitland,

avait laissé gigantesquement s'accroître son ambition ; partout où son influence n'était pas immédiate,
partout où son œil ne pouvait pas directement
scruter les sentiments, son bras frapper à volonté,
il croyait entrevoir des ennemis. Son orgueil était
semblable à celui de certains hommes qui déclarent
que la terre est trop petite pour contenir leur individualité; la célébrité de Rigaud était à ses yeux
une superfétation dans son atmosphère politique;
il résolut de s'en débarrasser.

L'Ouverture fomenta une insurrection au Corail,
petit village du département du sud ; le colonel Geffrard, qui commandait dans ce village, fut arrêté et
mis en prison. Cette insurrection fut bientôt apaisée:
trente des principaux moteurs, un colon et vingt-neuf
noirs furent appréhendés et dirigés à Jérémie, où
ils furent déposés dans un cachot nouvellement
badigeonné à la chaux. L'entassement des prisonniers au milieu du gaz délétère qui ne tarda pas à
s'exhaler des murs, entraîna en peu d'heures leur
asphyxie : c'était là un de ces accidents déplorables, dont il faut attribuer la cause à l'ignorance
et à l'imprévoyance, plutôt qu'à une coupable pré-
méditation. L'Ouverture, cependant, ne vit dans ce
malheur qu'un assassinat organisé par les mulâtres :
il s'étonna « que dans tous les mouvements, les noirs
fussent toujours victimes. » Rigaud lui répondit le
1er floréal (20 avril) « qu'il était convaincu qu'il n'y

avait aucune méchanceté de la part des personnes
chargées de l'autorité; que la mort des prisonniers
était un de ces événements qu'aucune prudence humaine ne pouvait prévoir. Pourquoi faut-il, terminait Rigaud, que les ennemis les plus perfides aient
aujourd'hui la faculté d'irriter frères contre frères,
amis contre amis? Jusques à quand, la défiance
portera-t-elle les uns à soupçonner les autres et à
détruire l'union et l'accord si nécessaires à notre
bonheur et à la prospérité du pays ? Pour moi, citoyen général, je vous l'ai dit plus d'une fois, je
porte un cœur droit ; mes principes sont sûrs et
invariables. Je gémis en secret du mal qu'on me
veut, ainsi qu'à mes frères, les hommes de couleur ;
mais je ne changerai pas pour cela, et vous me
verrez toujours le même, soit à la tête d'une armée,
soit au sein de ma famille, aimant la liberté, chéris-
sant l'égalité, bravant les calomniateurs, méprisant
les intrigants et respectant tout homme de bien ;
c'est vous dire, citoyen général, que je vous respecte
et que je vous donnerai dans tous les temps, les preuves de mon sincère et respectueux attachement. »

La mésintelligence entre les deux généraux ne
pouvait pas être portée plus loin. L'Ouverture, habitué à l'impunité par la métropole, ne chercha
plus à masquer ses projets; il traita ouvertement
avec les ennemis de la République : il accueillit ostensiblement, au Cap et aux Gonaïves, un nommé

Stévens, américain du continent et l'amiral Maitland. Roume ne voyait, dans tous ces manéges, que
du feu, comme on s'exprime dans mon pays.—L'Ouverture, d'ailleurs, n'était-il pas affranchi par
Roume de tout respect au représentant de l'autorité souveraine de la métropole ?—Roume n'avait-il
pas proclamé qu'il ne ferait rien que de concert
avec L'Ouverture ? — L'Ouverture, donc, sans la
participation de Roume, fit un traité avec les États-
Unis ; ce traité fut signé le 6 floréal (23 avril) entre
lui et Stévens. Roume y refusa d'abord son assentiment ; mais cet assentiment lui fut arraché : si je
ne l'avais pas donné, dit Roume, la colonie était perdue, car on menaçait d'égorger tous les blancs (1).
L'Ouverture dit, quelque part, qu'il ne conclut le
traité avec les États-Unis que pour parvenir à appro-
visionner l'île, à laquelle la métropole par l'embarras de sa position ne pouvait apporter aucun secours ; mais il ne dit rien de son traité avec les Anglais, du 25 prairial (13 juin), signé à l'Arcahaye
entre lui et l'amiral Maitland. Ici, c'est un véritable traité de puissance à puissance ; l'agent Roume
y resta étranger, et Rigaud en fut justement irrité
quand il en eut connaissance, car L'Ouverture était
traître à la métropole, en pactisant avec les ennemis de la République. Grâce à l'exquise complaisance d'un noble débris des gloires de la Révolution,

_____

(1) Lettre de Kerverseau au ministre du 6 floréal (23 avril.)

grâce au général Pelet, Directeur du Dépôt de la guerre, j'ai sous les yeux les traités que L'Ouverture conclut avec les Américains et les Anglais; dans ces traités, on ne parle pas de le reconnaître roi de Saint-Domingue, comme l'ont avancé quelques écrivains, notamment feu le général baron Pamphile de Lacroix ; mais on y voit que L'Ouverture, citoyen français, s'entendit contre la France avec les ennemis de la France. La trahison est manifeste. Hédouville avait donc raison : aussi la population intelligente, sans distinction de couleur, fut-elle effrayée des machinations de L'Ouverture avec les ennemis de la métropole : cette population n'était-elle pas française avant tout?—Rigaud, qui avait déjà tant de griefs à faire valoir contre L'Ouverture, se crut autorisé, et avec raison, à défendre la cause de la France républicaine contre toute tentative de trahison : des deux côtés on se prépara à la lutte.

L'Ouverture, préoccupé de ses négociations avec l'amiral Maitland, fit long-temps attendre à Rigaud la réponse à la lettre si digne que celui-ci lui avait écrite; mais aussitôt qu'il s'était cru roi de par le peuple britannique, et qu'il eut pensé que le concours de cette puissance lui avait été acquis, il répliqua à Rigaud par la voie de la presse.

Le 30 floréal (19 mai), un libelle parut où L'Ouverture adressait à Rigaud les épithètes les plus outrageantes : L'Ouverture appelait Rigaud perfide, menteur, intrigant, bourreau, factieux, assassin, traître, ennemi des noirs, et tout cela, sans préciser aucun grief, aucun fait; enfin, L'Ouverture finissait par accuser Rigaud *de vouloir* lever l'étendart de la révolte, et le menaçait de marcher contre lui.

Le 12 prairial (31 mai), Rigaud se plaignit à Roume des attaques injustes dont il était l'objet : « Je vous préviens, dit-il, citoyen agent, que je ne répondrai pas à la lettre insultante du général en chef ; je ne puis correspondre avec un chef qui croit m'avoir déshonoré ; j'ai des chefs, mais n'ai point de maître, et jamais maître irrité ou mal embouché n'a traité son esclave de la manière dont je l'ai été. Il faut que tout mon sang coule !... Le général Toussaint fait marcher des troupes ; il menace par les armes le département du sud; les habitants qui l'habitent se laisseront égorger ou se défendront ; il faudra bien subir le sort qui nous menace, puisque l'agent du Directoire représentant la France, ne peut rien pour nous.—Mon crime est d'aimer la République, de vouloir lui rester fidèle, de faire exécuter les lois contre les émigrés, de maintenir l'ordre et le travail, et de ne point baisser la tête devant l'idole ; je périrai, si je dois périr, mais, citoyen agent, si vous me rendez la justice que je mérite, comme je l'espère, vous assurerez au Directoire exécutif et à toute la France, que jamais républicain au monde n'a été plus fidèle à la patrie que moi. »

L'Ouverture était alors au Port-au-Prince, où il avait concentré près de dix mille hommes prêts à fondre au moindre signal sur le département du sud. Rigaud, qui n'ignorait pas les projets de Toussaint, puisqu'officiellement Toussaint les lui avait dénoncés, se porta à Miragoâne, dernier et faible rempart du gouvernement du sud, quand le Grand-Goâve et le Petit-Goâve tombent en des mains ennemies. Il avait établi deux camps principaux aux environs du village : l'un au Pont, sous les ordres de Faubert, chef de la 2e 1/2 brigade ; l'autre à St Michel, sous les ordres de Geffrard, chef de la 4e 1/2 brigade. Son armée ne s'élevait pas à plus de deux mille et quelques cents hommes de troupes regulières ; mais c'étaient tous des soldats qu'il avait lui-même formés, disciplinés, aguerris, et qui, à travers le feu, l'eussent suivi au bout du monde.

Les événements marchent vîte dans les guerres civiles ; déjà l'armée de L'Ouverture, commandée par le général Dessalines, occupait Léogane. Le 27 prairial (15 juin), Rigaud, après avoir rappelé aux citoyens du sud qu'il n'avait abandonné les Grand et Petit-Goâves au général Laplume que pour maintenir la paix publique, fit publier solennellement la lettre d'Hédouville et déclara s'investir de tous les pouvoirs que lui attribuait cette lettre.

CHAPITRE L.

Faubert, Delva, Desruisseaux s'emparent du Petit-Goâve.

Rigaud, après sa dernière proclamation, se rendit à Aquin avec l'adjudant-général Toureaux pour accélérer par sa présence les convois de vivres et munitions. L'Ouverture envoya alors Laplume au Petit-Goâve pour commencer la marche sur le Pont-de-Miragoane qu'aux conférences de pluviôse Rigaud avait refusé de lui livrer. La guerre était imminente ; et comme dans les troubles civils , de l'initiative du choc dépend souvent le succès, Jean-Pierre Delva(1), commandant de la garde nationale au Petit-Goâve, ennemi du système politique de L'Ouverture en qui il condamnait sa prédilection pour les blancs, se retira du Petit-Goâve et alla au camp du Pont annoncer à Faubert et à Renaud-Desruisseaux que, s'ils tardaient à avancer, ils allaient être eux-mêmes attaqués(2); incités donc par Delva, Faubert et Desruisseaux s'avancèrent; et le 29 prairial,

(1) Mort assassiné, général de brigade, père de l'honorable général du même nom, naguère ministre résident d'Haïti à Paris.

(2) Déclaration de Grenier, commissaire aux guerres du Petit-Goâve.

(17 juin), à sept heures du matin, à la tête de la 2ᵉ et
de la 3ᵉ demi-brigades, ils attaquèrent le grand fort
du Petit-Goâve, situé sur le rivage. Un brave, le
capitaine Laucoste, qui y commandait, mitraillait
les assaillants ; le général Laplume envoya le capitaine Segrettier ordonner à Laucoste de faire taire
sa canonnade, pour faciliter son entrée au fort.
Ce fut à travers le feu croisé du fort et des troupes
du sud, au milieu d'une grêle de mitraille et de
balles, que Segrettier parvint à Laucoste et accom-
plit sa mission (1). Laplume était à peine dans le
fort, que le capitaine Malton se croyant suivi par
les siens, escalada par les derrières ; mais fait
prisonnier, Malton fut immédiatement fusillé par
les ordres de Laplume. La mort de Malton avait
détourné l'attention de Laucoste : Léger, lieutenant
aux grenadiers de la 2ᵉ demi-brigade, escalada à
son tour avec sa compagnie, et déclara Laplume son
prisonnier, le força de descendre de son cheval et
le consigna sous la garde de ses soldats. Alors la
défense devient inutile ; le feu cesse et pendant
que les vainqueurs se débandent pour se livrer au pillage, Laplume, favorisé par Léger lui-
même, glisse le long des remparts sur le rivage, se

(1) Segrettier était alors capitaine adjoint à l'adjudant-général
Pétion ; il avait accompagné Laplume dans son voyage. Il est aujourd'hui général de division en retraite ; il a parcouru une noble
et magnifique carrière.

jette dans une barque et fait ramer à Léogane. Les troupes du Sud passèrent au fil de l'épée tous les colons qui habitaient le Petit-Goâve, en souvenance de la joie que la caste blanche avait montrée lors de la fameuse mercuriale de L'Ouverture contre les mulâtres. C'était un crime impolitique ; aussi les blancs dans toute cette guerre se montrèrent-ils plus acharnés contre Rigaud que Toussaint lui-même.

Rigaud, à la nouvelle de la prise du Petit-Goâve, s'y porta avec la 1re et la 4e demi-brigades du sud, et envoya l'adjudant-général Toureaux prendre possession du Grand-Goâve. Toureaux commença à fortifier l'habitation Tozin, située à l'entrée du bourg, et surtout à augmenter les défenses du block-haus, qui était assis sur un monticule de cette habitation, et dont on voit encore les ruines. Ce block-haus célèbre avait été élevé par les ordres de Rigaud pendant la guerre des Anglais ; son canon balayait la mer et tout le bourg du Grand-Goâve.

Voilà donc les torches de la guerre civile, hélas ! disons plus, de la guerre de couleur, qui s'allument entre des hommes hier plus ou moins courbés sous le joug de l'esclavage, qu'une communauté de souffrances et d'espérances, autant que les affinités du sang, eût dû toujours tenir réunis en un seul faisceau ! la guerre de couleur, puisqu'il faut appeler les choses par leur nom, savez-vous ce que c'est que cette guerre ?—c'est qu'il vous

suffit d'avoir la peau noire pour que le mulâtre
soit souvent en défiance de la sincérité de vos sentiments ; c'est qu'il vous suffit d'avoir la peau jaune
pour que le nègre soit souvent à son tour en défiance de la sincérité de vos sentiments ! —Ah ! si
la couleur de l'épiderme devait être pour quelque
chose dans la distribution de la confiance et de la
sympathie, que, dans les colonies, on sache qu'en
Europe, les bruns, les blancs, les roux, les chatains
seraient groupés par séries exclusives les unes des
autres, au lieu de vivre dans les lois de la fraternité,
comme ils le font !—Qu'on ne vienne pas nous
dire que Rigaud fut l'agresseur, non ! Si ses lieutenants Delva, Faubert, Desruisseaux n'eussent pas
tiré les premiers l'épée, L'Ouverture l'eût fait et en
pareille occurrence, il vaut mieux frapper que d'être
frappé.—Qu'on ne vienne pas dire que Rigaud refusait d'obéir à L'Ouverture, non ! Sa correspondance et ses actes font foi de ses sentiments de
fidélité à la loi et aux organes de la loi.—La guerre
civile fut l'œuvre de Toussaint - L'Ouverture; si
bien que dans un long mémoire écrit de sa main,
daté du château de Joux, adressé au Premier Consul,
dans lequel il explique sa vie et sa conduite, il se
garde bien, comme par remords, de parler de cette
guerre; il semble que le souvenir l'en effraye et
qu'il eût voulu l'effacer de sa mémoire. L'Ouverture avait raison ; cette guerre est la page la plus

lugubre de sa carrière ; elle déshonore son nom ;
moi-même j'aurais voulu la déchirer du livre de
l'histoire, mais non !—il faut conserver cette page
afin que nos neveux, et noirs et jaunes, puissent
y lire les fautes de leurs pères, et apprendre à
vivre dans la communauté du bonheur que donnent
toujours l'union et la paix.

CHAPITRE LI.

L'Ouverture à l'Eglise du Port-au-Prince.— L'Ouverture à l'Eglise de Léogane. — Le droit était du côté de Rigaud.

L'Ouverture fut heureux du commencement des
hostilités par les troupes du sud ; l'impatience
martiale de Delva, de Faubert et de Desruisseaux
lui procura le prétexte d'accuser Rigaud *du crime
d'avoir le premier tiré l'épée du fourreau*, comme
si, lui il n'avait pas été à la veille de le faire, car
enfin, soyons de bonne foi, le sud menacé, que de-
vait-on faire ?... Aller prendre possession des deux
véritables têtes du Sud qui sont le Grand-Goâve et
le Petit-Goâve ? — ou bien fallait-il laisser envahir
le territoire de ce département, à peine gardé par
le Pont-de-Miragoâne ?

L'Ouverture était au Port-Républcain ; il apprit
par Laplume l'événement du Petit-Goâve, il se

rendit aussitôt à l'Église, monta en chaire et renouvela son sanglant anathême contre les mulâtres.
Hypocritement politique, il mettait les noirs du sud
hors de compte; il n'y avait eu, suivant lui, à l'attaque du Petit-Goâve que des mulâtres, comme il
avait répété, d'après Laveaux, qu'il n'y avait eu à
l'affaire du 30 ventôse que des mulâtres dans la
bagarre. Pauvre caste de mulâtres, placée entre
l'enclume et le marteau!... L'Ouverture, au sortir
de l'Église, fit arrêter le commandant Maçon, de la
8ᵉ demi-brigade, parce qu'avec son bataillon il
avait assisté l'arme au bras à la prise du Petit-
Goâve, sans vouloir se prononcer; il l'envoya dans
les cachots du Morne-Blanc. Quant à la brigade,
elle fut exilée sur les frontières du Mirebalais et
remplacée par la 10ᵉ demi-brigade. Il fit aussi
arrêter le chef de brigade Christophe Morney (1),
qui commandait la 8ᵉ demie brigade et la place du
Port-au-Prince; il l'envoya au Cap, sous l'œil d'un
autre Christophe, (Henry), qui devait, en passant
par une série de crimes, atteindre à une sinistre
célébrité!...

(1) Christophe Morney était noir; ayant fait la guerre avec Rigaud aux États-Unis, il avait conservé de l'attachement pour ce
chef; on dit même qu'aux conférences de pluviôse, c'est chez lui
que Rigaud demeurait. — Cet attachement le rendit suspect; il
fut accusé de l'inaction de Maçon au Petit-Goâve; rendu au Cap,
dont Henry Christophe commandait la place, il y fut fusillé.

Après avoir imprimé une nouvelle terreur au Port-au-Prince, le général en chef se rendit à Léogane, où déjà se trouvait le général Dessalines avec les quatrième, septième, neuvième et dixième demi-brigades (1). Dans cette ville, il renouvela la scène du Port-au-Prince et l'entoura de circonstances propres à édifier sur son caractère : il se ceignit la tête d'un mouchoir blanc et tenant à chaque main un cierge, il alla se prosterner au seuil du temple du Seigneur; puis, y pénétrant, ce vieux moine-soldat monta en chaire et invoqua le dieu des armées dans la guerre qu'il avait désirée et dont il était sûr de triompher.

Le discours de L'Ouverture consterna tous les hommes de bien de la ville de Léogane, sans distinction de couleur : ce fut alors que l'adjudant-général Pétion se détermina à aller joindre l'armée de Rigaud; aux yeux de Pétion, L'Ouverture faisant d'abord une affaire générale d'une querelle singulière, et ensuite d'une guerre civile une guerre de peau, son honneur, comme son devoir lui ordonnait d'aller joindre les hommes qui portaient la

(1) La 4ᵉ était commandée par Rousselot, surnommé Dommage, parce qu'à un combat contre les Anglais, il fut blessé au Trianon, dans le Mirebalais. Toussaint, qui connaissait sa bravoure, lui dit en le voyant baigné de sang : Quel dommage! Dès lors, les soldats l'appelèrent Dommage. — La 7ᵉ était commandée par Charles Belair, la 9ᵉ par Lalondry et la 10ᵉ par Paul-L'Ouverture.

même peau que lui et de se faire tuer au besoin pour Rigaud, bien qu'il se sentît moins de sympathie pour celui-ci que pour L'Ouverture.

Rigaud avait déjà reproché à L'Ouverture d'envisager la politique de Saint-Domingue sous le rapport physiologique, quand il n'eût dû voir entre tous les hommes du pays que des citoyens égaux, abstraction faite de la peau ; effectivement la couleur de l'épiderme n'étant qu'un accident insignifiant de la nature, un esprit méchant peut animer indistinctement le corps d'un nègre, d'un mulâtre ou d'un blanc. — Je crois au bon sens de L'Ouverture ; je crois que cet homme extraordinaire ne voulait sentir que lui seul dans l'île, et qu'il voulait se débarrasser de tout ce qui pouvait résister à ses volontés ; je ne lui fais pas l'injure de penser qu'il croyait lui-même à ce qu'il disait contre les mulâtres ; j'aime mieux supposer qu'en cherchant à détruire la légitime et salutaire influence que ces hommes ont, depuis la révolution de 89, exercée sur le sort des noirs, il voulait seulement se trouver sans compétiteur, et, nouveau Pierre-le-Grand, au milieu de peuplades ignorantes, pouvoir seul avoir la tête levée, commander, diriger et civiliser à sa façon la terre de Saint-Domingue. Quelqu'un a dit que, dans l'Indoustan, Rigaud eût fondé un empire ; je dis que L'Ouverture, en Afrique, eût porté les merveilles de la civilisation :

c'était à la métropole à envoyer Rigaud dans les Grandes-Indes, et L'Ouverture dans ces riches et fertiles contrées du continent africain, qu'il eût pu faire progresser et élever à la hauteur des peuples civilisés de l'Europe.

Quoi qu'il en soit, Rigaud était sur le terrain du bon droit, parce qu'il défendait la cause de la métropole, en protestant contre un système anti-révolutionnaire dont la tendance évidente était l'indépendance de l'île; aussi les bons citoyens noirs et jaunes du Nord, de l'Ouest et du Sud, faisaient des vœux pour le triomphe de Rigaud, sans oser cependant se prononcer. Le terrain de la France, de ses principes, sur lequel se plaçait Rigaud en présence de L'Ouverture, qui au contraire renvoyait honteusement les représentants de la métropole et accueillait les Anglais et les émigrés, devait nécessairement rallier à Rigaud tous les hommes intelligents. L'Ouverture le comprit, et, pour ne pas succomber dans la lutte, il fit un appel à la population ignorante et grossière du pays. Adroit dans ses moyens, inexorable dans ses buts, L'Ouverture conçut la pensée de faire une guerre de caste : cette tactique devait ébranler les masses en sa faveur; alors, on ne parla plus que de mulâtres voulant remettre les nègres dans l'esclavage: c'était trop pour animer le fanatisme de l'ignorance des cultivateurs du Nord et de l'Ouest contre le Sud !...

Roume voyait avec œil et cœur marris le mouvement des choses; mais n'avait-il pas proclamé L'Ouverture le plus vertueux des hommes? Que pou-
vait-il opposer dorénavant à cette volonté de fer qui
avait assis son ascendant sur son esprit? — Toussaint lui demanda d'ordonner une levée en masse
de tous les soldats et de tous les cultivateurs du
Nord et de l'Ouest contre le Sud : il le fit le 15
messidor (3 juillet) par une proclamation verbeuse
et prolixe.

Tout se compliquait horriblement. Le général
Kerverseau, seul, jugeait sainement de la position;
il voulut tenter la conciliation entre L'Ouverture et
Rigaud; de Santo-Domingo, il écrivit donc à Roume
le 17 messidor (5 juillet): « Ce n'est pas la colonie en
masse qui peut éteindre le brandon de la guerre
civile : c'est vous seul; ordonnez à ces deux généraux de mettre bas les armes ; déclarez ennemi
de la République et du genre humain quiconque
osera renouveler les querelles de couleur et rallu-
mer la guerre civile; renvoyez au Directoire exécutif
la connaissance de ces malheureux événements. »
L'Ouverture, à qui Roume fit part de ces idées
si nobles et si philanthropiques, se refusa à toute
médiation, donnant pour prétexte que ce n'était
plus une querelle particulière (lettre de L'Ouverture
du 25 thermidor (12 août). — La proposition de
Kerverseau avait déplu à L'Ouverture;—il demanda

16

à Roume la révocation de ce général de l'agence de Santo-Domingo. Roume refusa ; ce fut la première chose qu'il refusa à L'Ouverture ; déjà il s'effrayait de l'attitude menaçante du « philosophe » et, après avoir juré de ne rien faire sans le conseil de L'Ouverture, il cherchait tardivement à recouvrer son indépendance morale.

L'Ouverture voulait donc la guerre : ce que le roi veut, Dieu le veut. Le sang ruissela dans la colonie par torrents. Dans le Nord, dans l'Artibonite et dans l'Ouest, les hommes de bien se prononcèrent en faveur de Rigaud ; les noirs les plus intelligents furent les premiers dans ces divers endroits à secouer le joug de L'Ouverture ; mais plus rapide que la foudre, L'Ouverture se multiplia et sut partout faire tête aux événements.

CHAPITRE LII.

Jean-Rabel et le Môle : Insurrection de Bellegarde et de Lubin-Golard.

Jean-Rabel et le Môle où commandaient Lubin-Golard et Bellegarde, tous deux noirs, avaient levé l'étendart de la rébellion contre L'Ouverture (24 thermidor, 11 août), et avaient expédié deux officiers de la 3ᵉ demi-brigade, Moreau et

Duverger au général Rigaud ; celui-ci dépêcha dans ces localités le chef de brigade Renaud-Desruisseaux. L'Ouverture fut alors obligé de dégarnir son armée du sud ; il ordonna au général Moyse d'en laisser le commandement à Dessalines et de venir le joindre au Port-de-Paix vers lequel il se dirigeait.—Ce ne fut qu'après trente six heures de canonnade que Golard évacua Jean-Rabel le 11 fructidor (28 août) sur la place du Môle, que L'Ouverture fit cerner. Cette place, après deux jours de combat, fut évacuée à son tour (14 fructidor, 31 août). L'intrépide Golard avec 20 hommes de la 3e demi-brigade et quelques gardes nationaux, plutôt que de tomber dans les mains de L'Ouverture, se retira dans l'intérieur du pays ; il resta dans les bois jusqu'à l'arrivée de l'expédition française, vivant dans une sauvage et fière indépendance. Bellegarde et Desruisseaux s'étaient embarqués pour le Sud.

L'Ouverture pacifia le Nord en y établissant une sombre terreur, indifférente aux hommes ignorants qui ne s'occupaient que de la culture des terres, mais insupportable, accablante et mortelle pour tous les hommes intelligents de quelque couleur qu'ils fussent ;—il frappait à coups redoublés sur ceux qu'il appelait lui-même les anciens libres : la saignée fut abondante.—Du Cap au Port-au-Prince, il put, en descendant, contempler parmi les populations la tristesse et l'abattement dont il avait voulu se réjouir : il put voir partout le crêpe funèbre qu'il avait substitué aux glorieuses couleurs de la République.

Dans les doubles montagnes du Port-de-Paix, retraite inaccessible même aux espions de L'Ouverture, Golard s'était ménagé un refuge d'où il put tendre une embuscade à ce général, qu'il savait devoir redescendre vers le Sud. Au moment, en effet, où Toussaint traversait la route qui sépare le Gros-Morne de Jean-Rabel, une fusillade, se prolongeant à travers les arbres, éclata autour de lui; son médecin, M. Piramont, blanc, tomba et expira sur le coup. Quant à L'Ouverture, il échappa comme par miracle à cette embuscade, et fut quitte pour laisser dans la bagarre la moitié de son panache, qui fut coupé par une balle.—L'Ouverture arriva à l'Arcahaye le cœur plein de vengeance.—Le commandant de cette place, qui était un colon, du nom de Laraque, vint lui annoncer qu'il avait reçu de l'Artibonite cent quatre-vingts jeunes mulâtres en ôtage, comme preuve de la fidélité de leurs quartiers à L'Ouverture. Celui-ci lui répondit : « Comment pouvez-vous conserver ces serpents dans votre sein; donnez-les donc pour pâture aux poissons »: ces pauvres enfants furent tous noyés!... Nous ne donnerons pas les détails de ce crime inutile, qui souleva d'horreur les hommes les plus indifférents aux émotions politiques. Une nouvelle embuscade fut tendue à L'Ouverture entre l'Arcahaye et la Source-Puante, à la Hatte-Aubry : les coups portèrent principalement sur sa voiture, dont le cocher fut tué, tandis que lui, il voyageait tranquillement à cheval à quelques pas de là.—L'Ouverture se rendit au Port-au-Prince, où tout le monde était épouvanté de sa personne : comme s'il n'eût pas été plus beau de se faire aimer que de se faire craindre.

CHAPITRE LIII.

Combats au Grand-Goâve.—Exécution; fusillade et canonnade des anciens libres.

Les désastres de l'armée que L'ouverture avait devant le Grand-Goâve étaient faits pour l'irriter, mais ne devaient pas le porter à continuer toujours sa question familière et ridicule de la suprématie du nègre sur le mulâtre ou du mulâtre sur le nègre. Eh! que nous importe la peau de l'homme encore une fois?—Pourquoi, moi mulâtre, voudrais-je d'un mulâtre pour me commander et me gouverner, quand j'ai un nègre, un *oncle*(1) enfin,

(1) Cette expression est une marque de déférence accordée en Haïti par les mulâtres aux hommes noirs.

plus capable que le mulâtre d'opérer le bonheur et de fonder la gloire de mon pays?—L'Ouverture avait du génie; sans doute ce fut un grand homme ; mais, comme tous les grands hommes, il manquait souvent de ce bon sens qui est généralement le partage du vulgaire.

L'armée du Nord avait été battue dans toutes les rencontres, au combat du 20 messidor (8 juillet), qui se donna sur l'habitation Faucher, et où Rigaud reçut une balle à la main droite;—au combat des 1 et 2 thermidor (19 et 20 juillet), livré par Dessalines sur l'habitation Tozin et, enfin, au combat du 4 thermidor (22 juillet), livré sur la même habitation (1).— Cette armée, qui montait à environ 6,000 hommes, après ces échecs réitérés, s'était retraitée à l'Acul sur l'habitation Beauharnais, prête à rentrer précipitamment dans Léogane, si Rigaud l'eût voulu ;—mais Rigaud se contenta d'avoir porté les limites de son commandement au Grand-Goâve, car à quoi lui eût servi Léogane, qu'avec un bateau sur la mer et cent hommes par terre on peut facilement affamer ?—Aucune idée de conquête n'entrait dans les vues de Rigaud : ce qu'il voulait, c'était garantir l'intégrité de son commandement, et conserver le Sud à la métropole. — Plusieurs de

(1) J'ai sous les yeux les rapports de ces différentes batailles, faits par les généraux Dessalines et Laplume.

ses lieutenants lui ont reproché cette conduite ; mais
il avait bien plus raison qu'eux. — Néanmoins,
l'armée du Sud, alors sous le commandement de
l'adjudant-général Pétion, fut prendre possession
contre Charles Bélair des camps de Bellevue : dans
cette attaque fut blessé le capitaine Jean-Pierre
Boyer, depuis président d'Haïti.

Les avantages de Rigaud étaient remarquables
par la disproportion numérique des forces qu'il
avait en comparaison de celles que L'Ouverture dé-
chaînait contre lui : par son audace et par la bonne
discipline de ses troupes, il avait fait reculer l'armée du Nord.

L'Ouverture lui-même était attéré de l'inutilité
des efforts de ses lieutenants pour pénétrer dans le
territoire du Sud ; il songea à exercer d'exécrables
vengeances dans une guerre qu'il avait lui-même
allumée.

Les mulâtres et les noirs les plus marquants
étaient déjà partout arrêtés ; mais cela ne suffisait
pas aux vues ambitieuses du général en chef : il
ordonna le massacre de ces hommes, qui n'avaient
commis d'autre crime que celui de se montrer fidèles
à la France ! Tous les anciens libres de l'Arcahaye
avaient été conduits au Port-au-Prince ; parmi eux
se trouvait Valmé-Cortades, qui avait vengé la
mort de Scapin à l'affaire du 21 novembre ; ils furent tous fusillés, après une vaine formalité judi-

ciaire ; un seul parmi eux fut acquitté , ce fut un vieillard mulâtre du nom de Cameau ; mais L'Ouverture le fit juger de nouveau, et présida le conseil en personne : condamné alors, Cameau fut aussi fusillé.

Le pouvoir, comme un poison, pervertit les esprits les plus portés naturellement au bien de leurs semblables ; le pouvoir, surtout le pouvoir sans contrôle, est une affliction que Dieu jette sur la terre. Depuis que L'Ouverture n'avait plus rencontré personne pour moraliser ses actes, et qu'au contraire, il n'y avait que flatterie autour de lui, il se croyait tout permis et tout autorisé ; profanant la religion, il invoquait le nom de Dieu au milieu des massacres qu'il ordonnait ; outrageant ce même Dieu qui a fait toute l'humanité à son image, il ne voyait plus que lui seul dans le monde. L'homme n'est fort, cependant, qu'autant qu'il accepte un point de résistance ; s'il n'en veut pas, il est faible ; il faut qu'il tombe dans l'abîme : orgueil et délire que de se croire appelé à être souverain de l'esprit humain ! Cet orgueil et ce délire perdent ceux qu'ils enivrent, en même temps que ceux qui en sont victimes.

Les noyades ne suffisaient plus à L'Ouverture, la mort n'était pas assez prompte ; — la fusillade n'était qu'une plaisanterie, puisque souvent le soldat ajustait mal et qu'il usait inutilement de la poudre !

—Il fallait accomplir des mitraillades !—Ainsi au

Port-au-Prince Jean-Philippe-Daut, chef d'un des
bataillons de la 10e 1/2 brigade fait exécuter à la
gueule du canon, dans le jardin alors si vaste
des prisons de cette ville, tous les malheureux qui
avaient été arrêtés à la Croix-des-Bouquets; —
ainsi à Léogane, Dieudonné-Jeambon remplit le
même office, et parmi les victimes de cette dernière
ville, périt Lafussière, neveu de Pierre Pinchinat,
jeune homme digne du plus grand intérêt; il promettait d'avoir l'intelligence de son oncle; la mère de
Lafussière en mourut de douleur peu de jours après.
Rien ne caractérise mieux l'époque sanguinaire que
le génie de L'Ouverture domine, si ce n'est le supplice
des jeunes frères Lalande: ces jeunes gens furent
condamnés à mort à l'Arcahaye, sous l'inculpation
qu'ils pactisaient avec ce qu'à tort on appelait alors
comme aujourd'hui la révolte du général Rigaud.
Arrivés au lieu où leur exécution devait s'accomplir, les deux frères furent séparés l'un de l'autre
et, en dépit des prières du plus jeune qui demandait comme une grâce de mourir avec son frère
aîné, on procéda tout d'abord au supplice de celui-
ci. On lia donc l'aîné à un arbre, à quelques pas
du canon fatal; à la première détonation, il survécut; à la seconde, l'étonnement fut général: Lalande était encore debout! On eût dit que le ciel ne
voulait pas permettre la perpétration du crime. Et

pendant la durée de ce supplice dont l'horrenr glaçait d'effroi les spectateurs, le second frère qu'on y faisait assister en attendant le sien, témoin dans sa propre agonie de celle de son aîné, ne cessait de solliciter la triste faveur de succomber à ses côtés ; alors, Robes, colon blanc, commandant de la place, qui présidait à cette boucherie, ordonne que le jeune Lalande soit pris et attaché à son frère ;—une troisième détonation part et les derniers soupirs des deux innocentes victimes sont confondus par le même coup : il eût semblé que Dieu les avait attendus en même temps pour les recevoir près de lui.

A tant de traits de barbarie commis sous l'administration de L'Ouverture, je ne reconnais plus ce Toussaint si bon, si pieux, si humain de l'année 1791 ; — il est vrai que Néron dans sa jeunesse, croyait outrager les Dieux, en signant un arrêt de mort, et que plus tard, il fit égorger sa mère !..

CHAPITRE LIV.

Attitude de Beauvais à Jacmel. — Affaire de Tavet.—Beauvais s'embarque.—Sa mort.

Beauvais , renfermé dans l'arrondissement de Jacmel que de hautes montagnes entourent et isolent du reste de l'île , voyait avec épouvante la

guerre qui s'était allumée ; il était résolu à garder
la neutralité, tout en faisant respecter son territoire. Mais L'Ouverture, redoutant même l'attitude
imperturbable de l'ancien légionnaire, fit envahir le
Sâle-Trou par Mamzelle, et Marigot par Magloire-
Ambroise : beaucoup d'anciens libres furent massacrés : Laplume vint occuper l'habitation Tavet.
Beauvais se plaignit à L'Ouverture de ces actes
d'agression ; il lui envoya à cette occasion un de
ses aides-de-camp, le capitaine Graissier, noir, que
L'Ouverture fit impitoyablement fusiller, sous le
prétexte ridicule qu'il avait tenu des propos contre
sa personne. Jacmel avait été mis en fermentation
par ces événements : la garnison, forte de 3,000 hommes, demanda le combat. — Beauvais fut contraint
de faire reprendre le Marigot par Borno-Déléar et
envoya Birot occuper Besnard en face de Tavet ;—
à ces deux opérations s'arrêtait la pensée politique
de ce général , qui pouvait cependant décider de
grandes choses en tombant par la montagne de la
Selle sur le Port-au-Prince !

Beauvais avait trop de sagesse pour l'époque de
sang où il vivait ; ancien élève du collège de La-
Flèche, il avait reçu en France une brillante éducation, et avait exercé à son retour au pays la pro-
fession d'instituteur jusqu'au moment de la révolution ; bien qu'il eût fait la guerre sous le comte
d'Estaing, il était plutôt fait pour le travail de

cabinet que pour les déplorables émotions de la
guerre civile ; il n'avait pas, comme Rigaud, l'audace des grandes déterminations : c'était le Lafayette
de la révolution des colonies ; Roume a dit quelque
part, que c'en était le Washingston. Du reste, brave
et redoutable comme la lame d'une épée, il eût
vu comme Pétion, à la mode des anciens Gaulois,
le ciel tomber sur sa tête, sans sourciller ; une seule
qualité lui tenait lieu de toutes les autres, c'était
l'amour de la France républicaine.

Beauvais s'empressa d'aviser l'agent Roume des
événements dont le territoire de son arrondissement avait été le théâtre, par une dépêche du 29
thermidor, (17 juillet). Cette dépêche, portée par le
capitaine Marion, rappelait à Roume l'impolitique
discours de L'Ouverture contre les mulâtres, la
réponse que Beauvais y avait faite ; elle peignait les
dangers dont la population de couleur était menacée, car de tous côtés on n'entendait que des cris de
mort contre les mulâtres. « Toussaint, dit Beauvais,
déteste décidément cette population ; il la fait tra-
quer dans les bois comme des bêtes fauves, sous le
spécieux prétexte que les mulâtres ne veulent pas
obéir à un noir, et que par cela seul ils sont les
ennemis de la liberté. » Beauvais terminait par
supplier le représentant de la grande nation de faire
cesser les calamités de la guerre civile ; cette lettre,
on ne peut le nier, fait honneur à son auteur.

Le chef de brigade Birot, placé vis-à-vis de Tavet, observait les manœuvres de Laplume, dont les espions cherchaient à semer la division dans son camp;—les habitants alarmés excitèrent les légionnaires, et le 18 thermidor, (5 août), Birot, après avoir perdu 150 hommes, s'empara de Tavet. Nérette, mulâtre, chef de la 11° 1/2 brigade, sut rallier les troupes de Laplume et les ramener en bon ordre sur l'habitation Béloc dans la commune de Léogane.—Laplume, dans son rapport, déclara n'avoir perdu que vingt hommes.—Birot fut blessé dans l'action; contrairement à toutes les lois de la prudence, il abandonna Tavet deux jours après et revint à Besnard, où, après avoir laissé le commandement au chef de bataillon Gauthier, il rentra en ville pour se faire soigner de sa blessure.

Beauvais, à la parade, blâma publiquement l'attaque de Tavet et reprocha à Birot de n'avoir pas gardé la position. « Pour moi, dit-il, je ne crains pas les balles de L'Ouverture, mais bien la guerre civile qui soulevera toutes les passions. Je regrette mes braves grenadiers ; je regrette sincèrement le sort de ces malheureux qui ont péri dans l'attaque de Tavet, attaque infructueuse, puisque vous n'avez pas su conserver votre conquête.—Vous serez personnellement responsable des effets de cette guerre, vous, colonel Birot ; pour moi je ferai mon devoir. » En effet, Beauvais fit des préparatifs de

défense.—Rigaud fut satisfait de ce que Beauvais
avait enfin rompu la neutralité ; il fit partir de
suite l'adjudant-général Pétion avec 500 hommes
pour renforcer Tavet. Mais déjà Laplume avait
réoccupé cette position ; Pétion rétrograda.

L'Ouverture avait alors son quartier-général au
Port-de-Paix, donnant tous ses soins à la guerre
du Môle. L'attaque de Tavet par les troupes de Jacmel fut un bonheur à ses yeux. Il cria à la violation
de la neutralité, mettant ainsi hors de compte l'attaque qu'il avait ordonnée du Sâle-Trou et de Marigot, attaque qui avait décidé la garnison de Jacmel
à prendre les armes. — Néanmoins, trop embarrassé
avec les évenements du nord, pour se porter contre
Beauvais, il avait ordonné à Dessalines de former un
cordon du camp-Tavet au Trou-Coucou et du Trou-
Coucou au Sâle-Trou (1) pour contenir les mouvements de Jacmel.

Roume, toujours au Cap, après s'être concerté
avec L'Ouverture qui était au Port-de-Paix, avait
enfin répondu à Beauvais (22 thermidor, 9 aôut).
Il défendait L'Ouverture avec chaleur, et accusait

(1) Ces dénominations, ainsi que tant d'autres, semblent à
juste titre bizarres et ridicules aux Européens ; elles n'ont point
été inventées par les noirs ; elles sont l'œuvre de ces fiers aventuriers français qui sous le nom de flibustiers et de boucaniers, je-
tèrent pour la métropole les premiers fondements de la coloni-
sation des îles de l'Amérique.

au contraire Beauvais de s'être laissé séduire par
Rigaud. Suivant lui, L'Ouverture n'avait envahi
l'arrondissement de Jacmel que par mesure de
sûreté publique. Enfin la suscription de la lettre
de Roume portait : « A Louis-Jacques Beauvais,
ci-devant général de brigade au service de la République française et commandant l'arrondissement
de Jacmel, actuellement chef des révoltés du même
arrondissement sous s les ordres du traître Rigaud. »
Cette dépêche fit une fâcheuse et indicible impression sur l'esprit de Beauvais. Il conçut le projet
d'aller rendre compte au Directoire exécutif de sa
conduite. Il s'embarqua donc clandestinement pour
Curaçao (1), dans la nuit du 26 au 27 fructidor (12
au 13 septembre), laissant à la garnison une lettre
d'adieux , véritable monument d'éloquence qui
contenait son testament politique. La nouvelle du
départ de Beauvais jeta la consternation dans la
cité; la générale fut battue dès le jour ; les bou-
tiques furent fermées ; beaucoup de personnes émi-
grèrent à Santo-Domingo.

Kerverseau blâma Roume du coup mortel qu'il venait de porter à un homme que lui-même avait dit
vertueux par nature et par tempérament; et Roume,
en apprenant au ministre de la marine le départ de
Beauvais, faisait de ce général un éloge aussi pompeux que vrai , il justifiait la lettre que lui avait ar-

(1) Colonie Hollandaise, située dans l'Archipel américain.

rachée sa complaisance pour L'Ouverture, en disant que cette lettre avait été l'unique moyen d'empêcher les événements de se compliquer davantage.

Qu'on nous permette de raconter une fois l'épisode si triste, si touchant et si pathétique, de la mort de Beauvais : ce mulâtre se rendit à Curaçao, où sa femme et ses deux filles vinrent le rejoindre; là, il attendit long-temps une occasion pour la France. Le 3 fructidor an VIII (21 août 1800), il s'embarqua sur la frégate la *Vengeance*, de 18 canons, commandée par le capitaine Pillot; le 9, la *Vengeance* fut attaquée à la hauteur de la Mona(1) par le vaisseau anglais la *Seine*, capitaine Milne. La *Vengeance* ne se rendit qu'après trois engagements successifs, et après avoir été complètement démâtée : elle fut conduite à la Jamaïque (2). Beauvais, avec sa famille, fut envoyé en Angleterre, comme prisonnier de guerre; il s'embarqua sur un navire de prise espagnole, dont la charpente était vieille. Ce navire, à six cents lieues de toutes terres, fut assailli par plusieurs coups de vent; une voie d'eau s'y déclara; tous les efforts pour la boucher furent impuissants; le navire allait sombrer; près

(1) Petit Ilot situé sur la côte de Saint-Domingue.

(2) C'est le même bâtiment que les Anglais vendirent plus tard à Christophe, devenu roi d'Haïti, qu'il appela l'*Améthyste*, du nom d'une de ses filles et que Pétion, devenu président d'Haïti, fit capturer devant Miragoâne, après un violent combat.

de cent passagers attendaient, éperdus, une mort d'autant plus horrible, qu'il n'était au pouvoir d'aucune combinaison humaine de l'éviter. Le capitaine fit mettre à l'eau les embarcations; l'on se rapporta à la décision du sort pour savoir ceux qui devaient y entrer. Le sort fut favorable à Beauvais, mais il ne put supporter l'idée d'abandonner à une mort certaine sa compagne et ses deux filles, dont l'une avait neuf ans et l'autre quatorze : il obtint de sauver ces intéressantes créatures, à la condition de rester en holocauste avec les autres infortunés, qui bientôt allaient disparaître dans l'abîme. Le navire sombrait déjà; Beauvais, après une séparation inénarrablement douloureuse, le front calme, l'œil fixe, comptait par minutes la marche du péril, l'approche de la mort; au moment suprême où les flots engloutissaient le navire, entouré de ses compagnons de malheur, tenant un mouchoir à la main, Beauvais fit un signe : cette expression de ses derniers adieux fut aperçue par sa famille en larmes, qui, déjà haletante sous le poids des plus cruelles émotions, était emportée par les vents au loin, et il disparut (1). Madame Beauvais, ses enfants et quelques autres femmes, errèrent pendant

(1) Ce triste événement eut lieu le 7 brumaire an IX, (19 octobre 1800).—Beauvais était né à la Croix-des-Bouquets, vers l'an 1759.

trois jours et trois nuits horribles à la merci des flots, sans aucune provision d'eau ni de vivres, s'attendant à chaque instant à une submersion ; mais la Providence veillait sur ces infortunées ; elles furent recueillies par un bâtiment anglais, qui les conduisit à Bristol, d'où elles passèrent en France. Madame Beauvais survécut peu à son malheur : elle laissa ses enfants (1) sous la tutelle d'un gentilhomme du nom de Thuissy, qui les éleva avec une tendre sollicitude.

CHAPITRE LV.

Canonnade de Bellevue.—Mort du chef de brigade Tessier.—Siége de Jacmel.—Pétion va prendre le commandement de cette place.—Evacuation.

Par la terreur, L'Ouverture avait assis son pouvoir dans le Nord et dans l'Ouest, et l'avait impitoyablement assis sur des cadavres. Bientôt il songea sérieusement à la guerre du Sud. Pour cela, il se rendit à Léogane, et ordonna au général Dessalines de canonner Bellevue. Cette position, que Pétion avait fortifiée, était la tête principale du Grand-Goâve. Par Ferbos, chef de brigade de la 8ᵉ, Dessalines fit surprendre le camp du Bel-Air qu'occupaient

(1) Caroline et Marciette. — Pétition adressée au ministre de la marine, du 11 ventôse an XII, (2 mars 1802).

quelques conscrits de la demi-brigade de Geffard. Il
s'empressa d'y établir de l'artillerie.—De ce nouveau
camp, qu'il appela le *Revengeur*, ce général commença, le 30 vendémiaire (22 octobre), à bombarder la position de Bellevue; le lendemain, la corvette
l'Egyptienne et la goëlette le *Général-Dessalines*,
arrivèrent de Léogane, et secondèrent la canonnade
du *Revengeur*; ainsi, le camp de Bellevue était attaqué, à la fois, à l'Orient par Dessalines, et à l'Occident
par la marine. C'est dans cette journée du 30 vendémiaire, que périt Tessier.—Ce valeureux chef de
brigade avait le pressentiment de sa mort. Il n'était
arrivé du Grand-Goâve au camp de Bellevue que le
matin pour partager les dangers de ses camarades.
Avant de partir, il avait distribué tous ses effets, et,
en entrant au camp de Bellevue, il avait remis sa
montre à Toureaux, en lui recommandant de la faire
parvenir à sa femme ; puis, après avoir aidé à charger
et à pointer les pièces sur les navires, dont la canonnade foudroyait le camp, il s'était adossé, épuisé
de fatigue, le long du mur d'enceinte. Là , il avait
tiré un volume de sa poche, et, comme un sage
qui ne craint pas le tonnerre, il lisait au milieu
d'une pluie de projectiles, quand un biscayen vint
le frapper au sein , et ne lui permit de proférer
aucune parole.

  Le fort de Bellevue n'était plus qu'un monceau de
ruines. Pétion et Desruisseaux résolurent de l'évacuer; Toureaux s'y opposa.—La nuit mit fin au com-

bat, qui se renouvela avec le jour, et qui ne finit encore que le soir. L'ordre d'évacuation fut alors donné par Toureaux. Dartiguenave évacua Glaize, Faubert, Mariquez, et l'armée rentra au Grand-Goâve.

Dessalines fit occuper Bellevue par Dommage avec la 4ᵉ demi-brigade, et par Pierre-Louis Diane avec la 8ᵉ : il n'osa pas avancer plus loin.

En ce moment L'Ouverture était à Léogane. Il avait laissé le commandement de l'armée du Nord à Moyse. Le 25 brumaire (16 novembre), L'Ouverture ordonna à Dessalines d'aller former le siége de Jacmel avec les 1ʳᵉ, 2ᵉ, 4ᵉ, 8ᵉ, 10ᵉ et 11ᵉ demi-brigades ; et, pour contenir le Grand-Goâve, il envoya Clerveaux à Bellevue avec les 6ᵉ et 9ᵉ demi-brigades. Le block-haus de Thozin, devant lequel il avait perdu plus de quatre mille hommes, lui semblait infranchissable. Il croyait ne pouvoir pénétrer dans le Sud que par Jacmel. A partir de ce moment, L'Ouverture, en personne, présida aux préparatifs du siége. Les femmes et les enfants étaient employés au transport des boulets, et plus de 6,000 cultivateurs tiraient des pièces de 24, dans une route tourmentée par les accidents de la nature, à travers d'affreux précipices. Tout le matériel du siége arriva enfin devant Jacmel. Il n'appartenait qu'à l'héritier du despotisme colonial d'enfanter un pareil prodige.

Dessalines parut devant Jacmel le 1ᵉʳ frimaire (22 novembre). Il posa son quartier-général sur l'habitation Ménissier, à la portée du canon, et garda avec lui la 4ᵉ demi-brigade du Nord, dont il avait été le chef, et en qui il avait une confiance justement méritée. Il établit au grand chemin, près du Bassin-Cayman, la 8ᵉ, la 10ᵉ et la 11ᵉ demi-brigades, sous les ordres de Nérette ; la 1ʳᵉ, la 2ᵉ et la 9ᵉ, à l'habitation Ogé, sous les ordres de Christophe (Henri), qui venait de tant s'illustrer, au Cap, par le massacre des hommes de couleur.—Jacmel, ainsi cerné du côté de la terre, se défendait avec héroïsme. La rade fut bientôt bloquée, et la famine commença à se faire sentir dans la place. — Le chef de brigade Birot, qui avait remplacé Beauvais au commandement, réunit (11 janvier, 21 nivôse) un conseil, qui décida l'évacuation ; mais au moment où cette évacuation allait s'opérer, les soldats, plus fidèles à l'honneur que leurs chefs, s'y opposèrent, et déclarèrent la résistance encore possible. Magnifique trait d'héroïsme que l'histoire d'aucun autre peuple n'a encore peut-être enregistré ! — Cependant, Birot, ses lieutenants Borno - Déléart et Fontaine s'embarquèrent honteusement dans la nuit du même jour, et se rendirent aux Cayes. Gauthier, le plus ancien chef de bataillon de la légion de l'Ouest, prit le commandement de la garnison.

Ce fut alors que L'Ouverture se rendit devant Jacmel ; il fit établir plusieurs batteries sur le bord de la mer, à la colonne droite de son armée, et à

portée de pistolet de la place. Dommage, avec la 4ᵉ
demi-brigade, exécuta ces travaux durant trois jours
et trois nuits de combat. Christophe, qui commandait
la colonne gauche, eut ordre de s'emparer du Fort-
Pavillon, qui domine la rade. Ces manœuvres
avaient pour but d'empêcher la place de se ravi-
tailler.—On reproche, avec justesse, à Rigaud de
n'avoir pas alors opéré une diversion en faveur de
Jacmel, en faisant avancer l'armée du Grand-Goâve
sur Bellevue, dégarnie de troupes, et en tombant
sur Léogane et le Port-au-Prince, où il avait
encore de nombreux partisans prêts à se remuer.—
Mais Rigaud, comme toujours, ne voulait que se
renfermer dans les instructions d'Hédouville, pensant que, dans la lutte qu'il soutenait au nom des
principes de la métropole, celle-ci ne l'abandon-
nerait pas.

Pétion, à qui Gauthier et Ogé avaient annoncé
la position critique de Jacmel, résolut d'aller en
prendre le commandement. Il laissa l'armée du
Grand-Goâve sous les ordres de Desruisseaux, se
rendit à Baynet avec Boyer et Segrettier, ses capi-
taines-adjoints, et, dans la soirée du 19 janvier (29
nivôse), il s'embarqua, avec une compagnie de la 2ᵉ
demi-brigade du Sud et un peu de provisions. Trois
navires portaient cette petite expédition. Ces navires
eurent le bonheur d'éviter une frégate américaine,
le *Général Green*, qui croisait devant Jacmel. Au

jour, ils pénétrèrent dans le port. Comme la simple
fusillade des postes, que L'Ouverture avait établis
sur le rivage, pouvait empêcher que le débarquement se fît à l'ancre, Pétion ordonna qu'il eût lieu
sous voiles. Le premier il en donna le signal, en se
jetant dans une embarcation.

Le nouveau chef dirigea, avec toute l'habileté
qu'on avait droit d'attendre de lui, les opérations
du siége mémorable de Jacmel. La famine se fit
sentir bientôt avec toutes ses horreurs. Elle étreignit
à un tel point la ville, que les malheureux habitants furent réduits à manger les chevaux de la
cavalerie. Pétion, lui-même, ne put alors faire ses
rondes qu'à pied. Les herbes, les cactus, furent
déracinés et dévorés. Heureux ceux qui, dans les
trous de la terre, parvenaient à mettre la main sur
le rat et le lézard immondes !—Dans les rues, l'œil,
épouvanté, rencontrait des habitants au teint
hâve, amaigri et flétri par les privations. Des
mères, épuisées par les besoins impérieux de la
nature, voyaient expirer leurs enfants sur leur sein
desséché. C'était inutilement qu'elles se traînaient
de porte en porte implorant un peu de subsistance.
Personne ne possédant plus rien, ne pouvait plus
rien pour autrui.

Pétion ordonna alors l'évacuation de la place.
Elle se fit dans la nuit du 20 au 21 ventôse (11
au 12 mars), à travers les lignes de l'ennemi, par le

Petit-Harpon, sur le Grand-Goâve. Dans cette retraite, Pétion, forcé, à chaque pas, de livrer combat, et craignant de ne pouvoir opérer sa jonction
avec l'armée du Sud, avait résolu de périr les armes
à la main, plutôt que de se rendre. Pour communi-
quer à ses soldats cette héroïque détermination,
il fit arracher de la hampe les drapeaux à la tête
desquels il marchait, et ordonna à ses lieutenants
de s'en ceindre le corps. Pensée sublime! bien
digne d'un vaillant soldat qui doit toujours mieux
aimer mourir enveloppé dans son drapeau comme
d'un linceul que de se courber devant un ennemi
triomphant! (1)

La chute de Jacmel jeta la consternation dans le
sud. La terreur qui précédait et suivait la renommée
de L'Ouverture occasionna l'émigration d'un grand
nombre de familles.

CHAPITRE LVI.

Parallèle tracé par le général Kerverseau entre L'Ouverture et Rigaud.

Ici rapportons le parallèle tracé par Kerverseau
entre L'Ouverture et Rigaud (2) : « Une seconde

---

(1) Relation de la prise de Jacmel par L'Ouverture.—Notes
de plusieurs vétérans.

(2) Lettre au ministre de la marine du 2 vendémiaire, an VIII
(24 septembre 1799.)

observation non moins frappante, c'est que le persécuteur fanatique des émigrés et l'ennemi juré des
Anglais, se trouve être le rebelle et le traître à la
patrie, tandis que le protecteur des émigrés et l'ami
des Anglais, est déclaré par l'autorité nationale le
patriote par excellence et le sauveur de la colonie.—
Je redoute beaucoup l'ambition exaltée, la tête
effervescente, le caractère emporté, l'esprit de domination du général Rigaud ; mais je ne redoute
pas moins le génie astucieux, la modération hypo-
crite, l'ambition masquée, la marche tortueuse de
Toussaint : ces deux hommes ont le despotisme en
tête. Maîtres absolus de Saint-Domingue, ils y seraient également dangereux pour la métropole et y
rendraient également impossibles par l'excès de leur
influence l'établissement de l'ordre constitutionnel
et le règne des lois qui ne peut exister dans un
pays où il y a des hommes plus forts qu'elles. Je
crois voir cependant entre eux quelque différence.
Toussaint aime mieux l'ordre, et en temps de paix
il est plus propre à le maintenir. Ses mœurs sont
sévères, son économie va jusqu'à la parcimonie ;
mais il y a dans son caractère, ses principes et sa
politique, une forte dose d'esprit monacal ; il aime le
mystère ; il exige une observance aveugle, une soumission dévote à toutes ses volontés ; il voudrait
gouverner la colonie comme un couvent de capu-
cins. — Tous deux sont artificieux et dissimulés ;

mais Toussaint l'est par nature, Rigaud l'est devenu
par le commerce des hommes ; sa marche est souvent oblique, celle de Toussaint est toujours téné-
breuse ; Toussaint aime à s'envelopper de nuages,
il ne marche que dans la nuit.—Toussaint fait faire
la guerre, Rigaud la fait en personne, et sait braver,
quand il le faut, le danger auquel Toussaint ne
s'expose jamais ; blessé à la main dans un des premiers combats de cette malheureuse guerre, et
voyant ses troupes ébranlées demander à grands
cris leurs drapeaux pour faire leur retraite : Voilà
vos drapeaux, s'écria Rigaud, en levant son bras ensanglanté et se précipitant aux premiers rangs, voilà
vos drapeaux, suivez les ! Elles le suivent en effet et
repoussent les troupes du nord. Toussaint lève
aussi les mains vers le ciel, mais c'est comme Josué ;
il prie sur la montagne, quand ses soldats combat-
tent dans la plaine. Toussaint se croit une espèce
de Messie envoyé pour fonder à St.-Domingue
l'empire de la couleur noire, prend souvent les
suggestions de ses conseillers pour des inspirations
du ciel, et pourvu que les Africains règnent sans
rivaux, il lui importe peu que ce soit par le moyen
de la France ou de l'Angleterre. Rigaud, qui a trop
d'esprit pour s'imaginer que le ciel se mêle de ses
affaires, sent que sa caste ne peut se maintenir que
par l'ascendant de la France républicaine. Rigaud
ne craint ni n'aime les blancs qui l'ont combattu

au commencement de la Révolution; Toussaint les caresse et s'en défie; il soupçonne et hait les sang-mêlés auxquels il a fait la guerre quand il servait sous les bannières du roi d'Espagne. »

CHAPITRE LVII.

Proclamation de Rigaud.—Proclamation de L'Ouverture.

Rigaud se trouvait à Aquin lors de l'évacuation de Jacmel. Il avait déjà laissé s'évanouir toutes les heureuses chances dont la fortune s'était plu à le combler. Nous le répétons, si, pendant le temps que la place de Jacmel lui servait de boulevard, il s'était porté sur Léogane et sur le Port-au-Prince, il eût opéré en faveur de sa cause une puissante diversion; il eût peut-être sauvé cette cause; mais sa passion belliqueuse était refroidie. Elle se réveilla cependant. C'est la proclamation du 23 ventôse ou 14 mars qui va rappeler à l'armée du sud que son chef est encore là.

« Les braves, dit Rigaud, qui défendaient Jacmel, après avoir soutenu un siége de 11 décades, repoussé plusieurs assauts, essuyé toutes les privations, viennent d'être forcés, par la famine, à évacuer cette place, dans la nuit du 20 au 21. Ils se sont frayé un passage à travers les camps ennemis, ont levé les embuscades que la trahison avait fait préparer, dispersé dans les bois les satellites de Toussaint, et sont enfin parvenus sur nos frontières, avec leurs chefs et leurs drapeaux. C'est au moment même où le protée sanguinaire de St.-Domingue, perdant tout espoir de les réduire, rappelait à Léogane l'armée et l'artillerie qu'il avait envoyées contre eux, que ces militaires intrépides se sont trouvés hors d'état de résister aux premiers besoins de la vie.

« Si la valeur et la résistance héroïques dont ils ont donné l'exemple sont au-dessus de tous les éloges, et si elles ont fait leur gloire, elles ont aussi fait leur sûreté. A quelles tortures ne devaient pas s'attendre des citoyens invariablement fidèles à la France, des hommes qui ont osé porter les armes contre un tigre qui fait égorger des habitants paisibles, des femmes et des enfants; qui livre à la dévastation et au pillage tous les lieux où peuvent pénétrer ses hordes barbares, et qui nous explique, chaque jour ses secrets politiques, qu'il prétend ne devoir pas être connus, par le sang qu'il fait répandre à grands flots.

« Ce n'est pas assez que d'avoir fait assassiner plus de deux mille personnes dans l'arrondissement de Jacmel, d'avoir fusillé, canonné ou noyé, dans le nord et dans l'ouest, un nombre à peu près égal de victimes, d'avoir sacrifié sept mille de ses satellites, soit au siége de Jacmel, soit dans les combats du Grand-Goâve ; il se dispose encore à porter les mêmes coups dans ce département ! Mais, je le jure par vous, mes chers concitoyens, je le jure par les liens indissolubles qui doivent toujours nous unir, par l'énergie de mes camarades de tous grades, par cette énergie dont Toussaint a entendu raconter les effets après les batailles qu'il a provoquées, s'il avait la folie de s'arrêter à ce projet exécrable, ses hordes n'auraient pas fait deux lieues dans ce département qu'elles y seraient ensevelies.

« La première de toutes les lois est celle qui dicte aux hommes l'intérêt de leur conservation, celle que la nature a faite et que toutes les constitutions libres ont consacrée. C'est elle qui dirigera nos efforts.—Que tous les vrais amis de la France se lèvent en masse, et que ce monstre à triple visage qui a trahi l'Espagne, l'Angleterre, la France et ses frères, qui trahit jusqu'aux émigrés qu'il a retenus ou rappelés à St.-Domingue, que cet atroce fanatique qui se nourrit du sang de la divinité et du sang des hommes ose se présenter ; qu'il se présente, et la terre est purgée de sa présence abominable, et la nature est vengée de l'erreur qu'elle commit en lui donnant une figure humaine.

« Citoyens de toutes les couleurs et de tous les états ! songeons à notre conservation ; celle du département du sud en est inséparable ; et nous ser-

virons la mère-patrie en nous servant nous-mêmes.
Jurons de nouveau fidélité au gouvernement français, union entre nous et constance à nos postes. Te-
nons nos serments, et nous serons invincibles. »

L'armée du nord était enfin maîtresse de Jacmel;
quelques officiers supérieurs, surtout Christophe,
se signalèrent par des crimes qui font frémir la nature; je tiens d'un chef de bataillon, feu Linard, qui
en fut témoin, les détails d'un assassinat que Christophe commit de ses propres mains sur une femme
enceinte le lendemain de l'évacuation. Il lui laboura
le sein avec un poignard. Ce même Christophe
poussa la cruauté jusqu'à faire combler un puits
profond, qui se trouve sur l'habitation Ogé, des
corps vivants d'une multitude de prisonniers sans
distinction d'âge ni de sexe !

Le général Dessalines, plus sage et plus modéré,
ne put s'empêcher de menacer Christophe des effets
de sa colère. Dessalines, qui savait respecter le
courage partout où il le rencontrait, apaisa les vengeances, en couvrant de sa protection tous les infortunés. Il savait que, dans les troubles civils, il faut que
les vainqueurs aient de la pitié et de la clémence.

Toussaint était à son armée. Après avoir organisé
la défense de Jacmel, il laissa reposer ses soldats, et,
le 30 germinal ou le 20 avril, il adressa aux citoyens
du département du Sud la proclamation suivante:
« Citoyens, par quelle fatalité jusqu'aujourd'hui

sourds à ma voix qui vous rappelle à l'ordre, n'avez-vous écouté que les conseils de Rigaud ? Comment est-il possible que l'orgueil d'un seul homme soit la source de vos maux, et que, pour flatter son ambition, vous veuilliez anéantir vos familles, ruiner vos biens, et vous perdre aux yeux de l'univers entier.

« Je vous le répète, pour la troisième et dernière fois; ce n'est pas aux citoyens de la partie du sud que j'en veux, mais à Rigaud seul, comme désobéissant et insubordonné, que je veux forcer à rentrer dans ses devoirs et à se soumettre à l'autorité d'un chef qu'il ne pouvait et ne devait pas méconnaître.

« Vous n'auriez pas dû soutenir, dans ses vices, un militaire orgueilleux qui arbora évidemment l'étendard de la révolte. Vous deviez me laisser agir, puisque j'avais le droit de le réprimander et même de le punir. Rigaud le savait bien; mais trop hautain pour s'abaisser devant les organes de la loi, il a mis tout en usage pour vous séduire et vous entraîner dans son crime. Mettez la main sur votre conscience, éloignez toute prévention, vous connaîtrez sans peine que Rigaud a voulu insurger tous les hommes de couleur afin d'avoir en eux des partisans et des complices. Je n'ai pas besoin de vous rappeler la manière dont il s'y est pris et les moyens qu'il a employés pour vous tromper tous. Vous connaissez aussi bien et peut-être mieux que moi,

ses projets destructeurs et tout ce qu'il a tenté pour
les mettre à exécution; il prétendait commander
aux blancs et aux noirs, sans vouloir être commandé par eux. Cependant la loi est égale pour tous.

« Une triste expérience aurait déjà dû arracher
le voile qui vous cache les bords du précipice.
Faites donc bien attention à ce que vous allez faire
et au danger que vous courez encore. Songez enfin
aux périls et aux malheurs qui vous menacent et hâ-
tez-vous de les prévenir. Je suis bon, je suis humain,
je vous tends des bras toujours paternels. Venez tous,
je vous recevrai tous, tant ceux du sud que ceux de
l'ouest et du nord, qui, gagnés par Rigaud, ont abandonné leurs foyers, leurs femmes et leurs enfants pour
se réunir à lui. Et lui-même, cet ambitieux Rigaud,
s'il eût voulu suivre les conseils que je lui donnais,
de se soumettre à ses chefs légitimes, ne serait-il
pas aujourd'hui tranquille et paisible au sein de sa
famille ? Ne serait-il pas stable et sans trouble
dans le commandement qui lui était confié? Maîtrisé au contraire par des passions funestes, Rigaud
a creusé l'abîme sous vos pas. Il vous a tendu des
pièges que vous n'avez pas su éviter. Il voulait que
vous fussiez les partisans de sa révolte, et, pour
parvenir à son but, il a employé les armes du men-
songe et de la séduction.

« Si l'on examine soigneusement cette conduite
artificieuse, mais grandement impolitique, l'on ne

pourra s'empêcher de dire que Rigaud n'aimait pas
sa couleur, et qu'il préférait la sacrifier à son orgueil
et à son ambition, plutôt que de travailler à son
bonheur par le bon exemple et de sages conseils. Et,
en effet, citoyens, la plupart de ceux qu'il a égarés
ont péri, soit dans les combats, soit sur l'échafaud.
Les autres qui persistent encore dans cette révolte,
n'ont-ils pas à attendre un sort aussi déplorable,
s'ils n'abjurent leur coupable erreur? Vous pouvez
le croire, si l'humanité ne dirigeait les actions d'un
chef attaché à son pays comme à ses concitoyens, et
plus disposé à pardonner qu'à punir, le mal serait
déjà plus grand. C'est à vous d'empêcher qu'il
n'augmente encore.

« En conséquence, je vous invite, citoyens, à
ouvrir les yeux et à porter une sérieuse attention
sur l'avenir. Réfléchissez aux désastres qui peuvent
résulter d'une plus longue obstination. Soumettez-
vous à l'autorité légitime, si vous voulez conserver
intacte la partie du sud. Sauvez vos familles et vos
propriétés.

« Mais si, contre mon attente, vous persistiez à
soutenir la révolte suscitée et propagée par Rigaud,
en vain vous compteriez sur les fortifications qu'il a
faites. L'armée du général Toussaint-L'Ouverture,
conduite par les généraux dont vous connaissez
déjà la bravoure, cette armée, dis-je, vous com-
battra, et vous serez vaincus. Alors, je verrai non

sans douleur et bien malgré moi, que vous avez été les malheureuses, mais volontaires victimes de l'orgueil et de l'ambition d'un seul homme. Je dirai plus ; désirant mettre fin aux malheurs qui affligent depuis trop long-temps cette infortunée colonie, et voulant prouver à la nation française, que j'ai tout fait pour le bonheur et le salut de mes concitoyens, si Rigaud, quoique auteur des troubles, se présentait de bonne foi et sans détour, et qu'il reconnût sa faute, je le recevrais encore. Mais, si Rigaud persiste, et s'il se refuse à profiter d'un si grand avantage, venez tous, pères et mères de familles, je vous recevrai à bras ouverts. Le père de l'enfant prodigue reçut son fils, après son repentir. »

Quelles que fussent les promesses que cette proclamation faisait aux habitants dn sud, elle ne put effacer le douloureux souvenir des fusillades et des canonnades faites dans le Nord et dans l'Ouest, ni les tristes impressions des holocaustes dont les murs de Jacmel avaient été témoins. Tous les citoyens du Sud, sans distinction de couleur, préféraient affronter les périls de nouveaux combats, plutôt que de se mettre à la merci de L'Ouverture.

Rigaud faisait des levées en masse pour résister aux nouveaux orages qui le menaçaient. Il donna le commandement de l'armée du Grand-Goâve à l'adjudant-général Pétion. Toureaux maintenait la ligne de Baynet.

CHAPITRE LVIII.

Mésintelligence de L'Ouverture avec l'agent Roume.—Courage héroïque de Roume.

Pendant la guerre fratricide qui dévorait le sud, un commerce horrible se faisait dans la partie de l'est de l'île. Ce commerce, inauguré par Jean-François et Biassou, se continuait, malgré leur disparition de la scène politique, avec un développement d'autant plus grand, que la volonté de la métropole semblait être fermement résolue à ne plus souffrir d'esclaves sur aucune terre qui portât son pavillon. Or, on amenait, par caravanes, des jeunes noirs qu'on enlevait du nord, et on les conduisait à Santo-Domingo, d'où on les exportait à Porto-Rico et à la Havane, pour continuer à porter les chaînes de l'esclavage. Beaucoup d'anciens officiers de Jean-François n'avaient pas d'autre industrie. C'étaient d'ailleurs de pauvres et stupides nègres renouvelant en Amérique le commerce qu'ils avaient peut-être fait en Afrique, et dont sans doute ils avaient été eux-mêmes victimes! Mais la force de l'habitude est telle, que les noirs crurent long-temps que la terre de Saint-Domingue n'était

appelée qu'au rôle de succursale de la côte
d'Afrique. Kerverseau avait fait, à propos de cette
traite, de justes réclamations à l'Audience royale.
Cela ne suffisait pas à L'Ouverture qui, des murs
de Jacmel, écrivit à Roume (8 nivôse, 25 décembre), pour lui demander de faire prendre possession de la colonie espagnole, conformément au
traité de Bâle.

Roume fut effrayé de l'esprit de domination qu'a-
lors seulement il commençait à voir se développer
dans l'individualité de L'Ouverture. Il se refusa à
sa demande, sous prétexte qu'il fallait attendre
l'arrivée de quelques troupes européennes; *inde
iræ*. Le refus de Roume avait été concerté avec
Kerverseau. Ce fut sur ce dernier que L'Ouverture
voulut étendre sa vengeance. Sur les instances de
L'Ouverture, Kerverseau, qui lui avait tant déplu,
en proposant une conciliation entre lui et Rigaud,
fut appelé au Cap. Mais l'honorable Kerverseau,
qui savait jusqu'où pouvait aller la haine de
L'Ouverture, s'embarqua pour Porto-Rico.

Il ne fut plus question de la colonie espagnole.
Roume, tranquille au Cap, éloigné du théâtre de
la guerre, semblait enfin vouloir secouer le joug de
la domination de L'Ouverture. Il conçut le terrible
projet de bouleverser les Antilles anglaises. C'était
aliéner les alliés avec lesquels L'Ouverture avait
traité, et qui lui étaient d'une si grande ressource,

dans la guerre qu'il faisait à Rigaud. Roume donna
donc à Martial-Besse le commandement d'une expédition contre la Jamaïque, et, pour préparer les
voies à cette expédition, il envoya dans cette île
deux hommes déterminés, un blanc et un mulâtre,
Dubuisson et Sasportas. Ces émissaires furent
dénoncés, pris et pendus. Cet événement troubla
la fortune de L'Ouverture, car les Anglais captu-
rèrent une flottille qu'il destinait au blocus de
Jacmel. Dès-lors, il y eut rupture entre l'agent et
L'Ouverture. Celui-ci commença par refuser à
Roume mille gourdes (cinq mille francs), à valoir
sur son traitement (lettre du 13 pluviôse, 21
février). L'Ouverture, alors trop embarrassé avec la
guerre du sud, ne put porter sa vengeance plus loin.
Cependant, redoutant le séjour de Roume au Cap, il
l'appela au Port-au-Prince, pour *légaliser ses opérations*, et proclamer de nouveau contre ce pauvre
André Rigaud, que la métropole abandonnait à son
seul héroïsme. Les yeux de Roume commençaient
à s'ouvrir à la lumière. Il se refusa à la demande
de L'Ouverture, et fit une adresse qui chassait du
pays tous les agents britanniques. « Faites exécuter
cette adresse, mon cher général, (lettre du 13 ventôse, 4 mars), si vous voulez que je me rende auprès de vous. Alors, réunis de principes, nous agi-
rons de concert. » Roume, dans cette même lettre,
reprochait à L'Ouverture d'écouter les ennemis de la

France. « Ils vous ont proposé, ajouta t-il, des mesures qui doivent justifier la *révolte* de Rigaud, si vous n'avez pas le courage de vous prononcer contre les anglais. » Tardif hommage rendu au dévoûment que Rigaud portait aux principes de la Révolution ! Enfin Roume terminait en demandant la corvette la *Diligente,* pour se rendre en France. —Quand on s'est donné un maître, on se l'est bien donné.—L'Ouverture, pour première réponse, envoya au Cap l'ordre de consigner Blanchard, secrétaire-général de l'Agence, et d'apposer les scellés sur les archives. Dès ce moment, il n'y eut plus de correspondance entre les deux autorités.

Comme nous l'avons vu dans le chapitre précédent, L'Ouverture avait pris possession de Jacmel. Il parut au Cap, et fit venir Roume au devant de lui, le 7 floréal (27 avril). Conduit par le général Moyse, l'agent entra au gouvernement. Là, en présence de la Commune assemblée et des officiers de la garnison, après avoir reçu l'agent avec une insultante hauteur, L'Ouverture lui reprocha d'être l'ennemi de la colonie et de la liberté des noirs. Il lui demanda l'ordre de la prise de possession de l'est. L'agent qui craignait de prendre sous sa responsabilité une pareille détermination, se refusa à la délivrance de cet ordre.—Les Espagnols d'ailleurs se montraient peu disposés à accepter la domination de L'Ouverture.—Roume dit même à ce

dernier qu'il était question d'une future rétroces-
sion de l'est à l'Espagne, moyennant l'abandon de la
Louisiane à la France.—Ces motifs développés avec
dignité ne retirèrent pas à L'Ouverture la pensée
d'étendre la domination dont il n'était que déten-
teur, et qu'il commençait cependant à faire sienne.
Contrairement à ses antécédents, L'Ouverture
s'emporta jusqu'à l'injure, menaça Roume de le
faire fusiller, et l'envoya prisonnier à l'Agence.
L'ouverture avait l'air sinistre. Ce n'était plus « le
vertueux citoyen, le philosophe, » c'était le damel
brandissant le sabre du despotisme. Moyse, comme
gouverneur du Cap, fut chargé de ramener Roume à l'Agence, et de l'y faire garder à vue. Moyse,
pauvre et beau jeune homme, né pour les grandes
choses, mais que l'ignorance aveuglait, avait pour
son oncle un dévoûment fétichique. Arrivé à
l'Agence, il n'eut aucun égard pour Madame
Roume, cette femme vénérable dont toutes les
qualités commandaient le respect. Il la rudoya parcequ'elle s'était permis quelques observations sur
la conduite arbitraire de L'Ouverture, et la menaça
de la faire périr avec son mari et ses enfants.
Roume fut admirable de courage dans cette scène
orageuse. Pour toute réponse, il tendit sa tête vénérable au sabre de Moyse, qui, loin de reculer de
respect devant son héroïsme, au contraire, déclara
à Roume que, s'il ne donnait pas l'ordre de la prise

de possession de l'est, il avait l'autorisation de faire faire main basse sur tous les blancs et tous les anciens libres !... Roume, à cette idée, frémit et chancela. Sa vie était peu de chose. Celle de sa famille, il était prêt à l'abandonner !... mais à la menace d'un massacre général, il donna l'ordre qu'on exigeait de lui. L'Ouverture alors satisfait d'avoir maîtrisé Roume, expédia à Santo-Domingo l'adjudant-général Agé (1.), et partit pour faire ébranler son armée contre le sud.

CHAPITRE LIX·

Pétion évacue le Grand-Goâve et le Petit-Goâve Dessalines contourne le Pont de Miragoâne.

L'armée du nord, forte de près de dix mille hommes, commandée par Dessalines, envahissait le sud par deux colonnes, l'une se dirigeant de Jacmel par le chemin scabreux de la Vallée, l'autre longeant la grande route du Grand-Goâve. La première était commandée, en personne, par Dessalines, la seconde per Clerveaux.

L'armée du sud campée au Grand-Goâve, com-

---

(1) Un blanc, ancien officier au 16ᵉ dragons, dont la servilité pour L'Ouverture fait monter le rouge de la honte au front de tout homme libre.

posée tout au plus de cinq mille hommes, malgré
la défaite de Jacmel, se montrait encore disposée
à affronter de nouveaux dangers. Rigaud en avait
laissé le commandement à Pétion, et tenait son
quartier-général à l'Acul du Petit-Goâve. Dessalines,
par la marche de la colonne de gauche, allait couper
toute retraite à Pétion. Renaud-Desruisseaux, à la
tête de quelques braves, tenta sur l'habitation Bory,
d'arrêter l'envahissement du sud. Blessé mortelle-
ment le 11 floréal (1 mai) il fut emporté au Petit-
Goâve (1). Pétion ordonna alors l'évacuation du
Grand-Goâve. Dessalines le talonnait. Le lendemain
soir, Pétion laissant en proie aux flammes la ville du
Petit-Goâve, se portait sur l'habitation Chabannes;
de là à l'Acul, puis enfin au Pont-de-Miragoâne,
après un léger combat, sur l'habitation Cupérier.

Le général Rigaud voyait avec douleur son étoile
pâlir. Déjà la plupart de ses officiers supérieurs
l'abandonnaient, n'ayant plus d'espoir de triompher dans une lutte aussi terrible. Une effrayante
désertion éclaircissait les rangs de son armée. Ce
chef dévoré par l'inquiétude de l'avenir de son pays,
persistait à se tenir à l'Acul, quoique son armée eût
déjà traversé le lac de Miragoâne. Il faillit être pris

(1) Desruisseaux fut enterré sur la place-d'armes au Petit-
Goâve, au pied de l'arbre de la liberté. Plus heureux que ceux
qui lui survécurent, ce chef de brigade n'a pas eu à gémir sur
les événements ultérieurs.

par l'ennemi et ne dut son salut qu'à un détachement de cent cinquante hommes qu'en cet endroit
Pétion avait laissés pour couvrir la retraite.

L'armée du sud campa en deçà du lac de Miragoâne dont elle brisa le pont qui met en communication le sud et l'ouest. Pétion fit établir à quelques
toises du pont, sur le Morne Berquin, l'artillerie
qu'il avait évacuée du Petit-Goâve. Protégé à sa
droite par des positions naturelles si fortes que dix
hommes peuvent y contenir une armée ; à sa gauche et à son front par les eaux profondes et bour-
beuses du lac, Pétion fit encore ouvrir un fossé qui
coupait le grand chemin et qui conduisait de l'eau
au pied du Fort-Berquin. Il avait alors sous ses ordres la 1re demi-brigade de Geffrard et 400 légionnaires commandés par Ogé. Faubert avec la 3e et
Delva avec la 5e demi-brigade occupaient les Savan-
nettes.

Dessalines, après quinze jours de halte au Petit-
Goâve, s'avança contre le Pont-de-Miragoâne. Il
chargea le général Clerveaux d'occuper, avec trois
demi-brigades le Morne-Olivier. Lui-même se porta
à la tête du lac, au lieu appelé le Saut qui formait
la droite de l'armée du sud, et où Pétion avait placé
le brave commandant Bonfils. L'Ouverture n'avait
pas paru à son armée depuis l'évacuation de Jacmel.
Il vint alors inspecter sur le bord du lac. Les chefs
de corps lui portèrent successivement l'hommage

de leur fidélité et de leur dévoûment. L'Ouverture ordonna alors qu'une paie fût faite à l'armée, chose extraordinaire et d'autant plus à propos que le soldat, quoique toujours en campagne, était littéralement sans vêtements.

Cependant les deux partis se fusillaient et se canonnaient depuis plusieurs jours, sans rien décider d'important; mais le 26 floréal (16 mai), Dessalines força le passage du Saut, par l'habitation Besseignet, et, après un combat terrible, il pénétra dans le grand chemin de Miragoâne. Cette marche allait couper la retraite de Pétion. Rigaud lui-même, campé sur l'habitation Duparc, à quelques minutes de l'ennemi, courait, sans le savoir, le danger de tomber aux mains de Dessalines. Seul, dans la grande route au ruisseau de Duparc, le sabre nu à la main, il ordonnait à quelques déserteurs du Pont de se rendre à leur poste, quand il vit apparaître à travers les bois un légionnaire qui, fait prisonnier à Jacmel, venait de s'enfuir, et qui lui apprit que le lac avait été tourné, et que l'armée du nord marchait contre le Pont. Rigaud donne l'ordre à Faubert de se porter au devant de Dessalines, afin de protéger et de secourir les défenseurs du Pont dont le sort l'inquiétait; puis, morne et silencieux, il maudit le sort qui se montrait si funeste à ses armes. Le capitaine Segrettier sortant de Miragoâne, le trouve en proie au désespoir. La nouvelle des dangers que courait Pétion redoubla le dévoûment de Segrettier. Il se di-

rige à franc-étrier sur le Pont, voit l'ennemi qui
s'avance par les bois, rencontre un aide-de-camp
de Rigaud, le jeune et vaillant capitaine Chalumeau
qui de Miragoâne se rendait près de son général,
exhorte vainement ce capitaine à rétrograder sous
peine de tomber au milieu des ennemis; mais Chalumeau, n'écoutant que son dévoûment, continue sa
route et reçoit la mort au milieu des bataillons du
nord après une héroïque défense. Faubert, cependant, rencontre sur l'habitation Chalons, la tête de
l'armée de Dessalines. Le combat commence immédiatement. La 6ᵉ demi-brigade du nord est mise en
déroute et perd Laméresse un de ses chefs de bataillon. Dessalines fait avancer la 4ᵉ et la 8ᵉ demi-
brigades. La 3ᵉ du sud affronte ces nouveaux corps et
se défend avec une rare intrépidité. Segrettier avait
dans cet intervalle paru au camp du Pont et avait annoncé à Pétion la marche de Dessalines. Pétion aussitôt envoie Ogé avec les légionnaires et deux pièces
de canon pour appuyer Faubert. Ogé, qui se plaisait
à jouer avec le danger, y vole; mais déjà Faubert
bat en retraite loin du théâtre du combat; Ogé, incapable de lutter contre des forces supérieures, fait
un feu général, et ne pouvant plus revenir au Pont,
se dirige en bon ordre au village de Miragoâne.
Pétion et Geffrard, sachant que la grande route est
occupée par l'armée du nord, font enclouer l'artillerie du fort-Berquin, et se jetent avec leurs soldats

dans les bois. Ils sortent au Carénage près du village, les vêtements en lambeaux, le corps déchiré par les ronces. Pétion évacua bientôt Miragoâne sur l'Anse-à-Veau. Ainsi le sud se trouva totalement à découvert.

CHAPITRE LX.

Rigaud à Aquin.—Proclamation. — Piverger fait prisonnier.—Mort d'Ogé.

Rigaud avait porté son quartier général à Aquin. Son état défensif était encore redoutable. Il donna à ses lieutenants l'ordre de toujours laisser entre eux et les bataillons du nord un désert de feu, et de faire en sorte que *les arbres eussent leurs racines en l'air.* Ce général pouvait s'appuyer sur la bravoure et le dévoûment des vieilles bandes qu'il avait lui-même disciplinées et aguerries ; il pouvait compter sur les affections des cultivateurs, car ceux-ci savaient tous que c'était en partie aux travaux de ce mulâtre qu'ils devaient les bienfaits de leur émancipation. Avec de tels éléments Rigaud était en état de prolonger encore la lutte. Mais les bourgeois, les corps populaires (municipalités), découragés par l'abandon dans lequel la mère-patrie laissait les destinées de la colonie, persuadés qu'ils succomberaient tôt

ou tard, donnèrent le funeste exemple du désir de
la paix. A Miragoâne, ils avaient couru au-devant
des bataillons ennemis. Dans d'autres localités, ils
semaient la terreur et désorganisaient les mesures
de défense. Rigaud, le 5 prairial (29 mai), lança
contre eux la proclamation suivante, dernier écho
de cette voix mâle et solennelle :

« Considérant que dans l'état de crise où se trouve
le département, par la guerre injuste et inhumaine
que lui fait le traître Toussaint-L'Ouverture, duquel on ne peut attendre ni sûreté ni loyauté, je
dois, en ma qualité, prendre les dernières mesures
qui restent pour sauver le département.

« Considérant, au surplus, que les propositions
de paix ou de suspension d'armes regardent directement le pouvoir exécutif, et que, dans tous les cas,
c'est au chef de la force armée du département
qu'appartient le droit de proposer paix ou suspension d'armes, parcequ'il doit saisir l'instant favorable pour faire ces sortes de propositions, qui, faites
dans des moments critiques, et encore par ceux qui
n'ont aucun moyen pour arrêter le mal, peuvent
enhardir l'ennemi et causer les malheurs qu'il aurait voulu éviter.

« Depuis un an, cette guerre continue; les corps
populaires et les prétendus amis de la paix n'ont fait
aucune démarche pour en arrêter le cours. Aujour-
d'hui que l'ennemi a eu quelque succès et que la

terreur s'est emparée de leurs esprits faibles et
craintifs, ils s'imaginent qu'un monstre altéré de
sang humain, un ingrat, un traître envers la République, sa bienfaitrice, le dévastateur de St-Domingue, le bourreau de l'arrondissement de Jacmel,
le persécuteur de tous les agents français, enfin
l'esclave des Anglais, puisse seulement leur accorder
ni paix, ni suspension d'armes, sans avoir l'intention, le perfide projet de les tromper et de les
détruire après.

« Citoyens du département du Sud! détrompez-
vous si vous croyez qu'autre chose que les armes
puisse vous sauver, en attendant l'intervention
du gouvernement français auquel vous avez soumis
les différents survenus entre le département du sud
et ceux de l'ouest et du nord.

» Soyez bien persuadés, mes concitoyens, que
j'ai trop à cœur votre tranquillité et votre bonheur, pour ne pas saisir toutes les occasions qui
se présenteront pour vous procurer la paix ou
une suspension d'armes; et si l'ennemi n'adhérait
pas aux propositions que je croirai devoir lui faire
en temps et lieu, je saurais, aidé de mes braves
camarades, le combattre jusqu'à extinction. Ras-
surez-vous! s'il est puissant en nombre et en moyens,
vos concitoyens, composant l'armée du Sud, ont
du courage et de l'honneur, et sauront vous
préserver.

» A ces causes, et usant des pouvoirs qui me sont confiés, j'arrête provisoirement ce qui suit, pour être ponctuellement exécuté jusqu'à ce qu'il en soit autrement ; avons ordonné :

» ART. 1er. Les administrations municipales du département du Sud se borneront, à l'avenir, aux fonctions simples, mais utiles pour leurs concitoyens, de constater les naissances, mariages et décès ; mais toutes délibérations municipales, toutes permissions accordées pour s'assembler, comme toute députation auprès de l'ennemi sont interdites. Les municipalités pourront seulement faire part *des vœux de leurs concitoyens*, auxquels je répondrai.

« ART. 2e. Les assemblées de communes pourront avoir lieu après la permission qu'elles auront eue du commandant du département du Sud.

» ART. 3e. Avant que des permissions légales soient accordées, s'il se faisait des rassemblements de communes ou de particuliers dans les villes ou dans les campagnes, la loi martiale sera de suite promulguée, et le chef de la force armée de l'endroit est autorisé à faire marcher pour défendre lesdites assemblées ; il commencera par employer la voie de la douceur, et ensuite celle de la rigueur, s'il y est forcé.

» ART. 4. La plus grande surveillance aura lieu contre les perturbateurs du repos public et contre les désorganisateurs secrets; les propriétaires seront protégés et leurs propriétés respectées. La gendarmerie nationale sera en activité permanente dans l'intérieur, et ceux qui seront dénoncés, pour quelque délit contre l'ordre et la sûreté, seront arrêtés et jugés par un conseil de guerre, et punis conformément aux lois.

» La présente proclamation sera envoyée aux chefs d'arrondissements du département et aux adjudants-généraux de l'armée', qui en enverront des copies certifiées aux commandants temporaires des places et aux commandants de division à l'armée pour être par eux notifiés à tous les corps civils, militaires et judiciaires, pour être publiés et affichés dans tous les cantons du département : ils en surveilleront l'exécution et m'en rendront compte.

» *Signé* A. RIGAUD, *contresigné* SALOMON (1). »

Cependant le sang continuait toujours à ruisseler par torrents. Les vieillards du Sud se rappellent encore en frémissant cette dernière période de la guerre sacrilège. Ils l'appellent la *guerre des couteaux*, pour donner une idée de son acharnement et de ses horreurs. Le 5 messidor (24 juin), Rigaud perdit la bataille d'Aquin, où le chef de brigade Pi-

(1) Homme noir, créole de la Martinique, mort aux Cayes, juge de paix, emportant les regrets de toute la population.

verger fut fait prisonnier (1). Le 16 du même mois (5 juillet), Rigaud perdit encore le combat du morne-Trémé, où Ogé fut blessé à mort (2). Ainsi, la fortune couronnait la force et detruisait les derniers obstacles que L'Ouverture avait rencontrés dans la marche ascendante de son ambition.

CHAPITRE XLI.

Le Directoire exécutif. — Le gouvernement consulaire.—Vincent, Raymond et Michel envoyés à Saint-Domingue. — Fin de la guerre civile.

Le Directoire exécutif, grand Dieu !... depuis tantôt une année que la guerre la plus monstrueuse qui ait affligé l'humanité, la guerre de couleur, désolait la terre infortunée de la colonie de Saint-Domingue, n'avait fait aucun acte pour arrêter cette guerre débordante d'iniquités ! Honte et malheur à ce gouvernement lâche et cruel que les colons avaient circonvenu, et qui laissait Saint-Domingue se baigner et se débattre dans son sang, dans la crainte

(1) Piverger, mulâtre, fut amené blessé à Dessalines qui l'accueillit comme un brave. Peu après il fut dirigé par mer aux Gonaïves où des ordres secrets le firent mourir !...

(2) Benjamin-Ogé n'était pas de la même famille que celui du Nord. Il mourut à vingt-huit ans ; emporté dans la retraite. Il fut enterré aux Cayes sur la place-d'armes.

que L'Ouverture, débarrassé de Rigaud, n'eût proclamé l'indépendance de l'ile !—Hédouville lui-
même, depuis son retour en France, ne fit rien
pour attirer la sollicitude de la métropole sur son
infortunée colonie. Des nègres et des mulâtres
s'entr'égorgeaient, il fallait les laisser faire. C'était
l'unique moyen d'énerver les forces du pays, et
d'assurer probablement le retour futur de l'esclavage ! Mais Dieu, qui ne laisse rien impuni, allait
châtier le Directoire et de sa dégoûtante administration de la France et du triste abandon qu'il avait
fait de Saint-Domingue.—Un général, accouru des
confins de l'Orient, renversa ce Directoire le 18
brumaire (9 novembre 1799).

Le gouvernement consulaire, dont le vainqueur
de l'Italie fut le chef, tourna ses regards sur Saint-
Domingue. Un des premiers soins du nouveau ministère fut de convoquer tous les citoyens qui connaissaient la question coloniale, pour discuter les
moyens de rétablir la paix dans ces contrées. La
réunion eut lieu le 11 frimaire (2 décembre 1799) :
là, Vincent, que L'Ouverture avait envoyé en France
pour le justifier de l'attentat qu'il avait commis
contre l'agent Hédouville, prit naturellement la
défense de son chef Pinchinat, celle de Rigaud. Le
ministre demanda des mémoires à ceux qu'il avait
appelés; mais il ne s'arrêta à aucun plan décisif.

Résolu de donner raison au vainqueur, quels que fussent ses torts, il se contenta, par un arrêté du 4 nivôse (25 décembre 1799), d'envoyer le colonel Vincent, Raymond et le général Michel, porter à Saint-Domingue la constitution consulaire et une proclamation adressée aux habitants de la colonie ; tandis qu'il fallait ordonner à L'Ouverture de cesser les hostilités, restreindre son commandement dans le Nord, rappeler Rigaud en France, donner au Sud un autre chef, et placer un gouverneur général au Port-au-Prince. C'était le plan proposé par Pinchinat.

Le colonel Vincent devait reprendre la direction des fortifications ; Raymond devait s'occuper du système agricole ; Michel devait être employé à l'armée sous les ordres de L'Ouverture qui, enfin, fut confirmé (1) au grade de général en chef, que lui avait décerné la politique de Sonthonax. Les envoyés partirent donc pour Saint-Domingue. L'Ouverture, qui avait appris à tout braver, fit arrêter le général Michel sur la route de Santo-Domingo au Cap. Michel, ainsi outragé, ne tarda pas à retourner en France. Raymond eut ordre de rester au Cap (2). Sa peau de mulâtre le rendait suspect ;

(1) Le 17 pluviôse, (6 février 1800).
(2) Il y mourut le 26 vendémiaire an x, (18 octobre 1801). Il était membre de l'Institut de France.

Vincent, dont on connaissait le dévoûment, fut seul appelé au Port-au-Prince, où il arriva le 5 messidor (24 juin). Il présenta à L'Ouverture la nouvelle constitution, la lettre du ministre de la marine, et la proclamation des consuls. Dans la lettre, on lisait entre autres choses : « Rappelez-vous que les armes qui vous sont confiées doivent être exclusivement employées contre l'ennemi étranger, contre l'Anglais », et dans la proclamation, il était ordonné d'inscrire sur les drapeaux des troupes coloniales : *Braves noirs, souvenez-vous que la République française vous a donné la liberté, et qu'elle seule peut la faire respecter.* L'Ouverture se plaignit amèrement de ce que le premier consul ne lui avait pas daigné écrire. Il savait, dit-il à Vincent, qu'on avait juré sa perte en France, et que, sans le 18 brumaire, il était perdu. Mais, demanda-t-il avec inquiétude : « Le premier consul a-t-il confiance en moi ? » (1) Vincent, dans cette entrevue, ne put obtenir qu'il fît publier la constitution. L'Ouverture, lui donna pour raison qu'elle *avait été imprimée sur les gazettes.* Il ne put obtenir non plus qu'il fît mettre sur les drapeaux l'inscription qu'ordonnait la proclamation.—Les

(1) Lettre de Vincent au ministre du 7 messidor an VIII (26 juin 1800).

paroles du ministre., affectèrent L'Ouverture, qui,
dorénavant, ne voulait plus traiter que d'égal à
égal avec la métropole. Il y voyait le désaveu de la
guerre du Sud. Or, afin de se soustraire aux observations du colonel Vincent, il partit inopinément pour
Léogane le lendemain, à deux heures du matin. Ce
ne fut que neuf jours après ce départ pour Léogane
que L'Ouverture appela Vincent près de lui. Dans
ses préoccupations, ce despote de nouvelle date, re-
culait alors devant la guerre qu'il faisait au département du Sud, par la seule pensée que la France
pouvait la désapprouver : il avait résolu, après neuf
jours de réflexions, d'envoyer une députation à ces
mêmes hommes, qu'il avait si long-temps et mal à
propos considérés comme ses ennemis, et à qui il avait
fait une guerre épouvantable sans aucun motif sérieux. L'Ouverture confia donc cette mission à Vincent, Philippe César, noir, et Arrault, mulâtre; il leur
remit un acte d'amnistie en faveur de tous ceux qui
avaient pris part à ce qu'il appelait toujours la révolte du Sud, en faveur même de Rigaud, mais à
l'exception de Pétion, de Millet, de Dupont et de Bellegarde, les deux premiers mulâtres, les deux derniers nègres : il n'entendait, disait-il, les *punir que*
de quelques jours d'arrêt, après lesquels ils auraient
été rendus à leurs familles, et cela pour maintenir
la discipline de l'armée.

La députation se rendit à Jacmel d'où elle s'embarqua le 20 messidor (9 juillet), et débarqua aux Cayes le 25 (14 juillet). —Cette dernière ville, fatiguée d'une guerre si longue et si désastreuse, apprit avec consolation le but de la députation. Rigaud était à ses avants-postes ; le commandant de la place l'envoya prévenir de l'arrivée des envoyés de L'Ouverture.—Il rentra dans l'après midi. Habillé d'un doliman, sans autre signe distinctif de son grade, un trabouc sur l'épaule, des pistolets à la ceinture, un sabre à un côté et un poignard de l'autre, ce général se dirigea en droit chemin à la maison qu'occupaient les envoyés de L'Ouverture. Laissant son état-major et ses guides dans la rue, Rigaud fut accueilli par les accolades de Vincent qui lui remit les dépêches dont il était porteur. A la lecture de ces dépêches, l'exaspération de Rigaud devint difficile à décrire. Lui, le meilleur français de la colonie, il se voyait condamné et confondu par le gouvernement de la métropole ! Son cœur se souleva d'indignation ; son bras dégaîna le poignard qui était à sa ceinture, et il le brandit, à plusieurs reprises, comme pour s'en frapper (1). Rigaud enfin recouvra son calme et consentit à envoyer aussi une députation à L'Ouverture. Il lui envoya Messieurs Chalvière, blanc, Martin Belle-

(1) Rapport de Vincent au ministre.

fond, mulâtre, et Latulipe, nègre, pour convenir
d'une suspension d'armes et pour avoir un mois
afin de mettre ordre à ses affaires privées avant de
s'embarquer (1). L'Ouverture consentit aux demandes de Rigaud ; mais Dessalines, qui venait
d'envahir l'Anse - à - Veau (2), rabattant sur le
chemin des Cayes, occupa bientôt l'habitation
Allard, aux portes de Saint-Louis du sud, dernière
place de guerre du département. Cette place fut
livrée par Toureaux et par Lefranc, dont Rigaud
avait fait cependant la fortune, tant il est vrai
qu'il est rare de trouver dans le moment du danger des amis dévoués ! Mais un simple capitaine,
Dugazon (3), fidèle à l'honneur, s'empara violemment des drapeaux de la première 1¡2 brigade du
sud, et suivi de quelques braves, il laissa la place
aux traîtres et se dirigea aux Cayes. — Les débris
de la légion, composée d'hommes de l'ouest, commandée alors par Gauthier depuis la mort d'Ogé,

(1) Rapport fait à Bresseau, agent de la France à Curaçao, par
Pétion adjudant-général et Dupont, chef de brigade, du 10 fructidor an VIII (28 août 1800).

(2) Pétion malade en cette ville, depuis l'évacuation de Miragoâne, faillit être fait prisonnier ce jour-là ; 19 messidor, (8
juillet). Averti à temps, il se dirigea au Petit-Trou où il avait
tenu garnison à une époque plus glorieuse ; et delà il se rendit à
la rencontre de Rigaud.

(3) Homme noir, mort, naguère général de brigade.

abandonnés à eux-mêmes se rendirent à Dessalines.
L'Ouverture les envoya par Jacmel à l'Arcahaye où
ils entrèrent dans la 3ᵉ 1/2 brigade.

La prise de Saint-Louis était une violation flagrante de la suspension d'armes conclue entre
L'Ouverture et Rigaud. Rigaud se plaignit de cette
violation. L'Ouverture lui promit de faire cesser
toute hostilité; mais, malgré cette promesse, Dessalines fit avancer son armée, s'empara du bourg de
Cavaillon et se porta le 10 thermidor (29 juillet) à
trois lieues des Cayes, tandis que deux frégates et
trois goëlettes américaines bloquaient le port de
cette dernière ville. Rigaud, redoutant alors de
tomber au pouvoir d'un ennemi sans foi, prit le
parti de s'embarquer. Ce même jour 10 thermidor,
il visita la ville, fit ses adieux à ses amis, au milieu
des larmes et des angoisses. Quand il parut au fort
de l'Ilet, le capitaine Landron se préparait à canonner les batiments de L'Ouverture qui louvoyaient.
Rigaud le lui défendit. Quelques braves renfermés
dans le Block-Hous de la Levée se préparaient aussi
à la résistance. Rigaud, après les avoir complimentés
et leur avoir fait promettre de ne brûler aucune
amorce, se porta à Tiburon, escorté par la cavalerie
commandée par le chef d'escadron Borgella (1).

_____

(1) Fils du colon de même nom, qui fut maire du Port-au-
Prince. Les liens d'amitié qui unissaient L'Ouverture à ce colon,
préservèrent Borgella d'une mort certaine.

C'est-là, à Tiburon, qu'en un jour de glorieuse
mémoire pour lui, il avait reçu une dangereuse
blessure en combattant pour la révolution contre
les Anglais. C'est-là, dans cette place, qu'il avait fini
(9 nivôse an III, 29 décembre 94), par enlever d'assaut, après trois combats meurtriers, qu'il reçut le
baiser des braves, et s'embarqua le 10 thermidor,
dans la nuit, (29 juillet), à bord d'un navire danois
qui se dirigea à Saint-Thomas (1); les autres officiers
supérieurs suivirent son exemple. Dartiguenave
s'embarqua à Jérémie pour la Nouvelle-Angleterre;
Geffrard, Faubert, Delva pour la Hâvane ; Pétion,
Millet, Bellegarde, Dupont, Dupuche, Borno-
Deléart etc. pour Curaçao, d'où presque tous se
rendirent en France.

(1) De Saint-Thomas, (colonie danoise) Rigaud se dirigea à la
Guadeloupe. Il arriva dans cette dernière colonie le 30 fructidor
(17 septembre). Il en partit le 10 vendemiaire (2 octobre). Fait
prisonnier par les Anglais et conduit à Saint-Christophe, il rentra
à la Guadeloupe le 10 brumaire suivant (31 octobre), et, après
un séjour forcé à la Guadeloupe, il put se rendre à Bordeaux, où
il débarqua le 10 germinal (31 mars), et arriva à Paris le 17
germinal. (Différentes lettres de Rigaud au ministre). Admis à
une audience du premier consul, l'homme extraordinaire lui dit :
« Je ne vous connais qu'un tort, c'est de ne pas avoir été vainqueur ! » Ces paroles, tout en justifiant la conduite de Rigaud,
peignent d'un seul trait le premier consul.

CHAPITRE LXII.

L'Ouverture aux Cayes.

Le 13 thermidor (1ᵉʳ août) L'Ouverture entra
solennellement aux Cayes. Rien en fait d'honneurs officiels ne lui manqua. Il monta en chaire et
proclama l'oubli des torts. Il se plaignit seulement
de ne pas voir de mulâtres venir le saluer. Messieurs Chalvière, Latulipe, que Rigaud avait envoyés
près de lui et avec qui il avait fait connaissance,
s'empressèrent d'aller conseiller aux anciens libres
de se rendre à la maison Journu où L'Ouverture
était descendu, et de lui présenter quelques hommages. L'Ouverture reçut avec bonté ces hommes
dont il avait tant persécuté les frères. Il semblait
avoir pris à tâche de leur faire oublier sa haine et
ses préventions mal fondées. Il fit publier le 17
thermidor (5 août), la proclamation suivante :
« Citoyens, tous les événements survenus à Saint-
Domingue pendant la guerre civile occasionnée par
Rigaud, sont de nature à mériter l'attention publique.

« Alors qu'ils ne sont plus sur le point d'être re-
nouvelés, il importe à la prospérité de la colonie

et au bonheur de ses habitants, de tirer le rideau sur le passé, pour ne plus s'occuper qu'à réparer les maux qui ont dû nécessairement être le résultat de la guerre intestine enfantée par l'orgueil et l'ambition d'un seul. Une grande partie des citoyens de Saint-Domingue ont été trompés parceque trop crédules, ils ne se sont pas assez méfiés des pièges que les méchants leur tendaient pour les attirer dans leurs desseins criminels. D'autres ont agi dans ces malheureuses circonstances d'après l'impulsion de leur cœur. Mûs par les mêmes principes que le chef de la révolte, ils ont trouvé au-dessous d'eux, d'être commandés par un noir. Il fallait s'en défaire à tel prix que ce fût, et pour y parvenir rien ne leur coûtait. L'ambition de ce chef le portait à s'emparer du pays. Ses satellites n'avaient rien tant à cœur que de le seconder. Pour leur récompense, on leur avait assigné en avance les places qu'ils devaient occuper. Ces hommes avaient le besoin d'un plus fin stimulant.

« Trompés dans leur attente, et en ma qualité de vainqueur, voulant et désirant très ardemment faire le bonheur de mon pays, pénétré de ce que vous prescrit l'Oraison dominicale qui dit : *Pardonnez-nous nos offenses comme nous pardonnons à ceux qui nous ont offensés.*

« J'ai publié une proclamation datée du Petit-Goâve le 1 messidor dernier par laquelle j'accorde une amnistie générale; cette proclamation vous est connue, citoyens; elle a eu l'heureux résultat que je m'étais promis. Le département dn sud est rentré sous les lois de la République. Oublions que des méchants l'en avaient écarté pour satisfaire leurs passions criminelles, et ne considérons aujourd'hui que comme des frères ceux qui assez crédules, osèrent tourner leur armes contre le pavillon de la République, et contre leur chef légitime.

« J'ai ordonné à tous les citoyens de retourner chacun dans sa commune respective pour jouir des bénéfices de cette amnistie. Aussi généreux que moi, citoyens, que vos moments les plus précieux ne soient employés qu'à faire oublier le passé; que tous mes concitoyens jurent de ne jamais se le rappeler, qu'ils reçoivent à bras ouverts leurs frères égarés, et qu'à l'avenir ils se tiennent en garde contre les embûches des méchants.

« Autorités civiles et militaires, ma tâche est remplie; il vous appartient maintenant de tenir [la main à ce que l'harmonie ne soit plus troublée. Ne souffrez pas le moindre reproche de la part de qui que ce soit envers les hommes égarés et rentrés dans le devoir. Malgré ma proclamation, surveillez les méchants et ne les épargnez pas. L'homme est injuste, il est plutôt enclin au mal qu'au bien. Comprimez avec force ses desseins pervers et ne fermez jamais les yeux sur sa conduite et ses démarches.

L'honneur doit vous guider tous. Les intérêts de notre pays l'exigent, sa prospérité a besoin d'une tranquillité franche et loyale. Elle ne peut naître que de vous. De vous seulement dépend maintenant la tranquillité publique à Saint-Domingue. Ne prenez point de repos que vous n'y soyez parvenus. Je l'attends de votre courage et de votre dévoûment à la République française. »

Le lecteur est déjà habitué avec l'esprit monacal dont Toussaint l'esclave possédait le germe et que Toussaint - L'Ouverture développa. Il n'a besoin, à la lecture de cette proclamation, que de se livrer à ses propres réflexions. Cependant la modération de L'Ouverture fut étonnante après le triomphe qu'il venait de remporter. On était tant habitué à trembler rien qu'à son nom qu'on lui fit un mérite de la chose du monde la plus naturelle, de la sagesse de ses paroles et du regard de bonhommie qu'il jettait aux populations du sud. On me dira qu'il eut pu être impitoyable; mais alors que devient la justice ? Que devient le respect de la personne et des droits de ses semblables ? Malheureux pays que celui où l'on est obligé de tenir compte à un citoyen de tout le mal qu'il ne fait pas !

L'Ouverture éleva le général Laplume au commandement de sa nouvelle conquête. Il fit occuper, par la 1re 1/2 brigade du sud dans le cadre de son armée, déjà composée de douze demi-brigades, le

numéro 13ᵉ et fondit les cinq autres demi-brigades de l'armée du sud dans les différents corps de
l'Ouest et de l'Artibonite. — Enfin L'Ouverture,
après avoir prêché l'ordre, l'union, l'amour du
travail, le respect des personnes et des propriétés,
repartit pour le Port-au-Prince le 9 fructidor (27
août) (1).

Telle fut la fin de la guerre qui divisa Rigaud de
L'Ouverture. Elle fut impolitique, impie, sacrilège,
anti-humaine, car elle n'avait aucun motif plau-
sible. Elle outragea le ciel, elle déshonora l'humanité et elle laissa sur la terre et dans les esprits le
funeste levain de discorde qui menaça plus d'une
fois Haïti d'un bouleversement complet et qui tint
cette contrée pendant longtemps dans l'impuissance
du marasme et dans la stérélité du progrès civilisa-
teur.—L'histoire doit faire remonter les causes de
cette guerre à la politique machiavélique de Laveaux
et de Sonthonax. Sur la tête de cet agent de la métropole doit retomber tout le sang qui inonda les
champs de Saint-Domingue et qui, dans les villes,
souilla si longtemps les cachots.

(1) Extrait d'un journal tenu par un citoyen des Cayes.

CHAPITRE LXIII.

L'Ouverture fait arrêter l'agent Roume ; il prend possession de Santo-Domingo.

Nous avons vu dans un des précédents chapitres le général L'Ouverture faire arracher à Roume, sous les menaces, l'arrêté de la prise de possession de la colonie espagnole. Nous avons vu L'Ouverture envoyer le général Agé à Santo-Domingo, pour opérer cette prise de possession. Mais Agé fut mal accueilli par les Espagnols et obligé de prendre la fuite, pour ainsi dire. Ce retour, avec les circonstances dangereuses dont l'ornait Agé, firent réfléchir Roume sur les suites de l'acte auquel il avait été obligé de souscrire. L'Ouverture était dans l'ouest, occupé à abattre la grande et légitime résistance que Rigaud présentait à ses projets. Roume, annonçant ce contre temps à L'ouverture, lui proposa le 18 prairial (7 juin) de considérer l'arrêté comme nul ou du moins de ne prendre possession que de San-Yago et d'Azua, en laissant San-Domingo au pouvoir des Espagnols jusqu'à la paix européenne ; et Roume, sans attendre la réponse de L'Ouverture, rapporta, le 27 du même mois (16 juin), l'arrêté de la prise de possession de la

colonie espagnole. Le rapport de cet arrêté irrita
L'Ouverture. Il s'emporta outre mesure ; traita
Roume de méchant (*sic*) et se promit bien de tirer
de lui la vengeance qui agitait toujours son âme
contre tout ce qui entravait la marche de ses desseins.

Or, le sud une fois pacifié, après avoir fait,
comme d'habitude, chanter le *Te Deum* au Port-au-
Prince, il se rendit au Cap, et là, donna un libre
cours à la violence des sentiments qui le portaient à
ne jamais pouvoir supporter que rien lui résistât,
ordonna l'arrestation de l'agent Roume et le fit
conduire dans l'intérieur du pays, au Dondon.
Roume subissait alors les conséquences de cette politique, tantôt complaisante, tantôt inerte, toujours
funeste, dont L'Ouverture avait sans cesse fait
son profit. Malgré les conseils du général Kerverseau, il avait froidement assisté aux fusillades
et aux mitraillades ordonnées dans le nord et
dans l'ouest. Il n'avait eu de résolution et de fer-
meté que quand il avait été question du sacrifice
de ses jours, de ceux de sa femme, de ses enfants
et de la population blanche !

L'Ouverture. déjà politique envers Laveaux, ingrat envers Sonthonax, perfide envers Hédouville,
n'avait plus besoin, pour être bien sérieusement un
homme à coups d'état. que de faire évanouir la der-

nière ombre qui projetait sur la colonie l'autorité impuissante et malhabile de la métropole.

C'est une page curieuse que l'adresse que L'Ouverture fit à l'occasion de l'arrestation de M. Roume. Relisons la : « Toussaint-L'Ouverture, général en chef à ses concitoyens : Les devoirs de la place du citoyen Roume, étaient en sa qualité de représentant du gouvernement français, de consacrer ses facultés morales et physiques au bonheur de Saint-Domingue et à sa prospérité. Bien loin de le faire, il ne prenait conseil que des intrigants qui l'environnaient, pour semer la discorde parmi nous, et fomenter les troubles qui n'ont cessé de nous agiter. Cependant, malgré les calomnies qu'il n'a cessé de lancer contre moi, dans ses lettres pour France et Santo-Domingo (1), il sera à l'abri de tout désagrément. Mais mon respect pour son caractère ne doit pas m'empêcher de prendre les mesures les plus sages, pour lui ôter la faculté de tramer de nouveau contre la tranquillité qu'après tant de secousses révolutionnaires, je viens d'avoir le bonheur

(1) J'atteste sur l'honneur que l'allégation de L'Ouverture est fausse. Mes études dans les différents dépôts me permettent d'affirmer que Roume, malgré les justes motifs de griefs qu'il avait contre L'Ouverture, fut toujours son défenseur; car après l'avoir proclamé un philosophe, un législateur, un bon citoyen; après avoir juré de ne rien faire sans lui, une fierté naturelle ne lui permettait pas de démentir ces jugements.

d'établir. En conséquence, pour l'isoler des intrigants qui n'ont cessé de le circonvenir, pour répondre, d'un autre côté, aux plaintes que toutes les
communes m'ont faites à son égard, par l'organe de
leurs magistrats, le général de brigade Moyse fera
parvenir audit citoyen Roume deux voitures et une
escorte sûre, laquelle le conduira avec tout respect
du à son caractère au bourg du Dondon, où il res-
tera jusqu'à ce que le gouvernement français le rappelle pour rendre ses comptes. Au Cap-Français
le 5 frimaire (26 novembre) an 9 de la République
française, une et indivisible. Le général en chef,
Toussaint-L'Ouverture (1). »

L'Ouverture avait ainsi accompli son quatrième
coup-d'état contre la métropole. Libre alors de
toute entrave, sûr de ne rencontrer devant ses pas
aucun obstacle, il songea à étendre une de ses ailes
sur la colonie espagnole, pour n'avoir plus, du Cap-
Eugano au Cap-Tiburon, à redouter aucune compé-
tition. Il mit en marche son armée contre Santo-
Domingo, où Antoine Chaulatte avait remplacé Kerverseau à l'agence. Peu de coups de fusils furent tirés
dans cette marche triomphale. Chaulatte, qui avait
si souvent battu l'armée de L'Ouverture au cordon de

(1) Roume fut ainsi gardé prisonnier, malgré son caractère
de représentant de la France. Il resta plusieurs mois au Dondon,
et L'Ouverture enfin finit par lui permettre de retourner en
France par la voie des États-Unis.

l'ouest, s'embarqua pour Porto-Rico, et L'Ouverture entra dans Santo-Domingo le 7 pluviose (2 janvier) à la tête de dix mille hommes. Il fit amener le pavillon de son ancien souverain le roi d'Espagne, après une décharge de 21 coups de canon, et le remplaça sur les fortifications de la ville par celui de la République, après une décharge de 22 coups de canon. Don Joachim Garcia, le même, qu'on ne le perde pas de vue, qui avait eu la lâcheté de consentir à l'extradition d'Ogé, réduit à capituler devant L'Ouverture, s'embarqua pour la Havane, laissant ainsi une terre dont le plus grand des crimes n'avait pu assurer la possession à son maître. L'Ouverture donna le commandement de la ville de Santo-Domingo à son frère Paul, qu'il ne tarda pas à élever au grade de général de brigade. Après avoir posé des garnisons dans les différentes localités, il retourna dans la partie française.

CHAPITRE LXIV.

L'Ouverture donne une constitution à la colonie.—Lettre au premier consul.

L'Ouverture, maître enfin de toute l'île de Saint-Domingue, songea à donner une constitution à la

colonie. Cet homme, que la fortune élevait si haut,
s'imaginait et disait qu'il était le Bonaparte de Saint-
Domingue ; on dit même qu'il adressa au premier
consul une lettre dont la suscription portait : « Le
premier des noirs au premier des blancs (1). »
L'Ouverture se mit tellement dans la tête qu'il était
l'homme prédit par Raynal, pour venger les outrages
faits à la race africaine, et donner aux siens tous les
bienfaits de la civilisation, qu'il semblait oublier que
Saint-Domingue n'était qu'une colonie française, il
lui donna de son propre chef une constitution.
Cette constitution devait jeter les bases de l'indépendance de la colonie, et ne laisser à la France sur
l'île qu'une suzeraineté dérisoire. « J'ai pris mon
vol, disait-il, dans la région des aigles ; il faut
que je sois prudent en regagnant la terre ; je
ne puis plus être placé que sur un rocher et ce rocher doit être l'institution constitutionnelle qui me
garantira le pouvoir tant que je serai parmi les
hommes. » L'Ouverture convoqua donc une espèce
d'assemblée constituante, sous le nom d'assemblée
centrale ; composée de neuf membres, M. Marcel,

(1) Nous n'avons pu nous convaincre, par les documents
officiels, de la véracité de cette assertion ; si elle a été démentie
quelque part par un fils de L'Ouverture, elle nous a été attestée
par un honorable vieillard, M. Dat, qui a habité long-temps
Saint-Domingue, et qui vivait dans l'intimité de L'Ouverture.

Collet , Gaston Nogéré , Lacourt , Roxas, Mugnoz, Bargella (1), Etienne Viart, tous colons blancs et de Raymond, mulâtre , dont nous connaissons déjà la faiblesse de caractère. L'assemblée se réunit au Port-au-Prince, sous la présidence de Borgella. Le 19 floréal (9 mai), parut la constitution ; elle stipulait « qu'il ne peut jamais exister de servitude dans la colonie, que tous les hommes y naissent, vivent et meurent libres et *français* ; que chacun, quelle que soit sa couleur, est admissible à tous les emplois, qu'il n'existe entre les citoyens d'autre distinction que celle des vertus et des talents, que la religion catholique , apostolique et romaine doit être seule professée et protégée ; que le divorce est prohibé ; que l'agriculture sera particulièrement et essentiellement encouragée ; que le gouverneur prendra les mesures convenables pour augmenter le nombre des bras ; que le commerce est libre (2) ; que les rênes de l'administration sont confiées à un gouverneur; que ce gouverneur sera nommé pour cinq ans ; qu'il pourra être continué en raison de sa bonne con-

(1) Ancien maire de Port-au-Prince, père du général du même nom.

(2) On est étonné de voir le vieux L'Ouverture avoir à son époque plus de raison que ses successeurs au gouvernement d'Haïti , qui loin de laisser au commerce tout le développement de son rayonnement, en sont encore à des lois de monopole...

duite ; qu'en considération des services importants
que le général Toussaint-L'Ouverture a rendus à la
colonie, il est nommé gouverneur à vie, avec pouvoir de choisir son successeur, etc. » L'Ouverture
fit publier cette constitution le 14 messidor (3 juillet) ; le 27 du même mois (16 juillet), il la fit porter
à la sanction de la métropole par Vincent, le même
qu'il avait envoyé aux Cayes en députation près de
Rigaud et dont le dévoûment à sa personne touchait
à l'abnégation, suivant l'expression de l'amiral
Truguet. Voici la lettre dont Vincent était porteur
pour le premier consul :

« Toussaint-L'Ouverture, général en chef de
l'armée de Saint-Domingue au citoyen Bonaparte,
premier consul de la République française.

Au Cap-Français, 27 messidor (16 juillet).

« Citoyen Consul, le ministre de la marine, dans le
compte qu'il vous a rendu de la situation politique
de cette colonie, que je m'attachais à lui faire connaître dans les dépêches que je lui adressai par le
retour de la corvette L'*Enfant Prodigue*, a dû vous
soumettre ma proclamation du 16 pluviose dernier,
portant convocation d'une assemblée centrale qui
pût, dans un moment où la réunion de la partie
espagnole à la partie française venait de s'opérer,
ne formant plus de Saint-Domingue qu'un seul et
même pays, soumis au même gouvernement, fixer
les destinées par des lois sages, calquées sur les lo-

calités et les mœurs des ses habitants. J'ai aujourd'hui la satisfaction de vous annoncer que la dernière main vient d'être portée à cet ouvrage, et qu'il en résulte une constitution qui promet le bonheur aux habitants de cette colonie si long-temps infortunée. Je m'empresse de vous l'adresser pour avoir votre approbation et la sanction de mon gouvernement. Pour cet effet, j'envoie près de vous le citoyen Vincent, directeur général des fortifications à Saint-Domingue, à qui je confie ce dépôt précieux. L'assemblée centrale m'ayant requis en l'absence des lois et vu la nécessité de faire succéder leur règne à celui de l'anarchie, de faire exécuter provisoirement cette constitution comme devant l'acheminer plus vite vers la prospérité future, je me suis rendu à ses désirs, et cette constitution a été accueillie par toutes les classes de citoyens avec des transports de joie qui ne manqueront pas de se reproduire, lorsqu'elle leur sera renvoyée revêtue de la sanction du gouvernement. Salut et profond respect. Toussaint-L'Ouverture. »

L'Ouverture, par cette constitution, autant que par tous ses actes précédents, s'était mis en révolte contre la mère-patrie. Restait à savoir comment le premier consul accueillerait cette espèce de manifeste d'indépendance. On ne peut ici manquer de répéter ce qu'à ce propos, dit le citoyen Hérard-

Dumerle dans son voyage dans le nord d'Haïti (1) :
L'Ouverture s'était trop prononcé pour le chef d'un
pays qui veut rester dans les lois de la dépendance
et trop peu pour l'affranchir d'une domination devenue insupportable. Il n'y avait pas de milieu, il
fallait tout oser ou ne rien entreprendre. » Le colonel Vincent, avant son départ, eut beau faire envisager à L'Ouverture les conséquences qui pouvaient
résulter de la constitution qu'il avait donnée au
pays, eut beau surtout lui démontrer qu'il ne devait l'envoyer à la sanction du gouvernement consulaire que manuscrite et non imprimée, L'Ouverture lui répondit sur le premier point que le
gouvernement français n'avait besoin d'envoyer que
des commissaires pour parler avec lui ; par commissaires L'Ouverture entendait des ambassadeurs, et
sur le second point que les paquets étaient déjà
scellés. Force fut à Vincent de s'embarquer.

(1) Ce livre imprimé aux Cayes, devenu rare, est écrit avec
les inspirations d'un patriotisme ardent. L'auteur est un nègre
dont peu de blancs possèdent la haute et savante intelligence.
Cependant ce nègre ne fit jamais d'études classiques. Il est le
produit de ses œuvres. Heureux cet homme, si se bornant à développer les grands talents dont la nature l'avait doué, il n'avait
pas voulu se mêler aux agitations politiques.

CHAPITRE LXV.

Système administratif de L'Ouverture. —
Mort de Moyse.

Quoi qu'il en soit de la conduite ingrate de L'Ouverture envers la métropole, il jeta un grand éclat
sur son nom par la paix et la soumission qu'il fit
régner dans les trois parties de l'Ile. Son gouvernement donna une direction aux intérêts généraux et
privés. Chacun put diriger ses efforts vers un système
praticable. De cette époque aussi date une amélioration dans l'esprit des noirs. Les passions avaient été
allumées jusqu'à la fureur. Tout avait été extrême.
L'Ouverture s'appliqua à rétablir l'amour de l'ordre qu'avait détruit la révolution. Il ramena les
masses au travail. Les inspecteurs qu'il préposa à
la direction de l'agriculture exerçaient leurs devoirs
avec tant de rigueur que dix nouveaux citoyens
prétendus libres, menacés de l'inspection du général Dessalines, faisaient, au dire d'un écrivain, plus
de travail, et cultivaient mieux que trente esclaves
d'autrefois. Les haines étaient violentes et divisaient
toutes les couleurs ; il en prépara la fusion. L'équi-
libre de la balance sociale était rompu, il sut le ré-

tablir, tantôt par la crainte tantôt par la tolérance.
L'Ouverture ne travaillait alors pour aucune faction,
mais pour la prospérité de la colonie. Il accorda
amnistie à tous les émigrés. La puissance dont il
s'était revêtu lui garantissait assez leur soumission. D'ailleurs par sa raison, comme par la force
matérielle dont il disposait, il pouvait tout comprimer. La main qu'il tendit aux colons prouve qu'il
savait au besoin se mettre au-dessus des préjugés
de la peau. Aussi fut-il supérieur à tous les noirs et
à tous les mulâtres de son temps, dont la seule ap-
pellation par la dénomination de leurs traits physiques, put surexciter pendant longtemps ces hommes
bons et en faire des frénétiques. Le mulâtre cependant aujourd'hui, commence à accepter et, par là,
à annoblir sa qualification. Pourquoi le nègre ne
veut il pas encore accepter la sienne ? Acception faite
de la valeur intrinsèque d'un homme, ne faut-il pas
historiquement faire son portrait, et alors le peintre
peut-il donner au front de l'homme une autre couleur que celle qui y règne. Ignorance et erreur des
nègres et des mulâtres ! L'homme fait tomber le
préjugé quand il le veut : la fierté castillane n'ap-
pelait-elle pas *gueux* les Hollandais si héroïques ;
quand cependant sous Charles-Quint les gueux proclamèrent leur émancipation ; les gueux acceptè-
rent leur titre, surent défendre le sol de leur patrie,
et prouvèrent que des gueux qui aiment la liberté

sont autant et plus que des gentilshommes qui aiment le despotisme. Le mot gueux cessa d'être une
qualification injurieuse. L'histoire même l'a anno-
bli. Pourquoi donc les nègres et les mulâtres ne veu-
lent-ils pas pareillement accepter leur dénomination et s'en faire un titre de gloire, comme Otello
se faisait gloire d'être maure et comme L'Ouverture se faisait gloire de s'appeler et de s'entendre
appeler nègre ? Les préjugés, dès lors tomberaient
dans les colonies, et les hommes ne seraient plus
que des hommes, que la vertu et le mérite seulement différencieraient.

L'Ouverture se sentait, avec raison, grand et
puissant. Il avait pour cela assez versé de sang.
L'horizon politique s'était élargi devant lui. Sans
savoir formuler plus que naguère les caractères alphabétiques, l'habitude du commandement lui avait
donné de la dignité dans les manières, de la mesure dans ses actes. Son commerce avec les blancs
lui avait donné de la littérature, lui avait appris de
l'histoire. Celle des grands hommes de l'antiquité lui
était devenue familière. Doué d'une mémoire prodigieuse, il savait quel chemin César prit pour rentrer
dans Rome, quels étaient les noms des plus fidèles
officiers de ce grand capitaine. Il connaissait Alexan-
dre-le-Grand. Il n'oubliait pas le premier consul. Il
n'y a que la liberté pour métamorphoser les hommes.
Tel peut être à la charrue, a dit Napoléon, qui mé-

riterait d'être au conseil d'état, et tel au conseil
d'état qui devrait être à la charrue. De la haute position qu'il avait su se conquérir, le génie de L'Ouverture, découvrant l'avenir dans une large per-
spective, planait sur l'esprit de ses concitoyens.
Il s'entoura d'une troupe d'élite, sous le nom de
garde d'honneur. Il fit entrer dans ce corps tous
les cadets de noblesse qui se trouvaient dans la
colonie. Son armée fut organisée en trois divisions :
celle du Nord, celle de l'Ouest et du Sud, et celle
de l'Est. Cette armée, composée de treize demi-
brigades, sans compter les milices, montait à 20,600
hommes. La discipline était maintenue à un tel degré
de sévérité, qu'elle touchait à la cruauté. Chaque
chef donnait des ordres le pistolet au poing. Un
homme, dont la puissance morale en était venue à
ce point, commandait plus de ménagements qu'on
n'en avait su garder en France sur son compte.
Les journaux du gouvernement l'avaient plusieurs
fois représenté en rébellion ouverte. Le premier consul n'avait jamais voulu condescendre à répondre
à ses lettres, dont l'une portait pour suscription
intérieure : *Le premier des noirs au premier des*
blancs. Ce silence affectait visiblement L'Ouverture.
« Bonaparte a tort, disait-il, de ne pas m'écrire. Il
faut qu'il ait écouté mes ennemis, car, sans cela,
me refuserait-il des témoignages personnels de
satisfaction, à moi, qui ai rendu à la France plus

de services qu'aucun autre général. Les gouvernements anglais et espagnol traitent avec plus d'égards des généraux qui se signalent par des services de premier ordre (1). »

L'Ouverture était arrivé à un point d'exaltation telle, qu'il eût tout sacrifié à la soif de dominer qui le dévorait. Peu eût importé à cette espèce de Pierre-le-Grand de faire abattre la tête de ses fils pour arriver à fonder son empire. Cette ambition effrénée causa la mort du général Moyse, son neveu. Moyse était dévoué à L'Ouverture. Quoique bon et humain, il avait cependant de la haine contre les blancs, que caressait, au contraire, son oncle ; mais il aimait les mulâtres. Dans la guerre civile du Sud, il en avait couvert beaucoup de sa protection. Il avait fait la guerre à Rigaud, non comme au chef d'une caste qu'il fallait faire disparaître ; mais comme au général d'un parti ennemi ; il disait souvent : « Les véritables ennemis de mon oncle, ce ne sont point ceux qu'il pense. Il n'y a pas d'autres ennemis que les colons. » Moyse, pour son époque, était plus avancé qu'aucun autre lieutenant de L'Ouverture ; sa façon de voir déplaisait

(1) Révolution de Saint-Domingue par le général Pamphile-de-Lacroix. J'ai à regretter la mort de cet homme de bien qui m'honorait de son amitié et promettait de donner une édition plus complète de ses mémoires sur Saint-Domingue. Il connaissait mieux que personne les événements de ce pays.

aux fanatiques. L'un d'eux, Christophe, qui venait
d'être nommé général de brigade, était surtout
outré d'entendre répéter sans cesse que le pouvoir
de Toussaint devait être l'héritage du Moyse.

Une insurrection éclata, sur ces entrefaites, dans
le nord. L'Ouverture, qu'on accusait de l'avoir fomentée, l'éteignit en personne. Les insurgés avaient,
dans les divers combats livrés à la Souffrière, à la
Rivière-dorée, au Fond-Bleu et au Limbé, proféré
le nom du pauvre Moyse. En protestant contre la
tyrannie de L'Ouverture, ils avaient hautement
déclaré que son neveu seul entendait les vrais intérêts de la colonie. Il n'en fallut pas davantage à
Toussaint pour faire périr ce jeune et superbe noir,
lui qui, pour plaire à cet ambitieux, avait couvert
d'affront l'agent Roume et sa famille. Moyse, il faut
le dire, se reprocha souvent cette barbarie. Traduit devant un conseil de guerre, séant au Port-de-
Paix, Moyse se défendit avec une merveilleuse
clarté, et, comme on ne pouvait rien préciser contre
lui, il fut acquitté. Mais cet acquittement ne convenait pas aux vues politiques de L'Ouverture. Il
arrive au Port-de-Paix, fait casser le jugement,
convoque un autre conseil de guerre qu'il préside
en personne, et Moyse, condamné à mort, est exécuté le même jour... (26 novembre, 3 frimaire.)

Christophe, qui, jusque là, commandait la place
du Cap, fut appelé en remplacement de Moyse au

commandement de l'arrondissement, recueillant ainsi un héritage odieusement ensanglanté.

CHAPITRE LXVI

L'expédition contre Saint-Domingue est résolue.—Rétablissement de l'esclavage dans les colonies françaises.—Attitude de L'Ouverture.

Le premier consul n'avait pas vu, sans une profonde inquiétude, L'Ouverture consommer, par une organisation constitutionnelle, l'usurpation du pouvoir. — De quoi donc, après tout, avait droit de s'inquiéter l'ancien lieutenant d'artillerie, parvenu, comme L'Ouverture, au faîte de la puissance, à l'aide de coups d'état réitérés ?.. Cependant, la France, victorieuse de la coalition des rois, signa les préliminaires d'un traité de paix avec l'Angleterre. Alors, le premier consul songea à punir L'Ouverture des outrages qu'il n'avait jamais cessé de porter à la mère-patrie. — Mais le premier consul eut, entre autres torts, celui de n'avoir pas commencé par envoyer à Toussaint l'ordre de venir rendre compte de ses opérations ;—en cas de refus, la force eût décidé en faveur de la métropole, car, à cette époque, aucun homme, noir ou jaune de quelque intelligence, n'eût songé à lutter contre la France

pour marcher à la réalisation incertaine de l'indépendance de la colonie.

Mais, la politique a des secrets horribles! On dit
que le premier consul n'envoya tout d'abord une
expédition à Saint-Domingue, que pour désen-
traver son chemin à l'empire, des vieilles et glorieuses bandes qui gardaient dans leur cœur
l'amour des choses républicaines. Ce fut en vain
que Vincent, qui se trouvait alors à Paris, employa
toutes les raisons pour faire comprendre au premier
consul le danger qu'il y avait d'employer la force
dans les conjonctures extrêmes où se trouvait la
colonie. « Frondant les préjugés du temps, il eut le
courage de dire au premier consul que nos brillants
conquérants d'Europe, rendus disponibles par la
paix, ne pourraient rien sous le climat des Antilles;
que ce climat anéantirait notre armée, lors même
que le crédit de Toussaint-L'Ouverture sur les
noirs ne pourrait pas arriver au point de la faire
détruire par les armes, ce qui ne lui était pas démontré; il ajouta à ces craintes celles que les Anglais ne contrariassent nos dispositions. Le premier
consul lui répondit avec humeur : « Le cabinet de
Saint-James a voulu s'opposer à ce que je fisse
passer une escadre à Saint-Domingue, je lui ai
fait notifier que s'il n'y consentait pas, j'allais envoyer à Toussaint des pouvoirs illimités et le reconnaître indépendant. Il ne m'a plus fait d'obser-

vation (1). » Ce défaut d'observation de la part du
gouvernement anglais devait illuminer la clair-
voyance du premier consul ; cependant, il n'en fut
rien ; loin de renoncer à ses projets de guerre, il se
détermina à accélérer son expédition. Vincent, qui
ne partageait nullement la pensée d'une conquête
facile de la colonie, adressa au premier consul un
mémoire pour le détourner de la voie où il allait
s'engager. Après avoir dépeint les moyens défensifs
de la colonie, il ajoutait dans ce mémoire : « A la
tête de tant de moyens se trouve l'homme le plus
actif et le plus infatigable dont on puisse se faire
une idée ; l'on peut rigoureusement dire qu'il est
partout, et surtout dans l'endroit où un jugement
sain et le danger font croire que sa présence est le
plus essentiel ; sa grande sobriété, la faculté, à lui
seul accordée, de ne jamais se reposer, l'avantage
qu'il a de reprendre le travail du cabinet après de
pénibles voyages , de répondre à cent lettres par
jour, et de lasser habituellement cinq secrétaires ;
plus que tout cela, l'art d'amuser et de tromper
tout le monde, poussé jusqu'à la fourberie, en font
un homme tellement supérieur à tout ce qui l'en-
toure, que le respect et la soumission vont pour lui
jusqu'au fanatisme dans un très grand nombre de
têtes : l'on peut dire qu'aucun homme aujourd'hui

(1) Révolution de Saint-Domingue, par Pamphile de Lacroix.

n'a pris, sur une masse ignorante, le pouvoir infini
qu'a pris le général Toussaint sur ses frères de
Saint-Domingue : il est le maître absolu de l'île, et
rien ne peut balancer ses volontés, quelles qu'elles
soient, quoique quelques hommes distingués, mais
en très petit nombre parmi les noirs, en connaissent
et en redoutent la trop grande étendue (1). » Ce
portrait de L'Ouverture, fidèlement tracé et littéra -
lement vrai, déplut au premier consul : il relégua
le colonel Vincent à l'île d'Elbe, où, plus tard, il
devait être relégué lui-même ! — Et il réunit des
ministres, des conseillers d'état et des secrétaires
au nombre d'environ soixante pour aviser aux
moyens de mettre L'Ouverture sous le joug de l'autorité métropolitaine : l'amour de plaire au futur
souverain avait déjà remplacé dans les cœurs la
passion de la liberté. Les conseillers invoquèrent la
force des armes pour rétablir l'esclavage : un grand
nombre proposa de décimer les coupables par la
terreur. L'évêque de Blois, Grégoire, cet immortel
ami de la cause des noirs, n'avait pas encore donné
son opinion : « Qu'en pensez-vous, lui dit le premier consul ? Je pense, répondit-il, qu'il suffit
d'entendre de pareils discours pour être persuadé
qu'ils sont tenus par les blancs; si ces messieurs
changeaient à l'instant de couleur, ils tiendraient

(1) Archives générales de France.

un autre langage (1). » Le rétablissement de l'esclavage fut néanmoins résolu, dans le corps législatif,
par deux cent-onze suffrages contre soixante-cinq.

Or, le 30 floréal (20 mai, Bonaparte lança le
fameux décret qui replace les colonies dans *l'état où
elles étaient avant 1789, qui autorise la traite et a-
broge toutes lois contraires.* L'immortelle convention
avait aboli l'esclavage, et voilà que Bonaparte, qui,
même dans sa puissance, eût dû se souvenir de son
origine et de son pays, la Corse, espèce de Guinée
où, autrefois, Rome dédaignait même d'aller prendre ses esclaves, voilà que Bonaparte vient brutalement rétablir la servitude ! Ce crime flétrira à jamais
la mémoire de cet homme, et la rendra éternellement
exécrable à l'humanité. On dit, tant est possible l'histoire d'Annibal à Capoue ! que la molle et indolente
insulaire antilienne, que le premier consul avait
appelée à l'honneur de sa couche, ne fut pas étrangère à cette haine qu'il porta contre les Africains et leurs descendants, et que ce fut pour com-
plaire en partie aux fantaisies de la créole blanche
qu'il voulut refaire ce que la révolution, belle du
progrès, avait si glorieusement détruit. Il voulut
donc restaurer la servitude d'une portion de l'humanité, que Dieu n'a pas, cependant, déshéritée ni
du courage, ni de la vertu, et qui, peut-être, quand

(1) Carnot, mémoires de l'abbé Grégoire.

les lumières de la civilisation se seront éteintes
en Europe, les ravivera dans les forêts de l'Afrique,
où les arbres, toujours verts, témoignent l'espérance, tandis qu'ici l'hiver, avec sa déplorable nu-
dité, vient perpétuellement ramener le doute de
l'existence. Un fait qui prouve que le premier consul ne fut pas entièrement libre dans les inspirations de sa politique coloniale, c'est que, prévoyant
l'effet qu'elle allait produire dans les îles françaises,
il dérogea, par un autre décret, au décret qui at-
tentait aux droits de l'homme, en faveur de Saint-
Domingue et de la Guadeloupe; *parce que ces îles*
sont libres non-seulement de droit, mais de fait;
tandis que les autres colonies sont esclaves de fait,
et qu'il y aurait danger à faire cesser cet état de
choses (1). Ainsi, le premier consul envoyait des
enfants de la liberté combattre d'autres enfants de
la liberté. Pourquoi, comme on l'a dit, ne s'était-il
pas contenté d'une correspondance fraternelle avec
L'Ouverture? La renommée, qui captivait toutes
les imaginations, eût épargné à la France républicaine le deuil de ces beaux et excellents soldats,
qui avaient fait les campagnes des Pyramides, du
Mont-Thabor, de Marengo : elle eût empêché la
décadence du pouvoir de la métropole sur Saint-
Domingue, cette puissante colonie, qui peut, à volonté, faire trembler l'archipel américain.

(1) Bulletin des lois.

L'Ouverture, dès les préliminaires de la paix d'Amiens, n'avait pas manqué d'être instruit, par les agents secrets qu'il avait à Paris, des armements formidables qui s'opéraient dans les chantiers de la France, de la Hollande et de l'Espagne. Son esprit, qui savait tout prévoir, devina que ces armements devaient jeter sur ses bras une armée d'invasion : il conclut un traité avec lord Nugent, gouverneur de la Jamaïque, pour lui fournir des armes et des munitions. Le danger allait donc assaillir le Spartacus de ma race. Oh ! que n'avait-il su ménager le sang si précieux des mulâtres ? Pourquoi n'avait-il pas su le faire couler seulement sur le champ de bataille,—puisqu'il avait voulu la guerre ? Pourquoi, par ses affreuses boucheries contre les anciens libres, avait-il stérilisé le dévouement au sol natal ? Que de jeunes et d'intrépides mulâtres il eût rencontrés à cette heure suprême pour défendre à côté de lui le sol de la liberté ! car à cette époque, les mulâtres professaient contre les blancs plus de haine que les noirs ! Il avait caressé les colons, les colons le perdirent : on n'est jamais trahi que par les siens.

Néanmoins, L'Ouverture, convaincu qu'il ne pouvait sortir vainqueur de la lutte contre la France, voulut au moins sauvegarder son honneur ; l'habitude de la puissance avait agrandi l'ancien esclave ; il était comme un roi, et il était, en effet, digne de l'être. Il fit publier, le 29 frimaire (20 décembre, une proclamation dans laquelle il disait : « Je suis soldat, je ne crains pas les hommes; je ne crains que Dieu : s'il faut mourir, je mourrai comme un soldat d'honneur qui n'a rien à se reprocher. » Il terminait ainsi sa proclamation : « Toujours, au chemin de l'honneur, je vous montrerai la route que vous devez suivre. Soldats! vous devez, fidèles observateurs de la subordination et de toutes les vertus militaires, vaincre ou mourir à votre poste. »

Quelques écrivains nationaux reprochent à L'Ouverture de n'avoir pas, en présence des événements, proclamé l'indépendance du pays; cette solennelle mesure eût, à leur avis, sauvé la cause de L'Ouverture : mais c'est pitié qu'un pareil reproche! Qui donc, pour forcer les cultivateurs à labourer au-delà de leurs forces le sein de la terre, avait naguère substitué au fouet du commandeur le bâton à ruban tricolore, si ce n'est Toussaint? Disons-le, la proclamation de l'indépendance de Saint-Domingue par L'Ouverture ne lui eût pas rallié plus de sympathies qu'il n'en avait; elle n'eût pas empêché les nombreuses défections qui le perdirent. Les idées nouvelles auxquelles le dix-huitième siècle donna naissance ne permettent dorénavant de gouverner les peuples que par le respect des propriétés et des libertés individuelles; or, L'Ouverture avait trop souvent méprisé ces principes : il devait tomber par la force des choses ; rien ne pouvait empêcher sa chute ; tous ceux qui seraient tentés d'imiter son système gouvernemental tomberont comme lui : l'histoire est là.

CHAPITRE LXVII.

De Rigaud et de ses lieutenants.—Expédition française.

Que faisaient à Paris pendant les préparatifs de l'expédition, Rigaud et ses lieutenants qui avaient suivi sa fortune ? On a dit à tort, qu'ils pressaient l'armement ; ils n'avaient aucune voix dans les conseils ; ils ne faisaient qu'un vœu, c'était de revoir leur sol natal. Rigaud logé rue de Tournon (1), était dans la disgrâce du premier consul qui lui avait reproché de n'avoir pas su vaincre ! Pétion était logé dans le cloître Sainte-Opportune, cherchant d'où venait le vent et s'occupant d'études mathématiques ; Augustin Rigaud était prisonnier en Angleterre (2) ; Joseph Rigaud avait été pendu à

(1) Nº 160.
(2) Augustin Rigaud, mulâtre, mourut à Bordeaux de chagrin, vers 1816 ; il avait été signalé et désigné à la police, comme tentant une évasion.

Curaçao (1). Rigaud de sa bourse à demi-vide aidait
tous ses compatriotes à supporter les douleurs de
l'exil; haut et fier, malgré le malheur, il croyait
à la rémunération de ses services; dans sa tête,
comme dans ses vues, il ne séparait pas les destinées
de la colonie de celles de la métropole. Que mes compatriotes ne blâment pas André Rigaud d'avoir
voulu rester Français; qui alors songeait à l'indépendance de la colonie? Peut-être le vieux Toussaint et le vieux Toussaint seul! et encore n'osait-il
pas la déclarer!... Irrésolu comme l'âne de Buridan,
L'Ouverture n'avait rien osé; il avait attendu l'orage
sans se soucier comment il devait s'en garer; car,
inquiet et soupçonneux, il n'avait pas de confiance
dans les mulâtres; et ce furent cependant les mulâtres
qui restèrent les plus fidèlement à ses côtés, au moment où la foudre tombait sur sa tête; tant il est
vrai que l'oncle ne doit pas abandonner le neveu.

L'expédition allait mettre à la voile, elle se composait de 30,000 hommes; elle était sous les ordres
du général Leclerc, beau-frère du premier consul;
elle était répartie sur cinquante-quatre vaisseaux

(1) Joseph Rigaud était nègre, enfant adoptif de M. Rigaud,
(blanc). Il arriva à Curaçao, pensant y rencontrer ses frères; à
cette époque le parti Sthatoudérien était puissant; il fut sacrifié
en haine des principes de la République française; le nom de
Rigaud portait malheur même aux noirs de sa famille.

ou frégates, dont le brave amiral Villaret-Joyeuse
avait le commandement. Jamais expédition aussi
formidable n'avait traversé l'Atlantique. Decrès
était alors ministre de la marine et des colonies. Il
fit appeler tous les officiers des colonies qui se trouvaient à Paris ; on avait besoin de leur popularité
pour rendre plus faciles les succès de l'invasion
projetée. Ces officiers s'embarquèrent à Rochefort
sur la frégate la *Vertu* ; les voici par rang de grade :
Léveillé, noir, qui avait suivi Hédouville en France,
Villatte que Sonthonax avait proscrit et qui était
sorti acquitté du procès qu'on lui avait intenté, de
Rigaud, que sans motifs légitimes L'Ouverture
avait combattu, de Birot, de Borno-Déléart, chefs
de brigade, de Pétion, adjudant-commandant, de
Maurice Bienvenu, d'Étienne Saubate et de Brébillon, d'Abraham Dupont, de Belley, de Kayer
Larivière, chefs d'escadron, de Dupuche, de Brunache, et de Gautras, chefs de bataillon, de Boyer,
capitaine et de vingt-neuf autres officiers mulâtres
ou nègres,—la femme et les enfants de Rigaud.
Chacun avait à bord ses domestiques : Pétion avait
son fidèle Aly, un de ses esclaves qu'il avait affranchis, et qui n'entendit jamais se séparer de sa
fortune.

Les escadres combinées, après s'être réunies
dans le golfe de Gascogne, aux îles Canaries,
s'étaient ralliées pour la troisième fois au Cap-Sa-

mana, à la tête de l'île de Saint-Domingue. Une
funeste irrésolution perdit L'Ouverture. Malgré la
proclamation que nous avons lue plus haut, il
n'avait donné à ses lieutenants aucun ordre précis
pour résister à l'invasion; il s'était abandonné au
désespoir et à l'abattement. Si en ce moment le
Centaure avait couru l'île, avait crié aux populations : Les blancs arrivent! L'esclavage est à vos
portes !—Le fanatisme de la liberté eût mangé et
dévoré vingt armées comme celle qui se présentait.
Mais non, L'Ouverture, occupé à faire dire des
messes, à faire bénir des scapulaires, resta à Santo-
Domingo où il se trouvait en ce moment. Et cet
homme, qui n'est historiquement que le renouvel-
lement partiel de Caligula, de Charles IX, de Pierre-
le-Grand, de Charles XII, en quelque peu, de François premier, en beaucoup de Charles-Quint, et en
beaucoup encore de Cromwel, se trouva tout d'un
coup pris de vertige : il ne sut plus quelle direction
donner aux événements ; on dit qu'il accourut de
Santo-Domingo au Cap-Samana, qu'il contempla
la flotte qui s'y ralliait, et qu'il laissa échapper cette
exclamation: « Il faut périr, la France entière vient
à Saint-Domingue ; on l'a trompée; elle vient pour
se venger et asservir les noirs. » Que L'Ouverture
ait été ou n'ait pas été au Cap-Samana, peu importe à l'histoire; mais ce que l'histoire ne saurait
trop lui reprocher, ce fut d'avoir tant osé et de
n'avoir su rien entreprendre.

Le général Leclerc fit détacher de l'escadre combinée deux frégates, sous les ordres du général Kerverseau, pour prendre possession de Santo-Domingo et le 10 pluviôse (30 janvier), il continua à cingler vers l'ouest. Il partagea son armée en trois divisions : la première sous les ordres du général Rochambeau, que nous avons déjà vu gouverner la colonie, devait se porter sur le Fort-Dauphin (1) ; la seconde, sous les ordres du général Boudet devait se porter sur le Port-Républicain, la troisième, sous les ordres du général Hardy, devait se porter sur le Cap.—Le général Hardy ne débarqua au Cap qu'à la lueur sinistre de l'incendie. Christophe avait tenu sa parole : « Si vous avez la force, avait-il écrit au général Leclerc, le 13 pluviôse (2 février) dont vous me menacez, je vous prêterai toute la résistance qui caractérise un général, et si le sort des armes vous est favorable, vous n'entrerez dans la ville du Cap que lorsqu'elle sera réduite en cendres, et même sur ses cendres je vous combattrai encore. »

(1) Nous employons indifféremment le mot Fort-Dauphin ou Fort-Liberté, comme nous employons aussi indifféremment celui de Port-Républicain ou celui de Port-au-Prince.

CHAPITRE LXVIII.

**De Christophe. — De L'Ouverture. — 16 plu-
viôse, an III.—16 pluviôse an X.**

L'incendie dévorait pour la seconde fois la ville du
Cap, cette cité superbe, que l'on appelait le Paris
des Antilles; le général Leclerc y avait opéré son
débarquement, après avoir reçu quelques coups
de canons du Fort-Picolet; dans ce moment d'extrême danger, le général Christophe, si hardi quand
il s'agissait de tuer et d'assassiner impunément,
montra une suprême inhabileté devant les blancs :
ce n'est pas sans raison que l'Haïtien qui comprit
le mieux la grande guerre, Alexandre Pétion, de
glorieuse mémoire! disait, militairement parlant,
que Christophe n'était pas capable de diriger un
peloton d'infanterie (1). Ce nègre étranger, Anglais enfin, que Saint-Domingue avait, pour son
malheur, reçu dans son sein, ne sut organiser, en
l'absence de L'Ouverture, aucun élément de défense : il ne vit point d'autre moyen de salut que

(1) Notes du citoyen Décossard, ancien sénateur de la République d'Haïti; homme honorable qui eût dû, pour le bonheur
de son pays, toujours rester à la chaire curule.

l'incendie et la retraite honteuse dans les mornes (1), sans cartouches déchirées.

L'Ouverture, averti cependant par Christophe de la présence de l'escadre, avait précipité sa marche de la partie espagnole sur le Cap ; arrivé aux hauteurs du Grand-Boucan, à l'endroit appelé la Porte-Saint-Jacques, il vit avec douleur le feu qui dévorait cette ville, et que la lâcheté de Christophe avait intempestivement allumé. L'Ouverture se précipita en avant ; sur sa route, il rencontra des femmes et des enfants de toutes couleurs éperdus, et fuyant, comme à l'époque de l'insurrection, non pas comme à cette époque, fuyant des mornes à la ville, mais fuyant alors de la ville aux mornes. L'escadre faisait pleuvoir une grêle de boulets sur le Cap. L'Ouverture n'y put entrer, et se dirigea au fort du Bel-Air, dont les canons étaient encloués et qui était évacué. L'Ouverture retournait sur ses

(1) Henry Christophe naquit à la Grenade le 6 octobre 1757 : esclave dans cette petite colonie anglaise, il était sur le rivage quand le comte d'Estaing, s'acheminant aux Etats-Unis, parut devant l'île ; un officier français le prit à son service, l'amena dans la campagne comme domestique, et quand le comte d'Estaing revint à Saint-Domigue, Christophe y débarqua. Il prit part tardivement à la révolution ; cependant il voulut en hériter de tous les avantages ; il se fit roi, après avoir trahi L'Ouverture et finit par se bruler la cervelle, après avoir deshonoré l'humanité (8 octobre 1820).

pas, quand, près de l'hôpital des Pères, il rencontra
Christophe qui sortait de la ville avec un bataillon
de la 1re demi-brigage, avec la deuxième et deux
bataillons de la 5e. L'Ouverture le blâma de l'incendie qu'il avait allumé, lui ordonna de rallier
ses troupes, et d'aller camper sur le morne du Bayonnet;—ils traversèrent ensemble le Haut-du-Cap :
—le premier des noirs franchit l'habitation Bréda,
célèbre pour lui avoir donné naissance, et se dirigea sur l'habitation d'Héricourt, suivi de l'adjudant-général Fontaine, noir, ancien aide-de-camp
de Beauvais, de deux autres officiers et de son
aide-de-camp, du brave Marc-Coupé, mulâtre.
L'Ouverture venait de se séparer de Christophe ; il
était devant la barrière de l'habitation Vaudreuil,
quand Coupé, qui marchait en avant, lui annonça
l'ennemi, qui, débarqué à l'Acul, venait prendre le
Cap à revers,—pendant que l'escadre vomissait une
pluie de projectiles sur cette ville infortunée. L'Ouverture envoya. Coupé demander un entretien au
chef de l'avant-garde française. Coupé n'eut pas le
temps d'exécuter l'ordre de son chef, que cette
avant-garde fit feu sur le petit groupe : une balle
perça le cheval de L'Ouverture, une autre emporta
le chapeau d'un de ses officiers.—L'Ouverture, le
cœur plein de colère, et surtout de douleur, abandonna la grande route, se jeta dans les savanes, et,
à travers les forêts, il entra au jour sur l'habitation

d'Héricourt, où il passa trois journées, se berçant du vain espoir de recevoir quelques dépêches du général Leclerc. — Dans ces trois journées perplexes,—dévoré d'angoisses, — L'Ouverture, qui avait de la mémoire, se souvenait qu'à un jour, de sainte mémoire, jour dont aucun nègre ni aucun mulâtre ne doit oublier la date,—le 16 pluviôse, an III de la République (4 février 1795),—la Convention nationale avait proclamé la liberté de tous les enfants de l'Afrique. — Et L'ouverture demandait à Dieu pourquoi en un pareil jour,—à cet anniversaire religieux, au 16 pluviôse de l'an x de la même République (5 février 1802),—pourquoi Dieu avait-il voulu que les Français, ces fils aînés de la Liberté, fissent coïncider, sous les auspices du premier consul, avec la proclamation décrétée par la Convention de la liberté générale, l'envahissement de Saint-Domingue, le rétablissement de l'esclavage?—L'Ouverture était accablé sous le poids de ces réflexions : ce nègre, qui s'était, à juste titre, appelé le *premier des Nègres*, et qui avait salué le vainqueur de la France et de l'Europe de la superbe qualification de *premier des Blancs*, sut voir, dans les desseins de la Providence,—par la coïncidence fatale des dates, — que le premier consul n'avait pour mission que de détruire l'œuvre si péniblement élaboré de la Révolution, et faire reculer le monde d'un siècle.

L'Ouverture, alors, recouvra son audace. Il ne craignait pas les hommes, comme il le dit quelque part, il ne craignait que Dieu. Monté sur son superbe cheval, qu'il avait nommé Bel-Argent, pour qui la distance n'existait pas, et qui savait combler les précipices, le 20 pluviôse (9 février), il était aux Gonaïves, d'où il envoya ordre à Maurepas d'opposer à tout débarquement de blancs la résistance la plus terrible ; et, en cas d'évacuation, d'incendier la ville et de monter dans les mornes, ces riches et fidèles asiles que la nature a semés dans Saint-Domingue pour abriter la liberté. De là se portant à l'Ouest, il entra à Saint-Marc, déjà évacué par la population, et que quelques centaines de nègres et de mulâtres, debout sur les remparts, entendaient défendre contre tous les blancs de la terre. Il ordonna à Dessalines de faire, au besoin, sauter cette petite ville si belle, que ce dernier aimait tant, et où, d'habitude, il faisait sa résidence. Il se disposait à partir pour le Port-au-Prince et pour les Cayes, quand deux officiers, arrivant de Santo-Domingo, vinrent lui annoncer, de la part de Paul-L'Ouverture, que le général Kerverseau avait sommé ce dernier de livrer cette partie, et qu'il l'avait prié d'attendre les ordres du gouverneur. L'Ouverture fit passer au général, son frère, les mêmes instructions qu'il venait de donner à Vernet, à Maurepas et à Dessalines ; mais dans la crainte

22

que ses dépêches ne tombassent aux mains des
blancs, il donna aux officiers une seconde dépêche
ostensible , qui engageait Paul-L'Ouverture à accueillir par la conciliation le général Kerverseau.
— Les Espagnols s'étaient remués en faveur des
Français. Ils avaient, à Réal-Soval, intercepté les
communications.—Les dépêches tombèrent entre
leurs mains. Ils les portèrent à Kerverseau , qui
n'eut qu'à envoyer à Paul la lettre où il lui était dit
de recevoir les Français comme des frères, pour être
invité à entrer dans la place avec ses troupes. Kerverseau entra donc à Santo-Domingo le premier
ventôse (20 février). Paul-L'Ouverture prit rang,
avec la 10ᵉ demi-brigade coloniale, dans l'armée
métropolitaine.

L'Ouverture, après avoir répondu à Paul, se dirigeait au Port-au-Prince, quand un officier, expédié des Gonaïves par Vernet, lui apporta la nouvelle
de l'arrivée de France de ses enfants.

CHAPITRE LXIX.

Les enfants de L'Ouverture ; — ils lui sont envoyés par Leclerc.

Pendant que le premier des noirs était esclave,
Dieu lui avait donné deux enfants, dont l'un,

Placide Séraphin (1), mulâtre, que la générosité de L'Ouverture avait adopté, et l'autre, M. Isaac-L'Ouverture.—Ce dernier était le fruit de sa propre alliance.—A l'époque où nous sommes, L'Ouverture avait encore eu de la bonne et vertueuse Suzanne, sa femme, un troisième enfant du nom de Saint-Jean, qui déjà avait un précepteur. Ce précepteur était M. Granville, vieillard blanc,—qui devait transmettre à un autre Granville, mulâtre et son fils, l'intelligence et les vertus du cœur qu'il avait en partage.—Les deux premiers enfants étaient adultes, quand L'Ouverture abandonna le drapeau du roi d'Espagne, et entra au service de la République. Il avait obtenu, à la seconde mission de Sonthonax, d'envoyer en France ces deux enfants, qu'il ne séparait pas dans son cœur. Embarqués donc à bord du vaisseau le *Watigny*, Placide et Isaac furent, par les ordres du gouvernement de la métropole, placés au collége de la Marche. Là, d'autres jeunes nègres et d'autres jeunes mulâtres vinrent les joindre : Cyrille, un fils de Rigaud, était du nombre. Le collége prit alors le nom de Lycée colonial. Son directeur était Coisnon, vieillard comme Granville, et tout aussi homme de bien. Les fils de L'Ouverture, entourés par la France de tous les soins qu'on leur devait, par rapport au père, avaient fait de bonnes

(1) Du nom de son père.

études. Le premier consul les éleva au grade de
lieutenants d'état-major, et les manda aux Tuile-
ries, où le futur César venait de faire pénétrer ses
aigles. Isaac surtout, parce qu'il était le propre fils
de L'Ouverture, attira son attention. Le grand
homme, qui aimait à jouer avec les enfants, tout
en faisant trembler les hommes, donna à Isaac
quelques problèmes de mathématiques à résoudre.
Satisfait de l'intelligence du nègre, il lui dit:
« Votre père est un grand homme, il a rendu des
services éminents à la France. Vous lui direz que
moi, premier magistrat du peuple français, je lui
promets protection, gloire et honneur. Ne croyez
pas que la France ait l'intention de porter la guerre
à Saint-Domingue; l'armée qu'elle y envoie est
destinée, non à combattre les troupes du pays, mais
à augmenter leurs forces. Voici le général Leclerc,
mon beau-frère, que j'ai nommé capitaine-général,
et qui commandera cette armée. Des ordres sont
donnés pour que vous soyez quinze jours d'avance
à Saint-Domingue, pour annoncer à votre père la
venue de l'expédition. » Le lendemain, le ministre
de la marine, au nom du gouvernement, fit présent à Placide et à Isaac d'une armure et d'un cos-
tume militaire (1). Ces jeunes gens, qui devaient
précéder l'escadre, et épargner à la colonie, par

(1) Mémoires d'Isaac-L'Ouverture, sur la vie de son père.

leurs conversations avec leur père, tous les nouveaux
malheurs qui étaient sur le point de l'assaillir,
embarqués sur la frégate la *Syrène,* ne prirent la
mer qu'avec l'armée navale. Fût-ce contre-ordre du
premier consul? fût-ce du propre mouvement du général Leclerc ou de l'amiral Villaret-Joyeuse? nul ne
le sait. Placide et Isaac-L'Ouverture, transbordés,
sur le vaisseau le *Jean-Jacques,* arrivèrent au
Cap-Samana en même temps que la flotte. Là,
l'amiral Villaret sut que L'Ouverture était à Santo-
Domingo. C'était l'occasion de lui envoyer ses enfants et quelques officiers, pour lui annoncer l'arrivée de l'expédition, et l'inviter à venir recevoir
ses frères d'Europe. Mais le général Leclerc, voulant
imiter son beau-frère, qui n'aimait pas à aller par
quatre chemins au but qu'il s'était une fois tracé,
voulait, disons-le, faire de la conquête à l'instar de
l'Alexandre moderne; il dédaigna donc toute voie de
conciliation. Une division, celle du général Boudet,
eut ordre de se diriger sur le Port-au-Prince. Une
autre division, sous les ordres du général Rochambeau, se dirigea sur le Fort-Dauphin, et une
troisième division, sous les ordres de Kerverseau,
se porta sur Santo-Domingo, tandis que le gros
de la flotte voguait vers le Cap, avec les enfants de
L'Ouverture,—malgré les représentations de ces
enfants, qui voyaient avec inquiétude l'idée si fu-
nestement belligérante du général Leclerc; mais
un conseil de guerre avait décidé !

Ce qui prouve combien l'esprit des chefs de l'expédition était à la guerre, c'est que de prime-abord Leclerc voulut débarquer, sans se soucier de celui qui commandait alors la colonie, quoique Toussaint fût un général comme lui au service de la France et que lui, Leclerc eût pu, sans doute, au lieu de faire tonner l'artillerie sur le Cap, de faire saccager le Fort-Dauphin éviter bien de maux, en envoyant à L'Ouverture ses deux enfants. La vue de ces enfants eût empêché L'Ouverture, – qui les aimait d'amour tendre, de faire résistance, en admettant qu'il eût voulu réellement s'affranchir de la puissance métropolitaine. Or, ce ne fut qu'après des actes d'hostilité que Leclerc songea à envoyer à L'Ouverture ses enfants et la lettre que le premier consul lui adressait; et malheureusement pour les intérêts de la France, c'était seulement pour la première fois que le *Premier des Blancs* écrivait au *Premier Des Noirs* :— une correspondance amicale avec L'Ouverture eût plus fait que l'emploi de toutes les forces matérielles. Placide et Isaac-L'Ouverture furent alors envoyés à leur famille, accompagnés de leur précepteur, Coisnon, qui tardivement était porteur de la lettre du premier consul. Ils arrivèrent à Ennery, cette délicieuse vallée, non éloignée des Gonaïves, où L'Ouverture avait acheté l'habitation Sancey, et où il aimait à aller se délasser des lourds travaux de l'administration publique. Madame L'Ouverture s'empressa d'aviser son mari du bonheur inespéré qui leur arrivait à l'un et à l'autre.—Le général Vernet lui annonça aussi une lettre du premier consul.—A cette double nouvelle, L'Ouverture loin de continuer son voyage dans l'Ouest, se hâta de se rendre à Ennery, pour embrasser ses enfants et connaître le but des agressions dont l'île était le théâtre.

CHAPITRE LXX.

L'Ouverture vient à Ennery ;—lettre du premier consul.

L'Ouverture arriva pendant la nuit à Ennery. A la vue de ses enfants dont il était séparé depuis si long-temps et qu'il ne s'attendait pas à embrasser sitôt, il versa quelques larmes, remercia Coisnon des soins qu'il leur avait donnés, et serra le précepteur dans ses bras. Coisnon lui présenta la lettre du premier consul renfermée dans une boîte en vermeil. L'Ouverture lut rapidement cette lettre : la voici :

Au citoyen Toussaint, général en chef de l'armée de Saint-Domingue :

CITOYEN GÉNÉRAL,

« La paix avec l'Angleterre et toutes les puissances de l'Europe, qui vient d'asseoir la République au premier degré de puissance et de grandeur, met à même le gouvernement de s'occuper de la colonie de Saint-Domingue. Nous y envoyons le citoyen général Leclerc, notre beau-frère, en qualité de capitaine-général, comme premier magistrat de la colonie. Il est accompagné de forces suffisantes pour faire respecter la souveraineté du peuple français. C'est dans ces circonstances que nous nous plaisons à espérer que vous allez nous prouver, et à la France entière, la sincérité des sentiments que vous avez constamment exprimés dans les différentes lettres que vous nous avez écrites.

« Nous avons conçu pour vous de l'estime et nous nous plaisons à reconnaître et à proclamer les services que vous avez rendus au peuple français. Si son pavillon flotte sur Saint-Domingue, c'est à vous et aux braves noirs qu'il le doit.

« Appelé par vos talents et la force des circonstances au commandement, vous avez détruit la guerre civile, mis un frein à la persécution de quelques hommes féroces, remis en honneur la religion et le culte de Dieu, de qui tout émane.

« La constitution que vous avez faite, en renfermant beaucoup de bonnes choses, en contient qui sont contraires à la dignité et à la souveraineté du peuple français, dont Saint-Domingue ne forme qu'une portion.

« Les circonstances où vous vous êtes trouvé, environné d'ennemis, sans que la métropole ait pu vous secourir, ni vous alimenter, ont rendu légi-

times des articles de cette constitution qui pourraient ne pas l'être; mais aujourd'hui que les circonstances sont si heureusement changées, vous
serez le premier à rendre hommage à la souveraineté de la nation qui vous compte au nombre
de ses plus illustres citoyens, par les services que
vous lui avez rendus, et par les talents et la force
de caractère dont la nature vous à doué. Une conduite contraire serait inconciliable avec l'idée que
nous avons conçue de vous. Elle vous ferait perdre
vos droits nombreux à la reconnaissance de la République, et creuserait sous vos pas un précipice
qui, en vous engloutissant, pourrait contribuer au
malheur de ces braves noirs dont nous aimons le
courage, et dont nous nous verrions avec peine
obligé de punir la rébellion.

« Nous avons fait connaître à vos enfants et à leur
précepteur les sentiments qui nous animent et nous
vous les renvoyons.

« Assistez de vos conseil, de votre influence et de
vos talents, le capitaine-général. Que pouvez-vous
désirer? La liberté des noirs? Vous savez que dans
tous les pays où nous avons été, nous l'avons donnée
aux peuples qui ne l'avaient pas. De la considération, des honneurs, de la fortune? Ce n'est pas
après les services que vous avez rendus, que vous
pouvez rendre encore dans cette circonstance, avec
le sentiment particulier que nous avons pour vous,

que vous devez être incertain sur votre considération, votre fortune, et les hommages qui vous
attendent.

« Faites connaître aux peuples de Saint-Domingue que la sollicitude que la France a toujours
portée à leur bonheur a été souvent impuissante par
les circonstances impérieuses de la guerre ; que
les hommes venus du continent pour l'agiter et alimenter les factions, étaient les produit des factions,
que elles-mêmes déchiraient la mère-patrie ; que
désormais la paix et la force du gouvernement as-
sureront leur prospérité et leur liberté. Dites-leur
qui si la liberté est pour eux le premier des biens,
ils ne peuvent en jouir qu'avec le titre de citoyens
français, et que tout acte contraire aux intérêts de
la patrie, à l'obéissance qu'ils doivent au gouvernement et au capitaine-général qui en est le délégué, serait un crime contre la souveraineté nationale qui éclipserait leurs services et rendrait Saint-
Domingue le théâtre d'une guerre malheureuse où
des pères et des enfants s'entregorgeraient.

« Et vous, général, songez que si vous êtes le premier de votre couleur qui soit arrivé à une si grande
puissance, et qui se soit distingué par sa bravoure
et ses talents militaires, vous êtes aussi, devant Dieu
et nous, le principal responsable de leur conduite.

« S'il était des malveillants qui disent aux indi-

vidus qui ont joué le principal rôle dans les troubles
de Saint-Domingue, que nous venons pour rechercher ce qu'ils ont fait pendant les temps d'anarchie, assurez-les que nous ne nous informerons
que de leur conduite, dans cette dernière circonstance ; que nous ne rechercherons le passé que pour
connaître les traits qui les auraient distingués dans
la guerre qu'ils ont soutenue contre les Espagnols,
et les Anglais qui ont été nos ennemis.

« Comptez sans réserve sur notre estime, et con-
duisez-vous comme doit le faire un des principaux
citoyens de la plus grande nation du monde.

Le premier Consul : (Signé) BONAPARTE. »

Le général Leclerc n'avait pas daigné écrire à
L'Ouverture pour lui annoncer de son côté, la
nature et le but de sa mission. Ce manque d'é-
gards et de procédés était bien fait pour irriter
celui qui avait été jusque là habitué à tout voir se
courber devant son ascendant, — depuis la vieille négresse qui faisait son calalou jusqu'aux femmes
des colons, ces fières princesses blanches qui, au
dire du général Pamphile de Lacroix, sollicitaient
l'honneur de lui faire la cour. — L'Ouverture dit à
Coisnon : « Vous, Monsieur, en qui je considère
le précepteur de mes enfants et l'envoyé de la
France, avouez que les paroles et la lettre du premier consul sont tout à fait en opposition avec la

conduite du général Leclerc. L'un m'annonce la
paix, l'autre me fait la guerre. Le général Leclerc,
en tombant sur Saint-Domingue comme un coup
de foudre, ne m'a appris sa mission que par l'incendie de la capitale, qu'il pouvait éviter, par la
prise d'assaut du Fort-Dauphin, et les débarque-
ments opérés à main armée sur les côtes du Limbé.

« Je viens d'être informé que le général Maurepas
a été attaqué par une division française, qu'il a repoussée ; que le commandant de Saint-Marc a
forcé de prendre le large deux vaisseaux français
qui canonnaient cette ville. Au milieu de tant de
désordres et de violence, je ne dois pas oublier que
je porte une épée. Mais pour quel motif me dé-
clare-t-on une guerre aussi injuste, aussi impolitique ? Est-ce parce que j'ai délivré mon pays du
fléau de la guerre étrangère, que j'ai travaillé de
toutes mes forces à sa prospérité et à sa splendeur, et
que j'y ai établi l'ordre et la justice ? Puisque ces
actions sont des crimes, pourquoi m'envoie-t-on
mes enfants, dans une telle circonstance, pour partager ce crime ? Au reste, si, comme vous me le
dites, le général Leclerc désire franchement la paix,
qu'il arrête la marche de ses troupes. Il préservera
Saint-Domingue d'une subversion totale, et calmera
les esprits déjà exaspérés par son système d'agression et d'envahissement. Je veux, Monsieur Coisnon,
lui écrire dans ce sens une lettre que vous, mes

deux enfants et Monsieur Granville, le précepteur
de mon jeune fils, serez chargés de lui remettre» (1).

L'Ouverture, en ce moment solennel, était sublime. Un vieillard d'Ennery me raconta, quand
j'y passai à une époque aussi de tourmente, que
son discours arrachait des larmes à sa famille, à
M. Coisnon, à M. Granville et à tous les officiers
de son état-major qui l'entouraient.—L'Ouverture
s'étonnait surtout qu'on semblât vouloir faire de ses
enfants, comme le prix de sa reddition. Il dit
en embrassant ces enfants, «que M. Coisnon pouvait
même les ramener au général Leclerc, parce qu'à
tout hasard il devait, avant tout, le sacrifice de ses
jours à la liberté de ses concitoyens. » Interpellant,
au milieu de cet instant de suprême émotion, le libre
arbitre de ces enfants, il leur proposa l'alternative
de rester à ses côtés ou d'aller rejoindre les blancs.
Isaac-L'Ouverture déclara qu'il ne tirerait jamais
les armes contre la France; mais Placide, lui, déclara
qu'il saurait mourir à côté de son père; cependant Isaac était nègre, fils propre de L'Ouverture,
et Placide était mulâtre, fils adoptif. Le général
Pamphile dit que le lendemain les deux frères
congénères combattaient dans les rangs opposés,
c'est-à-dire que Placide était avec L'Ouverture et
Isaac avec Leclerc.

(1) Mémoires d'Isaac-L'Ouverture.

CHAPITRE LXXI·

Proclamation du premier consul aux habitants de Saint-Domingue.

Cependant le général Leclerc avait pris possession, ainsi que nous l'avons vu, de la ville du Cap, et y avait fait publier la proclamation du premier consul aux habitants de Saint-Domingue:

LE PREMIER CONSUL AUX HABITANTS DE SAINT-DO-MINGUE.

« Quelles que soient votre origine et votre couleur, vous êtes tous français, vous êtes tous libres et tous égaux devant Dieu et devant les hommes.

« La France a été comme Saint-Domingue en proie aux factions et déchirée par la guerre civile et par la guerre étrangère ; mais tout a changé, tous les peuples ont embrassé les Français et leur ont juré la paix et l'amitié. Tous les Français se sont aussi embrassés, et ont juré d'être tous des amis et des frères. Venez aussi embrasser les Français et vous réjouir de revoir vos amis et vos frères d'Europe.

« Le gouvernement vous envoie le capitaine-général Leclerc. Il amène avec lui de grandes forces pour vous protéger contre vos ennemis et contre les ennemis de la République. Si l'on vous dit : Ces forces sont destinées à vous ravir la liberté, repondez : La République ne souffrira pas qu'elle nous soit enlevée.

« Ralliez-vous autour du capitaine-général. Il vous apporte l'abondance et la paix. Ralliez-vous autour de lui. Qui osera se séparer du capitaine-général sera un traitre à la patrie, et la colère de la République le dévorera, comme le feu dévore les cannes desséchées.

« Donné à Paris, au palais du gouvernement, le 17 brumaire, an x de la République française (8 octobre 1801). Le premier consul : (Signé), Bonaparte.

Ce langage superbe, que Bonaparte prenait sans doute pour une poétique inspiration du ciel oriental qu'il avait naguère visité, n'était rien autre chose qu'une jactance rédigée par quelque perfide colon. Ce langage n'était fait que pour enflammer à Saint-Domingue l'amour de la liberté et porter les habitants à repousser des rivages les armées de la France.

Cependant le général Leclerc attendait des nouvelles des différentes divisions qu'il avait envoyées contre les autres parties de l'île.

CHAPITRE LXXII.

Marche de l'armée française.—Combat de la Ravine-à-Couleuvres. — Le vieux Toussaint avec son génie.

Les enfants de L'Ouverture vinrent enfin le rejoindre aux Gonaïves. Dans sa réponse sans autrement expliquer la nature, ni le but de l'expédition, le général Leclerc ordonnait à L'Ouverture de se rendre près de lui au Cap, pour être son lieutenant-général. L'Ouverture lui répondit que sa conduite ne lui inspirait pas assez de confiance pour qu'il se rendît au Cap, et pour qu'il acceptât la lieutenance. Il demanda cependant à Leclerc la communication de ses instructions, lui promettant d'employer son crédit à empêcher la résistance que les habitants de l'île étaient décidés à faire aux armes de la France. L'Ouverture déclarait en outre à Leclerc que s'il n'arrêtait pas la marche de ses troupes, il était décidé à les repousser. Leclerc ne daigna même pas répondre à cette seconde lettre. Il fit dire à L'Ouverture, par l'ordonnance, qu'il n'avait pas de réponse à lui faire, et qu'il entrait en campagne. Il proclama le même jour, 28 pluviôse, (17 février), la mise hors la loi de L'Ouverture et de Christophe, en ordonnant de leur courir-sus.

Le général Leclerc ignorait qu'on peut soumettre l'homme défendu par des murailles, mais que l'homme défendu par la nature est invincible dans ses sourcilleuses montagnes; — il voulait la guerre.— L'Ouverture en homme d'honneur accepta la guerre. *Le premier des Noirs*, quoique n'ayant qu'une vingtaine de bataillons disséminés dans une immense étendue de pays, montra dans la courte campagne qu'il ouvrit, une activité, une intrépidité et des talents qui eussent suffi pour illustrer n'importe quel capitaine européen; ses lieutenants le secondèrent puissamment: parmi ces lieutenants l'histoire n'oubliera pas Lamartinière, mulâtre, et Magny, nègre.— Déjà une division de l'armée française s'était emparée du Dondon, de Saint-Raphaël, de Saint-Michel, de la Marmelade et avançait sur Ennery et les Gonaïves.

Alors que les généraux français pensaient, débouchant du nord par trois colonnes: l'une, par la Ravine-à-Couleuvres, celle du général Rochambeau; l'autre, celle du général Hardy, par la vallée d'Ennery, et la troisième, celle du général Desfourneaux, par le Gros-Morne, — alors qu'ils pensaient envahir l'Artibonite, couper toute retraite à L'Ouverture, le faire prisonnier avec sa garde d'honneur, et terminer ainsi la campagne,—L'Ouverture laissait à Vernet l'ordre de brûler les Gonaïves, en cas qu'il n'eût pu défendre cette ville, et se portait avec

trois cents grenadiers de sa garde et soixante cavaliers à la rencontre du général Rochambeau, qui
s'avançait par la Ravine-à-Couleuvres pour intercepter le chemin du Pont-de-l'Ester.—Ce chemin
mène à Saint-Marc.—L'Ouverture arriva le 8 ventôse (22 février) au soir dans la gorge de la Ravine-
à-Couleuvres. Laissant en deçà ses braves grenadiers, il traversa la ravine avec un seul de ses aides
de camp et deux cultivateurs de son habitation Lacroix,—qui se trouve aux environs,—pour sonder
au milieu de la nuit le voisinage de l'ennemi : un
des guides s'aventura, tomba dans un poste de
Rochambeau et fut égorgé. Si le Ciel n'eût pas
veillé sur L'Ouverture, le même sort lui était
réservé.—Il revint, sans se douter de la mort du
cultivateur, rejoindre ses compagnons.—L'Ouverture, le lendemain, à quatre heures du matin,
laissant les dragons en bataille pour protéger au
besoin sa retraite, traversa la rivière à la tête de
ses grenadiers, et rencontra l'avant-garde de Rochambeau qui se mettait en marche.—La division
Rochambeau se composait de cinq mille hommes.
L'Ouverture, sans tenir compte du nombre, jette
deux compagnies de grenadiers en tirailleurs dans
les bois qui garnissent le flanc droit du défilé et
charge à la tête du centre.—C'est à tort que Thiers
dans son *Histoire du Consulat*, dit qu'à cette affaire
L'Ouverture avait de l'artillerie.—Le combat avait

commencé à quatre heures du matin; à onze heures
seulement le général Rochambeau avait réussi à
traverser la rivière. L'Ouverture tenta alors un
dernier effort. Suivi du chef de brigade Magny,
qui commandait la garde, il revient avec une poignée de grenadiers et de miliciens contre la tête de
la division française ; il la rejette à l'autre rive de la
rivière. Alors le combat cessa, mais l'avantage était
en faveur de L'Ouverture, qui avait couvert le Pont-
de-l'Ester et qui avait laissé au général Vernet le
temps d'incendier et d'évacuer les Gonaïves. —
Vernet avait soutenu un rude combat au Poteau,
contre le général Desfourneaux (4 ventôse, 25 février), et avait eu le temps de s'établir à l'Ester ;
dans la journée même du combat. — L'Ouverture
vint l'y joindre.

Le Pont-de-l'Ester est jeté sur la rivière du même
nom ; bâti en pierre, garni d'artillerie, il commande
l'entrée du centre de l'Artibonite. — Là, à ce pont,
L'Ouverture rejoignit sa femme, ses sœurs et ses
deux nièces, que Vernet avait rencontrées dans sa
retraite des Gonaïves, fuyant l'habitation Lacroix,
où elles avaient été si près du théâtre du combat. —
L'Ouverture songea tout d'abord à faire prendre
l'artillerie qui défendait le Pont-de-l'Ester, à se
transporter à Saint-Marc; et, dans cette place,
comme il le dit dans ses mémoires, faire une
grande résistance, succomber peut-être, mais au

moins emporter dans la tombe l'héroïsme de son cœur; — quand il apprit que le général Dessalines avait la veille incendié et évacué Saint-Marc.

L'Ouverture passa alors la nuit au Pont-de-l'Ester. Entouré de ses soldats et de sa famille, couvert d'un manteau, il n'avait qu'un morceau de planche pour s'asseoir et se coucher (1); et, tantôt assis, tantôt couché, il écrivit dans cette nuit terrible, de ses propres mains, partout où il savait que la liberté avait encore quelques amants, pour stimuler leur dévoûment.

CHAPITRE LXXIII.

Rigaud et ses lieutenants débarquent.

Laissons un instant le vieux Toussaint seul avec son génie; jetons un coup d'œil rétrospectif. La flotte française avait ramené à Saint-Domingue tous les officiers, noirs ou mulâtres, qui, à diverses époques, avaient été demander à la métropole l'hospitalité de son sein maternel. Rigaud, Villate, Léveillé, généraux de brigade; Birot, Borno-Déléart, chefs de brigade; Pétion, adjudant-commandeur; Maurice Bienvenu, Étienne Saubatte,

_____

(1) Mémoires d'Isaac-L'Ouverture.

Brébillon, chefs d'escadron; Abraham Dupont, Belley, Quayer-Larivière, Dupuche, Brunache, Gautras, chefs de bataillon; Jean-Pierre Boyer, capitaine, et vingt-neuf autres officiers, la femme et les enfants de Rigaud, embarqués et partis de Rochefort sur la frégate la *Vertu*, avaient assisté dans la rade du Cap à l'incendie de cette ville. L'intention du général Leclerc était de les envoyer à Madagascar, dans le cas où il n'eût pu s'emparer de la ville (1). — Léveillé, Villate, avaient débarqué au Cap; Rigaud, Pétion, avaient débarqué au Port-au-Prince : aucun de ces officiers n'eut de commandement actif, à l'exception de Pétion. Boudet, après la prise du Port-au-Prince, lui avait donné le commandement de la 13e demi-brigade coloniale, formée, ainsi que nous l'avons vu, des débris des régiments du Sud, et composée d'hommes qui avaient presque tous, pendant la guerre civile, servi sous ses ordres.—Le retour de tous les anciens défenseurs de la liberté du pays avait tranquillisé la conscience de beaucoup de citoyens; car qui pouvait s'imaginer qu'une armée, dans les rangs de laquelle on voyait Léveillé, Villate, Rigaud, Pétion, Quayer-Larivière, Abraham Dupont, pouvait être destinée à rétablir l'esclavage des noirs ?

(1) Mémoires d'Isaac-L'Ouverture.

CHAPITRE LXXIV.

L'Ouverture à la Crète-à-Pierrot.—Sa proclamation contre Leclerc. — Ses mouvements militaires.

L'Ouverture que nous avons laissé au Pont-de-l'Ester, avait donné pendant la nuit tous les ordres qu'il croyait utiles au salut de son pays ; au matin du 5 ventôse (24 février), il laissa à Vernet le soin d'évacuer le Pont-de-l'Ester sur la Petite-Rivière ; et, après avoir fait partir sa famille pour l'habitation Vincendiaire , dans les montagnes du Grand-Cahos, il poussa reconnaissance, à la tête d'un escadron, jusqu'au lieu du combat de la veille ; s'étant assuré que le général Rochambeau n'avait pas fait de pas en avant, il traversa l'Ester, et alla établir son quartier-général sur l'habitation Courvoisier, au milieu de l'Artibonite.—Dessalines vint y joindre L'Ouverture, qui avait alors une fièvre occasionnée autant peut-être par les émotions politiques que par les fatigues excessives de ses marches réitérées ; Christophe aussi vint le joindre sur la même habitation. La division Hardy avait enlevé, contre ce dernier la position Bayonnet, après un combat acharné. L'Ouverture se porta avec ces généraux au bourg de la Petite-Rivière ; là, il ordonna d'augmenter les moyens défensifs du fort de la Crète-à-Pierrot.

Ce fort bàti par les Anglais, pendant leur occupa-
tion, portait alors le nom de Fort-L'Ouverture ;—
il ordonna à Vernet d'y faire transporter de l'eau et
des vivres pour le cas d'un siége ; il chargea
Dessalines du commandement de ce point important ; il laissa à ce général quelques compagnies de
sa garde, le bataillon des Gonaïves, dit manteaux
rouges, à cause de la couleur de leurs habits, trois
cents des soldats qui avaient évacué Saint-Marc, une
centaine d'artilleurs.—Le chef de brigade Magny, les
chefs de bataillon Lamartinière et Larose, les chefs
d'escadron Morisset et Monpoint devaient servir de
lieutenants au général Dessalines.—Vernet devait
s'occuper exclusivement de la fabrication de cartouches.—L'Ouverture fit appeler les officiers, que nous
venons de nommer ; il les harangua : « Enfants, leur
dit-il, car vous êtes tous mes enfants, depuis Lamartinière qui est blanc comme un blanc (1), mais qui
sait qu'il a du sang nègre dans les veines, jusqu'à
Monpoint qui a ma peau, je vous confie ce poste ; sachez le défendre. » Les officiers lui jurèrent qu'il pou-

(1) Lamartinière était un intrépide quarteron ; il chercha seul
à défendre le Port-au-Prince, quand la division Boudet s'y
présenta ; pour avoir de la poudre, il brûla de ses mains la cervelle au commandant de l'arsenal, Lacombe, blanc, et sut se
retirer à la Croix-des-Bouquets en faisant respecter sa retraite ;
c'est le même que nous avons vu poursuivre à l'affaire du carrefour-Truitier les anglais jusqu'à l'eau de Byzoton.

vait compter sur eux et que morts ou vivants, ils
resteraient dignes de sa confiance et de son estime.
L'Ouverture après avoir ordonné à Charles-Bélair
d'aller occuper les montagnes des Verrettes, partit de
la Petite Rivière avec une compagnie de dragons et
sept compagnies d'infanterie, dont il donna le commandement immédiat au chef de brigade Gabart, —
mulâtre, — dont il connaissait l'intrépridité et qui
devait mourir obscurément sous le gouvernement
ingrat de Dessalines.

Où allait le vieux Toussaint avec si peu de troupes?
Que comptait-il faire?—Le vieux Toussaint savait que
toutes les divisions françaises se dirigeaient contre
la Petite-Rivière; il voulait par un coup d'audace
tomber sur leurs derrieres, forcer le général Leclerc à retrograder et retarder ainsi la chute de la
liberté de ses frères.—Le plan était magnifique et
digne du premier des noirs.—Or, L'Ouverture à
travers les Cahos parut devant Ennery, que la garnison française évacua sur la Marmelade; dans ce
village il trouva la proclamation qui le mettait hors
la loi; le même jour 10 ventose (1ᵉʳ mars) il lança à
son tour une proclamation. Cette proclamation,
après avoir énuméré les injustes agressions dont l'île
était le théâtre et les torts impolitiques du général
Leclerc, mettait ce général ainsi que Rochambeau,
Desfourneaux et Kerverseau hors la loi à leur tour,
et ordonnait de les amener *morts ou vifs*. La pré-

sence de L'Ouverture dans ces quartiers avait fait
sortir des bois tous les vieux nègres et tous les mulâtres qui avaient fui avec horreur la présence des
blancs; chacun avait reparu avec ses armes. Il se
porta avec les miliciens qui augmentèrent ses rangs
contre la Marmelade, Saint-Michel, Saint-Raphaël
et le Dondon; partout dans ces villages les garnisons
françaises reployèrent à son approche sur la plaine
du nord, sans attendre la lutte, —tant était grande
la terreur que L'Ouverture, même au fort des revers, inspirait encore à ses ennemis! — Il organisa
les milices de ces différents endroits ; il fit venir à la
Petite-Rivière le général Christophe et l'envoya
dans les montagnes de la Grande-Rivière rallier
quelques bataillons des 1°, 2e et 3e demi-brigades,
réorganiser les milices du Grand-Boucan, de Vallière, de Sainte-Suzane, de Sans-Soucy et du Port-
Français et surtout veiller à un dépôt considérable
d'armes, de munitions et d'artillerie qu'il avait
dans les montagnes de la Grande-Rivère (1).

CHAPITRE LXXV.

Marche de l'armée française.—Attaques de la Crète-à-Pierrot.

Pendant que L'Ouverture guerroyait dans le

(1) Mémoires d'Isaac-L'Ouverture.

nord contre la division Desfourneaux,—la division Rochambeau et la division Hardy avaient, après avoir balayé tous les détachements de Christophe, paru devant la Petite-Rivière de l'Artibonite. Le général Debelle déboucha par les Gonaïves ; 12,000 hommes des plus braves enfants de la République occupèrent bientôt le village de la Petite-Rivière;— ils devaient y laisser la fleur de leur intrépidité.— Le général Debelle, le plus tôt arrivé sur les lieux, ordonna l'attaque du Fort-L'Ouverture qui était défendu par une pièce de 8 et 6 pièces d'un calibre inférieur. Or, le 13 ventôse (4 mars), la division Debelle gravit l'arme au bras la petite côte qui part du village et que domine le fort. Déssalines à cette vue ordonna de baisser les portes de la Crête-à-Pierrot ; ces portes se baissent, dit-il, pour ceux qui ne se sentent pas le courage de mourir ; tandis qu'il en est temps encore, que les amis des Français sortent; ils n'ont à espérer ici que la mort. » Et après avoir permis à tous ceux que la maladie ou la peur chassait de se retirer, il ouvre les portes d'une poudrière, prend un baril de poudre, la répand jusqu'à la première porte, et saisissant un tison allumé : Voilà, dit-il, pour le dernier feu ; je fais sauter le fort, si vous ne vous défendez pas(1).

(1) Mémoires de Boisrond-Tonnerre, secrétaire et conseiller intime de Dessalines, auteur des fameuses et célèbres procla-

Les Français cependant s'avançaient, précédés d'un parlementaire; ce parlememtaire tenait une lettre à la main. Mais Dessalines ordonne le feu, et le malheureux parlementaire est le premier emporté par un boulet.

Le feu commença alors, et aucun silence ne vint l'intervaller pendant plusieurs heures; les troupes françaises avec leur intrépidité ordinaire se précipitent en avant; mais les troupes coloniales se jettent derrière les abattis de leur position, démasquent ainsi les batteries du fort, qui alors comblent les fossés de cadavres. Le général Debelle est blessé l'adjudant-commandant Deveaux l'est aussi; — on ordonne la retraite sur Saint-Marc, qui n'est éloigné de la Petite-Rivière que de huit lieues.—Ce désastre fit une cruelle sensation sur l'esprit du général Leclerc, qui se trouvait alors au Port-au-Prince et qui commençait à croire à la témérité de ces mêmes hommes avec lesquels il n'avait pas voulu jusque là compter;—car la facilité avec laquelle les Français étaient entrés au Cap, au Port-au-Prince, aux Cayes (1) et à Jérémie (2), lui avaient fait espérer

mations de 1804; il fut tué au Port-au-Prince presqu'en même temps que cet empereur.

(1) Cette ville fut livrée sans coup férir par Laplume, ce même vieux noir que nous avons vu être un des principaux instruments de la guerre sacrilège de L'Ouverture et de Rigaud.

(2) Cette ville fut livrée par Dommage aussi sans coup-férir.

bon marché de tous les points de l'île,—tant les nègres et les mulâtres devaient se réjouir de revoir leurs anĉiens maîtres !

Leclerc vint en personne à la Petite-Rivière;—il amenait de Saint-Marc la division Boudet qui avait pris possession de cette ville ;—dans cette division marchait André Rigaud, sans commandement déterminé, et Alexandre Petion avec la 15ᵉ demi-brigade.—Mais dans l'intervalle qui s'était écoulé depuis la première attaque, Dessalines avait ordonné à Lamartinière d'élever un nouveau fort sur une éminence qui domine celle où se trouve la Crête-à-Pierrot. La nouvelle redoute, quoique faite à la hâte, devait encore être témoin de la défaite des armes du général Leclerc.— Cinq cents hommes restèrent alors au grand fort sous les ordres de Vernet et de Magny, deux cents se portèrent avec Lamartinière à la nouvelle position,— qu'il avait ceinte de fossés et à qui les soldats avaient donné son nom.—J'ai parcouru ces lieux, témoins de la vaillance des armes françaises et de la noble résistance qui leur fut opposée par une poignée de noirs; j'y ai vu les ossements encore épars d'une multitude de braves qui, suivant l'expression du général Pamphile de Lacroix, étaient dignes d'un meilleur sort; je me suis à mon tour assis dans le fort-L'Ouverture et dans le fort-Lamartinière, au milieu des débris de bombes qui éclatèrent à cette époque, en ces endroits,—sous les arbres qui ont depuis poussé dans leur enceinte, sur les mêmes pierres qui servaient alors de remparts et qui aujourd'hui s'assolent les unes sur les autres;—dans ces endroits, il m'a semblé entendre de sourds gémissements sortir des ossements des noirs et des blancs qui y périrent.—J'ai foulé avec piété les ossements des uns et des autres. — Il m'a paru entendre la voix plaintive des braves de l'une et de l'autre race, accuser la politique des maux qu'elle occasionne à la terre !...

Ici, citons une autorité qui est d'un poids immense dans la balance. Le général Pamphile qui combattit contre la Crête-à-Pierrot, dit, dans ses mémoires, ces paroles que nous rapportons textuellement : « Malgré que nous opérions l'investissement du fort, la musique des ennemis faisait entendre les airs patriotiques adaptés à la gloire de la France.

« Malgré l'indignation qu'excitaient les atrocités des noirs, ces airs produisaient généralement une sensation pénible. Les regards de nos soldats interrogeaient les nôtres; ils avaient l'air de nous dire : « Nos barbares ennemis auraient-ils plus de raison que nous ? ne serions-nous plus les soldats de la République ? Et serions-nous devenus les instruments serviles de la politique (1) ? » Enfants de la

_____

(1) Mémoires pour servir à l'histoire de Saint-Domingue,— par le lieutenant-général baron Pamphile de Lacroix.

grande France, où vous a conduits la politique du premier consul ?...

CHAPITRE LXXVI.

Leclerc attaque en personne la Crête-à-Pierrot.—Bombardement et évacuation.

Leclerc avait donc paru en personne devant la Crête-à-Pierrot ; il en ordonna l'assaut (30 ventôse, 21 mars). Le général Boudet avança intrépidement avec toute sa division ;— déjà ses soldats sont sur la contrescarpe, mais la garnison se rejette comme au premier assaut derrière les abattis et démasque les batteries qui vomissent la mort.—Le général Boudet, blessé au pied, ordonne la retraite,—pendant que le général Leclerc, à la tête de la réserve, composée de la 9ᵉ demi-brigade et de la 74ᵉ, se portait en avant appuyé d'une pièce de 4 et d'un obusier. Leclerc, pour appuyer la retraite de Boudet, arrive à demi-portée de fusil du Fort-Louverture ;—il est obligé dans cette position de combattre, pendant trois heures, pour protéger la division Boudet ; un adjudant à l'état-major, Clément, est tué à ses côtés; l'adjudant-commandant Deveaux est blessé. Beaupré, Nétervood, Perrin et Lebrun, tous ces quatre derniers, aides-de-camp, sont aussi blessés à côté de Leclerc. Le général Dugua reçoit une mitraille à la jambe ;—enfin lui-même, le général Leclerc, reçoit une contusion au bas-ventre ;—son écharpe et son gilet sont percés par une balle.

La retraite s'était effectuée ;—le feu avait cessé. Leclerc ordonna de bloquer hermétiquement les deux positions et de les réduire par la famine.—On fit alors venir de Saint-Marc un mortier et plusieurs obusiers —Le bombardement commença le 1ᵉʳ germinal (22 mars). Pétion eut la direction du mortier; il jeta plusieurs bombes dans le fort; dans la nuit du 3 germinal (24 mars), les garnisons des deux forts, manquant de vivres et d'eau, songèrent à évacuer. Lamartinière évacua d'abord sa redoute; mais, par un mal entendu, il fut accueilli au grand fort où il se dirigeait, par une fusillade à bout portant.—Magny et Vernet croyaient à la présence de l'ennemi, et Lamartinière croyait au contraire que les Français étaient maîtres du fort.— Quand on se fut reconnu, on disposa de la marche. —Les canons furent encloués, la poudrière sautée et, dans le plus profond silence, Lamartinière, qui dirigeait l'évacuation, se porta directement sur le quartier-général de Rochambeau; en habile soldat, il savait que, d'habitude, un quartier-général est l'endroit le moins gardé. ―Sans les coups de fusils échangés avec l'avant-poste de ce quartier-général, et qui reveillèrent en sursaut le général Rochambeau, ce général eût été prisonnier. Il n'eut que le temps de se jetter par une fenêtre et d'abandonner la maison qu'il occupait. — Quand les Français prirent le lendemain possession du fort, ils n'y trouvèrent que des blessés et des malades : Lamartinière avait rejoint Dessalines à Marchand.

Leclerc dirigea aux Gonaïves—la division Rochambeau, au Cap—la division Hardy, à Saint-Marc—la division Boudet.

CHAPITRE LXXVII.

Marche de L'Ouvertre contre Plaisance. — Dangers qu'il affronte. — Beaux traits de religion.

L'Ouverture, confiant en ses lieutenants, à qui il avait laissé la défense du Fort de la Crête-à-Pierrot, et n'en prévoyant pas la chute si prochaine,—toujours dans la pensée de ramener le général Leclerc dans le Nord, pour dégager l'Artibonite, et pour donner aux populations le temps de se remuer contre les blancs,—marchait contre Plaisance. Le 14 ventôse (5 mars), il enleva d'assaut le Fort-Bidouret, qui domine Plaisance. Le lendemain, 15 ventôse (6 mars), le général Desfourneaux, qui commandait à Plaisance, marcha, à son tour, contre l'Ouverture pour reprendre les postes de Bidouret : le combat fut violent. — L'Ouverture n'avait, cependant, que quelques compagnies à opposer à la masse des troupes blanches. — L'Ouverture se porta en avant; mais quelle fut sa douleur quand il vit la 9ᵉ demi-brigade, qu'il pensait encore sous les murs du Port-de-Paix à combattre avec Maurepas! — Jusque-là, il n'avait pas eu de nouvelles de ce général (1). — L'Ouverture s'avança vers ce régiment, qu'il savait, et qui l'est encore, un des plus patriotes corps de troupes de l'île. — « Comment, mes enfants, vous osez combattre contre votre père, votre général et vos frères ?» — Les soldats, à ces paroles, semblaient être décidés à passer dans ses rangs ; — mais un lieutenant des grenadiers du même corps, Placide-Lebrun, nègre, qui parvint depuis aux plus hautes dignités sous la monarchie de Christophe, s'écria : « Soldats! feu! C'est un brigand! » Le cheval de L'Ouverture est tué; un soldat de la 30ᵉ demi-brigade s'élance sur lui; mais ce soldat est

(1) Maurepas, après avoir incendié le Port-de-Paix (23 pluviôse, 12 février) avait retraité au Calvaire. — Dans cette position formidable, il avait mis en complète déroute le général Humbert et avait malheureusement fini par se rendre à l'armée expéditionaire. — Coup funeste pour L'Ouverture et qui n'épargna pas au brave et humain Maurepas une mort horrible; il fut crucifié aux vergues d'un vaisseau et son cadavre jeté à l'eau dans la rade du Cap.

24

tué : les guides de L'Ouverture protégent son salut.
Le combat se poursuivit. L'Ouverture, blessé à
l'épaule, retraita sur la Marmelade, au milieu du
feu des embuscades que le général Desfourneaux
avait semées sur la route(1). Dans cette retraite,
un capitaine des guides de L'Ouverture fut blessé à
ses côtés ; il ne voulut pas qu'on l'abandonnât ; et,
le pistolet d'une main, il le soutint de l'autre,
quoique lui-même blessé, jusqu'au moment où l'adjudant-général Fontaine vint le prendre dans ses
bras. Presque au même instant, un officier, que le
général Dessalines envoyait à L'Ouverture pour lui
donner des nouvelles de la Petite-Rivière, reçut
en lui remettant la lettre, un coup mortel et expira.
L'Ouverture ne voulut pas qu'on abandonnât cet officier ; il le fit porter hors de la présence de l'ennemi,
et quand le feu eut cessé, il lui fit donner la sépulture. Ces deux traits si touchants, que les pauvres
d'esprit savent seuls apprécier, et que les grands ne
comprennent pas, me rappellent Alexandre Pétion,
venant, à une époque postérieure, de combattre, avec
Christophe, Magny et Markajoux, l'insurrection du
Dondon ; — il avait aussi vu tomber à ses côtés,
aux environs de la Tannerie, le jeune Quéné, frère
du colonel du même nom, — que, pour ne pas laisser
le cadavre de ce brave en la puissance des insurgés,

(1) Rapport du général Desfourneaux.

il avait pris sur ses épaules et l'avait porté, malgré les embuscades, jusqu'à l'endroit propice à une sépulture. L'Ouverture et Pétion ont honoré leur époque par leur magnanimité ; le germe de cette même magnanimité existe dans le cœur de leurs descendants : puisse le nouveau gouvernement de cette contrée le féconder, et faire disparaître les traces de toutes les violences qui ont divisé l'infortunée Haïti !

CHAPITRE LXXVIII.

Contre marche de L'Ouverture dans l'Artibonite.—Projets de L'Ouverture. — Il fait sa soumission et rentre au Cap.

La lettre que le malheureux envoyé de Dessalines avait remise à L'Ouverture lui annonçait la position critique de la Petite-Rivière. Le premier des noirs, à la nouvelle de la détresse de la garnison de la Crête-à-Pierrot, repoussé de Plaisance, convaincu de la reddition de Maurepas, et ne voyant plus aucune trouée possible dans le Nord, se porta de nouveau dans l'Artibonite, car là, il y avait un danger utile à courir. L'Ouverture arriva à marches forcées à la Petite-Rivière : c'était le 2 germinal au soir (23 mars). Cet homme, entreprenant comme César, et qui avait, comme Annibal, les ressources

de la tactique, avait conçu, en accourant au secours de la Crête-à-Pierrot, le projet le plus gigan-
tesque, le plus digne de lui, celui de glisser, avec
ses meilleurs et ses plus dévoués soldats, à travers
les lignes françaises, de pénétrer au quartier-général où se trouvait le général Leclerc, de le faire
prisonnier, et de le rembarquer pour la France (1).
Mais L'Ouverture sut ce même soir, par le bruit
de la fusillade, que la Crête-à-Pierrot et la redoute
Lamartinière avaient été évacuées. L'Ouverture
donna ordre aux défenseurs de la Crête-à-Pierrot
de venir le joindre aux Cahos. Il s'y rendit lui-même
pour se reposer quelque peu au sein de sa famille des
longs et durs tourments qu'il venait de traverser. Là,
aux Cahos, sur l'habitation Chassériaux, dans ces
mêmes montagnes qu'à une certaine époque L'Ouverture avait habitées, et d'où il avait promené
ses yeux pleins de convoitise sur l'Ouest et sur le
Sud,—comme si un pouce de terrain de plus peut
rendre l'homme plus heureux ; — inquiet, L'Ouverture, voyant le revers de la médaille, n'a-
percevant nulle issue à la délivrance de sa propre destinée,—n'avait d'autre consolation que madame L'Ouverture, et regrettait le temps qu'il
avait donné à l'ambition de commander. L'Ouverture manda les Français que ses gens avaient fait

(1) Mémoires de Toussaint-L'Ouverture.

prisonniers dans les différentes rencontres, notamment l'adjudant-commandant Sabès et l'officier de
marine Gémont, qui, envoyés par Boudet au Port-
au-Prince près d'Agé, y avaient été arrêtés par
Lamartinière et entraînés dans la retraite. L'Ouverture ordonna, le 7 germinal (28 mars), de ramener
Sabès et Gémont à la Crête-à-Pierrot parmi les
leurs (1) : il profita du départ de ces officiers pour
écrire au premier consul, lui expliquer la conduite
du général Leclerc, et lui demander d'envoyer un
autre général à qui il eût pu remettre le commandement de l'île. Cette lettre fut adressée au Port-au-
Prince au général Boudet, qui promit de la faire
parvenir à destination. Après avoir expédié ces
deux officiers, L'Ouverture apprit que la division
Hardy, revenant de la Crête-à-Pierrot et se dirigeant au Cap, avait saccagé ses propriétés. Il
envoya l'ordre à Christophe, qui se trouvait aux
environs de la Grande-Rivière, de barrer le passage à cette division. Lui-même, avec quelques
compagnies de cavalerie, se porta à Saint-Michel,
à Saint-Raphaël et aux environs du Dondon; il
rallia les milices de ces différents endroits; et, au
moment où le général Hardy sortait du bourg du
Dondon, L'Ouverture tomba sur la queue de la division française, tandis que Christophe l'attaquait

(1) Précis de Gémont.

en tête. Le combat fut acharné. Christophe y faillit être fait prisonnier. L'Ouverture poursuivit le général Hardy jusqu'à l'embranchement des routes du Cap et de la Grande-Rivière. — L'Ouverture revint à Saint-Raphaël, puis à la Marmelade, après avoir donné ordre à Dessalines d'aller occuper le camp Marchand. — Le projet de L'Ouverture était d'intercepter les communications du Nord avec l'Ouest, en faisant avancer Dessalines contre la Crête-à-Pierrot, en envoyant Vernet contre les Gonaïves, et en se portant en personne contre Plaisance et le Limbé.

Le général Boudet dans ces circonstances renvoya à L'Ouverture son neveu Chancy, mulâtre, qui avait été envoyé en mission dans le Sud, et qui avait été arrêté au Port-au-Prince. — Boudet assurait à L'Ouverture que le général Leclerc allait faire passer sa lettre au premier consul. — Boudet devint dès-lors le négociateur de la paix entre Leclerc et L'Ouverture. Mais ce qui hâta le plus rapidement le dénoûment de la guerre, ce fut la trahison de Christophe : à la fin d'avril, Christophe céda aux propositions du général Leclerc, et se rendit à l'armée française avec douze cents hommes, des 1re, 2e, 5e demi-brigades, livrant les montagnes du Limbé, le Port-Français et la Grande-Rivière avec un immense matériel de guerre. Cet événement porta le coup le plus funeste à L'Ouverture ; et, — c'est

Christophe qui plus tard se prétendra le plus homme
d'honneur et le plus fervent patriote de Saint-
Domingue!—Et, l'on verra dans ce même pays un
gouvernement assez déhonté, poussé par de perfides
conseillers, tenter de décerner les honneurs de l'a-
pothéose à ce général, traitre envers son bienfaiteur,
à ce roi assassin de ses concitoyens!—La trahison de
Christophe souleva l'indignation générale (1).L'on
ne parla plus que de guerre.—L'Ouverture se préparait à aller dans les montagnes de la Grande-
Rivière enlever un dépôt de munitions dont il avait
le secret, quand, cédant aux conseils de quelques
fidèles officiers qui jugeaient la résistance inutile
et même impossible, il se décida à écrire au général
Leclerc pour lui demander une entrevue. (Lettre
du 10 floréal, 30 avril). Fontaine était porteur de
la lettre. Leclerc accueillit cet officier avec distinction, rapporta par une proclamation du 11 floréal
(1er mai), celle du 7 pluviôse qui mettait L'Ouverture hors la loi; dans la nouvelle proclamation
Leclerc promettait l'oubli du passé, le maintien
de tous les officiers coloniaux dans leur rang et
commandement, et, acceptant la demande que lui
faisait L'Ouverture de le laisser vivre dans la retraite; il terminait par dire à L'Ouverture « qu'il
espérait que ce dernier dans ces moments de loisirs,

(1) Mémoires d'Isaac-L'Ouverture.

lui communiquerait ses lumières pour la prospérité de Saint-Domingue. » Cette proclamation fut envoyée à L'Ouverture, qui en accepta les termes et qui se mit en route pour le Cap, avec un brillant état-major et avec une compagnie des dragons de sa garde en grande tenue. L'Ouverture entra au Cap le 13 floréal (3 mai) dans l'après midi ; il fut reçu au gouvernement par les généraux Hardy et Debelle. Le général Leclerc dînait en rade. L'artillerie des forts, ainsi que celle des vaisseaux salua l'arrivée de L'Ouverture. Leclerc vint à terre et ne put s'empêcher d'admirer la bonne tenue et l'air martial de l'escorte de L'Ouverture, qui, rangée en bataille, le sabre au poing, la main à la bride des chevaux, attendait fièrement l'issue de la conférence. — Leclerc embrassa L'Ouverture avec de grandes démonstrations de joie ; ils se promirent réciproquement l'oubli de tous les griefs. L'Ouverture repartit du Cap à onze heures du soir, et alla se coucher sur l'habitation d'Héricourt où était campé le général Fressinet, qui, sous Lavaux, avait servi à Saint-Domingue, et qui était pour L'Ouverture un véritable ami. Le surlendemain L'Ouverture rentra à la Marmelade. Il y réunit sa garde qui montait à quatre cent cinquante hommes, les autres troupes et les milices ; il leur annonça sa soumission au gouvernement français ; il les exhorta à la paix, et les engagea à rester fidèles au nouvel ordre des choses.

Ces hommes qui tous l'adoraient fondirent en larmes.
L'Ouverture envoya ordre depuis le Dondon jusqu'à Ennery, à tous les commandants de place et
à tous les chefs de postes de reconnaître l'autorité
française.

Cependant le général Leclerc craignait la garde
qui entourait L'Ouverture. Il écrivit à L'Ouverture
de la faire monter à Plaisance, où commandait le
général Clausel. Cette garde partit de la Marmelade
le 19 floréal (9 mai). Clausel qui savait apprécier le
mérite militaire, la passa en revue et la félicita de
son admirable tenue.

Dessalines et Charles-Bélair furent obligés d'i-
miter le vieux Toussaint; ils firent leur soumission
et entrérent à Saint-Marc le 3 prairial (23 mai),
avec les débris des 3e, 4e, 7e et 8e demi-brigades. Ils
furent maintenus en activité de service. — Charles-
Bélair devait être plus tard, à l'aurore à la guerre
de l'indépendance, livré aux blancs par Dessalines (1), et ce dernier devait recueillir l'héritage de
L'Ouverture, sous le titre d'empereur.

A l'exception des environs de Plaissance, où était

(1) Charles-Bélair était noir, neveu de L'Ouverture; élevé par
son oncle dans les camps, il joignait l'instruction à la bravoure.
Commandant les quartiers des Verrettes et de la Petite-Rivière,
aussitôt qu'il découvrit que le projet des Français était de rétablir
l'esclavage, il leva l'étendart de la révolte; mais appelé par
Dessalines, à une entrevue à l'habitation Tussac, Dessalines le fit

campé le chef de bataillon Silla, noir, qui persista à
ne pas vouloir se rendre au général Leclerc, l'ile se
trouva entièrement soumise à la domination française. Qu'avait à faire alors la métropole?—sanc-
tionner religieusement tous les changements que la
révolution avait opérés dans la colonie, y porter des
améliorations, répandre par flots les lumières de la
civilisation, propager les bienfaits de la religion,
donner une organisation protectrice aux intérêts
généraux, assurer les droits et les devoirs de tous.
Cette marche pouvait seule rattacher à tout jamais
St-Domingue à la France. Loin de là, le capitaine-
général Leclerc travailla au rétablissement de l'ancien régime. Un mot ici sur les instructions secrètes
dont Leclerc était porteur : ces instructions que je
n'ai pu voir de nouveau, et que la bonté de feu le général Pamphile de Lacroix m'avait communiquées,
portait implicitemet la restauration de l'esclavage ;
on devait d'abord caresser L'Ouverture, arrêter et
embarquer rapidement Dessalines, Christophe et
Raymond (1). Mais pour parvenir à la restauration
de l'esclavage, il fallait procéder graduellement.

prisonnier contre toutes les lois de l'honneur (19 fructidor
5 septembre). Charles-Bélair, envoyé au Cap, fut fusillé; sa
femme fut pendue à ses côtés !...

(1) Raymond venait de mourir au Cap. Dessalines et Christophe échappèrent à leur embarquement par le dévoûment terrible qu'ils mirent au service de la France : ce sont eux qui

Rigaud, à qui on avait promis le commandent d'une
colonne mobile, et qui était à Saint-Marc, devait être
la première immolation faite au rétablissement de la
servitude. Le général Leclerc découvrit je ne sais
quoi d'offensif et de criminel dans une lettre qu'il
écrivit à Laplume ; cette lettre, que j'ai sous les yeux,
ne respirait cependant que l'amour de la France et de
la liberté. Rigaud eut ordre néanmoins de se rendre
à bord de la la frégate la *Cornélie*, pour aller faire
une inspection d'armes dans le Sud ; mais aussitôt
qu'il se fut embarqué, on lui déclara qu'il était déporté pour la France ; on eut l'audace même de demander à ce capitaine son épée. Rigaud plutôt que
de rendre son arme, plein d'une juste indignation,
précipita dans les flots cette épée qui avait tant servi
au triomphe des principes de la métropole (1). On
dit que L'Ouverture plaignit le sort de son adversaire, qu'il avait si injustement persécuté, comme s'il
avait le pressentiment qu'un même sort l'attendait.

exécutèrent le désarmement de la population coloniale ; ils firent
entrer en peu de temps dans les magasins de l'état près cent mille
fusils. Ce désarmement, ordonné par Leclerc le 3 juillet (14
messidor), s'opéra d'autant plus facilement qu'il l'était par deux
hommes en qui le peuple de Saint-Domingue, encore ignorant,
mettait sa confiance, parce qu'ils étaient noirs.

(1) Rigaud à son arrivée en France fut envoyé en détention
au fort de Joux en Franche-Comté ; Martial-Besse aussi déporté
vint l'y rejoindre.

CHAPITRE LXXIX

L'Ouverture dans la vallée d'Ennery. — Son arrestation et son embarquement par les blancs.

L'Ouverture, depuis sa soumission, vivait dans la retraite, aux environs d'Ennery sur l'habitation Sancey; ostensiblement adonné aux soins de l'agriculture et à la construction d'une nouvelle demeure, il est naturel cependant de penser qu'il songeait à reprendre le pouvoir, — puisque tout pouvoir déchu tente à se relever; il paraît même qu'il n'attendait que le moment de la grande canicule, qui, à Haïti signale son passage en août, pour ébranler l'insurrection. L'Ouverture savait qu'à cette époque le climat devait combler les hôpitaux de blancs et rendre les survivants incapables de soutenir la campagne. On saisit quelques-unes de ses lettres dont le sens embrouillé laisse à l'accusation quelque matière à interprétation. M. Isaac-L'Ouverture dit que Dessalines prit une grande part à la machination qui se tramait contre son frère. Or, l'arrestation de L'Ouverture fut décidée, et le soin en fut confié au général Brunet, qui commandait aux Gonaïves. L'Ouverture fut prévenu de ce projet d'arrestation par Paul-L'Ouverture qui servait à Plaisance et par

Vernet qui servait aux Gonaïves. Il était indigne
du *Premier des Noirs* de se retirer dans les doubles
montagnes ; là, d'organiser une obscure résistance
et courir les chances d'une mort encore plus obscure. L'Ouverture ne s'enfuit donc pas ; peut-être
aussi la confiance qu'il avait dans le général Leclerc l'empêchait de croire à un guet-à-pents.

Quoi qu'il en soit, on massa à Ennery cinq cents
hommes de troupes, qui impunément se livrèrent
à la dévastation des habitations, et surtout de celles
de L'Ouverture. Ce général se plaignit au commandant-militaire d'Ennery et au général Leclerc des
vexations qu'on lui faisait. Leclerc écrivit (16 prairial, 5 juin) à L'Ouverture de s'entendre avec le général Brunet pour le déplacement des troupes.—Le
18 prairial (7 juin) Brunet écrivit aussi à L'Ouverture en ces termes: « Au quartier-général de l'habitation Georges le 18 prairial an x. Brunet, général de
division, au général de division Toussaint-L'Ouverture. Voici le moment, citoyen général, de faire connaître d'une manière incontestable au général Leclerc ceux qui peuvent le tromper sur votre compte ;
ce sont des calomniateurs, puisque vos sentiments
ne tendent qu'à ramener l'ordre dans les quartiers
que vous habitez. Il faut me seconder pour assurer
la communication du Cap, qui depuis hier est in-
terceptée, puisque trois personnes ont été égorgées
par une cinquantaine de brigands entre Ennery et la

Coupe-à-Pintade. Envoyez vers ces endroits des gens fidèles que vous paierez bien ; je vous tiendrai compte de votre déboursé. Nous avons, mon cher général, des arrangements à prendre ensemble, qu'il est impossible de traiter par lettres, mais qu'une conférence d'une heure terminerait ; si je n'avais pas été aujourd'hui accablé, je vous aurais porté la réponse de votre lettre. C'est pourquoi je vous prierai de vous rendre à mon habitation ; vous n'y trouverez pas tous les plaisirss que j'aurai désiré y réunir pour vous recevoir ; mais vous trouverez la franchise d'un galant homme, qui ne désire que le bonheur de la colonie et le vôtre. Si Madame Toussaint, que j'ai le plus grand désir de connaître, voulait être du voyage, je serais très-content ; si elle a besoin de chevaux, je lui enverrai les miens. Jamais, général, vous ne trouverez d'ami plus sincère que moi ; de la confiance dans le capitaine-général, de l'amitié pour tout ce qui lui est subordonné, et vous jouirez de la tranquillité. Je vous salue cordialement, BRUNET. »

L'Ouverture était alors malade ; cependant sans hésitation, accompagné de son fils Placide et de son aide-de-camp César, il partit à huit heures du soir pour l'habitation Georges, qui est située à l'entrée de la ville des Gonaïves. Isaac-L'Ouverture était à une des habitations de son père pour y surveiller les travaux ; Madame L'Ouverture et ses nièces étaient à une autre habitation ; ces deux habitations

sont dans le canton d'Ennery, comme celle d'où
L'Ouverture venait de partir.—L'Ouverture descendit de cheval; il excusa sa femme de n'avoir
pu venir visiter Brunet, et pria ce général de s'expliquer promptement, car malade, il avait hâte
de retourner chez lui. Brunet appela un de ses officiers pour tenir compagnie à L'Ouverture, et sous
prétexte de quelque besoin, il sortit. Soudain un
aide-de-camp avec une vingtaine de grenadiers,
sabre à la main, pistolet au poing, entre dans la salle.
— L'Ouverture est environné. — Le *Premier des
Noirs* se lève et dégaine, prêt à vendre chèrement
sa vie; mais l'officier le rassure, et lui dit qu'on
n'en voulait pas à ses jours; alors, malheureusement pour sa gloire, L'Ouverture ne brisa pas le
sabre qu'il avait à la main, il le rendit à l'officier. Cet
acte de modération eût dû néanmoins commander
du respect au général Brunet;—mais ce larron de
l'honneur s'était caché dans les bois qui environnent la principale maison de l'habitation Georges,
pour laisser à d'autres le soin de consommer le
forfait! Le *Premier des Noirs*, désarmé, fut garotté,
comme on dit en France, et amarré, comme on dit
à Saint-Domingue! Hélas, mon Dieu! pourquoi
ces outrages inutiles, que l'homme fait à ses semblables? Un jour Ogé, pour avoir revendiqué l'égalité des droits fut conduit au supplice, la corde au
cou; — pourquoi aujourd'hui, dans la nuit que je

passe avec L'Ouverture, cet homme qui a défendu le pouvoir qu'il aimait, — autant que la liberté de ses concitoyens. — est-il lié comme un criminel vulgaire?.. Je demande encore à Dieu pourquoi il a perpétué à Haïti cet affreux système de lier les hommes, même les plus marquants, pour les mener au supplice? Le souvenir d'Ogé et de L'Ouverture devrait cependant à jamais faire interdire la corde qui est un supplice plus horrible que la mort elle-même.

L'Ouverture fut dans la nuit noire conduit aux Gonaïves et embarqué à bord de la frégate la *Créole*. Placide et son aide-de-camp, dans la bagarre, s'étaient enfuis dans la direction d'Ennery, pour annoncer aux populations le grand attentat qui venait d'être commis contre le *Premier des Noirs*, qui après tout, avait conservé la colonie à la France, tandis qu'il pouvait la donner à l'Angleterre.

CHAPITRE LXXX.

L'Ouverture à bord du vaisseau le Héros ; sa prophétie. — Départ pour la France.

Le lendemain de ce jour dont le seul souvenir fait frémir d'indignation tout homme d'honneur, le pauvre Placide et César furent arrêtés vers la

Coupe-à-Pintade et conduits comme des criminels aux Gonaïves, où on les embarqua à bord de la frégate la *Guerrière*. La *Créole* avait déjà levé l'ancre ; — elle s'arrêta à quatre lieues de la rade du Cap.—Là, L'Ouverture fut transbordé sur le vaissaeu le *Héros*, nom digne de porter le *Premier des Noirs*.—Le *Héros* était commandé par le chef de division Savary. Savary reçut L'Ouverture avec respect, lui assura tous les égards qui étaient dus à son caractère. Le premier des noirs le remercia et ajouta : « *En me renversant, on n'a abattu à Saint-Domingue que le tronc de l'arbre de la liberté des noirs ; il repoussera, parce que les racines en sont profondes et nombreuses* (1).» A bord du *Héros* , L'Ouverture rencontra son fils Saint-Jean que Leclerc y avait déjà fait embarquer.

Madame L'Ouverture et Monsieur Isaac, arrêtés aussi, après avoir vu piller leurs pénates, conduits aux Gonaïves, y furent embarqués sur la *Guerrière* où se trouvaient Placide et César, et dirigés au Cap sur le vaisseau le *Héros*. Toute cette famille cingla vers la France, sans avoir pu emporter les premières nécessités de la vie !.. Arrêtons notre douleur...

(1) Voyez Pamphile de Lacroix.

CHAPITRE LXXXI.

Arrivée de L'Ouverture en France. — Il est emprisonné au château de Joux.

Le *Héros* mouilla à Brest le 23 messidor (12 juillet), après vingt-sept jours de traversée ; un seul des domestiques de L'Ouverture l'avait suivi : c'était un mulâtre du nom de Mars-Plaisir. Le gouvernement semblait embarrassé de la présence de L'Ouverture, contre qui on n'avait à élever aucun chef sérieux d'accusation,—depuis sa soumission au général Leclerc.

L'Ouverture, enfin, se décida, à la prière de sa famille, à écrire au premier consul :

« A bord du vaisseau le *Héros*, 1ᵉʳ thermidor, an x, (20 juillet 1802.)

« Le général Toussaint-L'Ouverture au général Bonaparte, premier consul de la République française :

CITOYEN PREMIER CONSUL :

» Je ne vous dissimulerai pas mes fautes : j'en ai fait quelques-unes. Quel homme en est exempt ? je suis tout prêt à les avouer. Après la parole d'honneur du capitaine-général qui représente le gouvernement français, après une proclamation pro-

mulguée à la date de la colonie, dans laquelle il
promettait de jeter le voile de l'oubli sur les événements qui ont eu lieu à Saint-Domingue, comme
vous avez fait le 18 brumaire, je me suis retiré au
sein de ma famille. A peine un mois s'est écoulé, que
des malveillants, à force d'intrigues, ont su me
perdre dans l'esprit du général en chef, en lui in-
spirant de la méfiance contre moi. J'ai reçu une
lettre de lui qui m'ordonnait de me concerter avec
le général Brunet : j'ai obéi. Je me rendis, accompagné de deux personnes, aux Gonaïves, où l'on
m'arrêta. L'on me conduisit à bord de la frégate la
Créole; j'ignore pour quel motif, sans d'autres
vêtements que ceux que j'avais sur moi. Le lendemain, ma maison fut en proie au pillage; mon
épouse et mes enfants sont arrêtés : ils n'ont rien,
pas même de quoi se vêtir.

» Citoyen premier consul, une mère de famille,
à cinquante-trois ans, peut mériter l'indulgence et
la bienveillance d'une nation généreuse et libérale;
elle n'a aucun compte à rendre; moi seul dois être
responsable de ma conduite auprès de mon gouvernement. J'ai une trop haute idée de la grandeur
et de la justice du premier magistrat du peuple
français pour douter un moment de son impartialité. J'aime à croire que la balance, dans sa main,
ne penchera pas plus d'un côté que d'un autre. Je
réclame sa générosité.

Salut et respect. TOUSSAINT-L'OUVERTURE. »

Cette lettre, calme et digne, vaut, à mon avis, la lettre fastueuse que l'empereur, découronné à son tour, comme L'Ouverture l'était alors, écrivit plus tard au peuple britannique, pour lui demander l'hospitalité de son sol. Il y a, cependant, dans la lettre de L'Ouverture, plus que dans la lettre de Napoléon, quelque chose qui honore le cœur humain. — L'Ouverture, en ce moment solennel, est plus préoccupé du sort de sa famille que du sien. Homme de la nature, L'Ouverture songe à sa femme et à ses enfants, au lieu de faire du mélodrame historique.

L'Ouverture, du même bord du *Héros*, écrivit à l'amiral Décrès, ministre de la marine et des colonies :

« CITOYEN MINISTRE ,

» Je fus arrêté avec toute ma famille par l'ordre du capitaine-général, qui m'avait cependant donné sa parole d'honneur, et qui m'avait promis la protection du gouvernement français. J'ose réclamer et sa justice et sa bienveillance. Si j'ai commis des fautes, moi seul en dois subir les peines. — Je vous prie, citoyen Ministre, de vous intéresser auprès du premier consul pour ma famille et pour moi.

» Salut et respect.

» *Signé* TOUSSAINT–L'OUVERTURE (1). »

_____

(1) Cette lettre et la précédente sont de la main de Placide, mais elles sont sans conteste de la dictée de L'Ouverture.

Je tiens d'une vieille concitoyenne, morte naguère à Paris, pieuse de mœurs et de pensées, — Madame Saubate, arrivée à l'époque de l'émigration de Rigaud, — que Décrès, — un jour qu'elle se trouvait au ministère de la marine, — pleura à la réception d'une lettre de L'Ouverture : c'est, peut-être à la réception de la lettre que nous venons de transcrire. — Honneur donc à la mémoire de Décrès ! C'est toujours une consolation pour une grande adversité de sentir, dans la vallée des douleurs, une larme se mêler à ses larmes.

Ce ne fut que le 25 thermidor (13 août) que le préfet maritime de Brest envoya à cinq heures du matin à bord du *Héros* un officier de gendarmerie et quatre hommes; le *Premier des Blancs* ne voulait faire à un noir, au dernier des hommes, —suivant les préjugés de ce temps, —que l'honneur d'une escouade ! L'Ouverture fut séparé de sa femme et de ses enfants; on ne lui laissa que son domestique ; il ne devait plus revoir sa famille; lecteur, faites vous même le tableau de ce moment de cruelle et d'éternelle séparation. L'Ouverture, embarqué dans le canot, fit, comme Beauvais prêt à être englouti dans les flots, un dernier signe d'adieu à sa femme, à Isaac et à Saint-Jean, qui restaient à bord du *Héros*, et étendit la main de bénédiction sur Placide, qu'une cruelle politique arrachait dans ce même moment des bras de sa mère et portait sur la corvette la

Naïade, à Belle-île en mer. Le premier consul ne prévoyait pas alors qu'un jour il serait lui-même violemment séparé de sa femme et de son enfant !

Dès la veille, Placide-L'Ouverture était prévenu de la transposition de son père; pauvre et généreux fils adoptif, il avait fait passer de la *Naïade* au *Héros* ce petit monument de tendresse filiale, et qu'on retrouva au chevet du vieux et grand Toussaint.

« Rade de Brest, 24 thermidor.

« MON CHER PAPA ET CHÈRE MAMAN,

» Je suis à bord du brick la *Naïade;* j'ignore encore mon sort; peut-être je ne vous verrai jamais : en cela, je n'accuse que mon destin. N'importe où je serai, je vous prie de prendre courage, de penser quelquefois à moi. Je vous donnerai de mes nouvelles, si je ne suis pas mort; donnez-moi des vôtres, si vous en avez l'occasion. Je suis très bien ; je suis avec des personnes qui ont beaucoup de bonté pour moi, qui m'ont promis de me les continuer. Isaac et Saint-Jean, n'oubliez pas votre frère : je vous aimerai toujours. Bien des choses à tous ; embrassez pour moi mes cousines. Je vous embrasse comme je vous aime.

Votre fils, *signé* PLACIDE-L'OUVERTURE. »

C'est donc toi, Placide, enfant qui portas ma peau, c'est toi qui envoyas, comme un dernier sourire de consolation au héros de notre race, le souffle de la bénédiction filiale! Je te remercie au nom de tous les hommes de couleur.

L'Ouverture et Mars-Plaisir débarquèrent à Landerneau, où un adjudant-commandant, deux compagnies de cavalerie et deux voitures les atten-daient. Il fut obligé de partir immédiatement, lui dans une voiture, Mars dans l'autre, — et fut dirigé à Paris, bien gardé et fortement escorté par la gendarmerie. A Guingamp, des officiers du 82e de ligne, qui avaient servi sous ses ordres, prièrent le commandant du détachement de faire arrêter la voiture et de leur permettre d'embrasser leur ancien général. Ce fut là l'unique et dernière joie que L'Ouverture trouva sur la terre de France. Il arriva à Paris dans la nuit du 29 thermidor (17 août); il fut renfermé dans le château du Temple, où une autre grande infortune passa aussi, en y laissant un douloureux souvenir ; dans ce même château, peut-être aujourd'hui l'ombre de Louis XVI et celle de L'Ouver-verture se promenant ensemble demandent à leur époque la justification des torts que leurs conseillers leur firent commettre.

L'Ouverture, que Bonaparte ne daigna pas voir, fut bientôt dirigé au château de Joux, sous les neiges du Jura; là, se trouvaient Rigaud et Martial-Besse; malgré des désirs mutuels, Rigaud et L'Ouverture ne purent parvenir à se parler, tant était sévère la consigne du château. Ainsi, ce que la gloire n'avait pu faire, le malheur réussissait à le faire ; L'Ouverture et Rigaud étaient réunis (1). Madame L'Ouverture et ses enfants furent transportés à Bayonne, où le général Ducos eut les plus grands égards pour eux.

CHAPITRE LXXXII.

Le château de Joux. — Le général Carafelli envoyé près de Toussaint. — Lettre au premier consul. — Mémoires de L'Ouverture adressés au premier consul.

Le château de Joux est bâti sur un rocher ; d'un côté, le Doubs coule à ses pieds ; de l'autre, la route de Besançon, pour aller en Suisse, lui donne le commandement des communications de la France avec l'Helvétie. Le château de Joux, bâti par les Romains pour l'utilité de leurs marches dans les Gaules, étendu, dans le moyen-âge, par les sires de Joux, acheté enfin par Louis XI, devint une prison d'état sous Louis XIV. — Mirabeau subit une lettre de cachet dans ce château, et il n'y laissa pas un souvenir plus célèbre que celui de L'Ouverture.

L'Ouverture, rendu au château de Joux, pensait

(1) Mémoires d'Isaac-L'Ouverture.

que le gouvernement de la métropole allait le faire
passer par un jugement, — dont il était sûr de
triompher ; — car ses attentats contre la souveraineté de la métropole avaient été couverts par son
élévation confirmée par le premier consul lui-
même au gouvernement-général de la colonie ; car
la résistance qu'il avait opposée à l'armée française, avait eu son bill d'indemnité proclamé par le
général Leclerc.

Mais il n'en fut pas ainsi. Le premier consul, à qui on avait fait accroire, — tant sont crédules les chefs qui se laissent circonvenir, — que
L'Ouverture avait accaparé l'immense numéraire
que la France supposait aux princes-colons, —
tandis que généralement, — pour ceux de Saint-
Domingue, du moins, — ils étaient accablés sous le
poids des déficits ; — le premier consul donc, au
lieu de donner à la justice son cours, résolut de
tenir L'Ouverture en prison, pour lui faire déclarer
les lieux, l'endroit, où il supposait que ce Spartacus avait enseveli des trésors imaginaires, — sauf
l'opinion des autres écrivains.

Ce fut le général Cafarelli, aide-de-camp du
premier consul, qui fut envoyé à la découverte de
la Golconde, de la précédente et fictive Californie.
L'Ouverture, au dire du général Pamphile de Lacroix, répondit au général Caraffeli : « *qu'il avait
perdu bien autre chose que de l'argent.* » C'était

sans doute la perte de sa liberté qu'il regrettait et celle de son pays qu'il voyait en danger.

L'Ouverture, de son humide et infect cachot,— L'Ouverture, qui avait tenu dans ses mains les destinées de l'archipel américain, et qui, — s'il avait voulu marcher sincèrement comme Rigaud avec la révolution, eût avancé les progrès du siècle, tandis qu'il aima mieux,—après un vol d'aigle, rentrer dans les ornières du passé,—après ses conférences avec le général Carafelli, L'Ouverture écrivit au premier consul.—Ce n'était plus alors le centaure de Saint-Domingue, ne faisant, glorieux et superbe, jamais moins de cinq lieues à l'heure et cinquante dans la journée; ce n'était plus le grand capitaine portant le sabre,—c'est la seule espèce d'arme qu'il porta à la ceinture,—faisant trembler ses amis et ses ennemis, quoiqu'il sût s'en faire aimer, car, suivant le général Pamphile, « nul n'osait l'aborder sans crainte, et nul ne le quittait sans respect. » C'était alors un vieux nègre, un vieillard, qui n'avait jamais laissé le sol natal et qui, séparé brutalement de sa femme et de ses enfants, enterré vivant, revenait aux jours de sa jeunesse, se ressouvenait de la chapelle du Haut-du-Cap, des psaumes qu'alors esclave il aimait à chanter et que, puissant, il chantait encore.

Ne le vit-on pas entrer un jour dans une des

cathédrales de l'île, interroger sur leur caté-
chisme les petites filles blanches, les filles des
colons; — et, en en voyant une, dont le corsage,
en ce lieu saint, était,— pardon au lecteur du
mot,—c'est le langage de ce temps-ci et approprié
à la circonstance, — désinvolturé; ne l'a-t-on pas
pas vu jeter brusquement son mouchoir sur le sein
de cette pauvre fille, peut-être innocente comme
un ange et lui dire : « Couvrez-vous ? »

Or, L'Ouverture avait les mœurs monacales;
comme Josué, il priait toujours. Aussi dans la
nouvelle et cruelle position, que le sort lui venait
de faire, il rentra dans la prière et dans l'humilité ;
et nouveau Job, prosterné au pied d'un Dieu d'une
nouvelle espèce, voici la prière qu'il adressa au
premier consul de ses propres mains affaiblies par
le froid d'une contrée inhospitalière :

Au cachot du fort de Joux, ce 30 fructidor an x (17 septembre 1802).

GÉNÉRAL ET PREMIER CONSUL,

Le respect et la soumission, que je voudrais être
toujours gravés dans le fond de mon cœur... (*Ici
une lacune, ce sont peut-être des larmes qui l'ont
creusée !*) Si j'ai péché en faisant mon devoir, c'est
sans le vouloir; si j'ai manqué en faisant la constitution, c'est par le grand désir de faire le bien,
c'est d'avoir mis trop de zèle, d'amour-propre,

croyant de plaire à mon gouvernement ; si les for-
malités que je devais prendre, n'ont pas été faites,
c'est par mégarde.—J'ai eu le malheur d'essuyer
votre courroux ; mais quant à la fidélité et à la
probité, je suis fort de ma conscience et j'ose dire,
avec vérité dans tous les hommes d'état, personne
n'est plus probe que moi. Je suis un de vos soldats
et premier serviteur de la République à Saint-
Domingue. Je suis aujourd'hui malheureux, ruiné,
deshonoré et victime de mes services ; que votre
sensibilité touche à ma position. Vous êtes trop
grand de sentiment et trop juste, pour ne pas prononcer sur mon sort. Je charge le général Carafelli,
votre aide de-camp, de vous remettre mon rapport.
Je vous prie de le prendre en grande considération ;
son honneteté, sa franchise m'ont forcé de lui ouvrir mon cœur.

Salut et respect, TOUSSAINT-L'OUVERTURE.

Il paraîtrait, — qui s'occupait de l'histoire d'un
misérable nègre ? — que le rapport dont L'Ouverture parle est fourvoyé ; mais rendons à la mémoire
de Carafelli qu'il se montra digne dans sa mission
d'avoir eu l'insigne honneur de s'être trouvé face à
face avec le *Premier des Noirs.*

Malgré ce commencement de gémissements
qu'arrachait à L'Ouverture la bise qui commençait à siffler et qui, à travers les verroux, venait

pleurer de douleur avec le vieillard des tropiques, sans pouvoir jeter dans son cœur un rayon vivifiant du soleil, dont il était cependant un des plus beaux Incas ! — le gouvernement ne fit rien pour une gloire de si haut déchue !

L'Ouverture, alors toujours comme Job, au milieu du fumier, écrivit encore au premier consul ; cette fois, la plainte est plus religieuse que la première: c'est le commencement de l'agonie de la gloire; c'est le râle d'un cœur fait pour les grandes choses, qui tombe et succombe sous le poids du glaive du despotisme.

Au cachot du fort de Joux, ce 7 vendémiaire an XI (29 septembre 1802.

GÉNÉRAL ET PREMIER CONSUL,

Je vous prie, au nom de Dieu, au nom de l'humanité, de jeter un coup-d'œil favorable sur ma réclamation, sur ma position et ma famille ; employez donc votre grand génie, — sur ma conduite, sur la manière dont j'ai servi ma patrie, sur tous les dangers que j'ai courus en faisant mon devoir. — J'ai servi ma patrie avec fidélité et probité; je l'ai servie avec zèle et courage; et, j'ai été dévoué à mon gouvernement. J'ai sacrifié mon sang et une partie de ce que je possédais pour la servir, et malgré mes efforts, tous mes travaux ont été en vain.

— Vous me permettrez, premier consul, de vous
dire avec tout le respect et la soumission que je vous
dois, que le gouvernement a été trompé entièrement sur le compte de Toussaint-L'Ouverture, sur
un de ses plus zélés et courageux serviteurs à Saint-
Domingue. J'ai travaillé long-temps pour acquérir l'honneur et la gloire de mon gouvernement et
pour attirer l'estime de mes concitoyens et je suis
aujourd'hui couronné d'épines et de l'ingratitude
la plus marquée, pour récompense. Je ne désavoue
pas les fautes que j'ai pu faire et je vous en fais
mes excuses. Mais ces fautes ne valent pas le quart
de la punition que j'ai reçue, ni les traitements
que j'ai essuyés.

Premier consul, il est malheureux pour moi de
n'être pas connu de vous; si vous m'aviez connu
à fond, pendant que j'étais à Saint-Domingue,
vous m'auriez rendu plus de justice; mon intérieur
est bon. Je ne suis pas instruit; je suis ignorant;
mais mon père (1), qui est aveugle maintenant, m'a
montré le chemin de la vertu et de la probité, et je
suis très fort de ma conscience à cet égard, et si je
n'avais pas eu l'honneur d'être dévoué à mon gouvernement, je ne serais pas ici, et c'est une vérité !

(1) Le vieux Gaou-Guinou mourut en 1804. Ce vieillard avait
complètement perdu la vue. — L'Arada mourut en maudissant
le nom des blancs; — cependant ce nègre devait être généreux,
uisque *gaou*, traduit en français veut dire *bon*.

Je suis malheureux, misérable et victime de
tous mes services ; j'ai été toute ma vie en activité
de service, et depuis la révolution du 10 août 1790,
je suis de même consécutivement au service de ma
patrie. Aujourd'hui je suis renfermé sans ne pouvoir
rien faire ; couvert de chagrin, ma santé est altérée.
— J'ai réclamé auprès de vous ma liberté pour pouvoir travailler, gagner ma vie et nourrir ma malheureuse famille. Je réclame votre grandeur, votre
génie pour prononcer sur mon sort ; que votre
cœur soit attendri et touché sur ma position et mes
malheurs.

Je vous salue avec un profond respect,

(Signé) TOUSSAINT-L'OUVERTURE.

Peut-être les admirateurs du génie du premier
des noirs auraient ils aimé trouver dans ses plaintes
moins d'humilité et plus de conscience de ce qu'il
avait été et de ce qu'il avait fait pour la France ;
mais qu'on n'oublie pas que sous un climat meurtrier, ayant ses facultés affaiblies par les souffrances,
l'ancien gouverneur de Saint-Domingue, celui qui
avait redouté de venir en France jouir des honneurs
que la métropole lui offrait, avait fait place au vieux
nègre qui priait par habitude, et que cependant la
prière des autres n'avait pas souvent ému.

L'Ouverture, alors, se mit à écrire, de ses propres
mains les mémoires justificatifs de sa conduite : ces

Mémoires, mal ortographiés, mais rédigés avec un français et une éloquence dignes d'attention, furent, par l'entremise du commandant du château, reco-piés par Martial-Besse, et adressés le 10 vendémiaire (2 octobre) au premier consul. « Le général Leclerc, dit L'Ouverture, a agi envers moi avec des moyens qu'on n'a jamais employés à l'égard des plus grands ennemis; sans doute, je dois ce mépris à ma cou-leur; mais cette couleur m'a-t-elle empêché de ser-vir ma patrie avec zèle et fidélité ? La couleur de mon corps nuit-elle à mon honneur et à mon cou-rage ? Supposez que je fusse criminel et qu'il y eût des ordres du gouvernement pour m'arrêter, était-il utile d'employer cent carabiniers pour arrêter ma femme et mes enfans, les arracher de leurs proprié-tés, sans respect et sans égard pour leur rang et pour leur sexe, sans humanité, sans charité ? Fal-lait-il faire feu sur mes habittaions et sur ma fa-mille, faire piller et saccager mes propriétés ? Non ! Ma femme, mes enfants et ma famille ne sont char-gés d'aucune responsabilité, et n'ont aucun compte à rendre au gouvernement : on n'avait pas même le droit de les faire arrêter. Le général Leclerc doit être franc : avait-il craint d'avoir un rival ?.. Je le compare au sénat romain, d'après sa conduite, poursuivant Annibal jusqu'au fond de sa retraite.» L'Ouverture termine ainsi : « Je demande que le général Leclerc et moi paraissions ensemble devant un tribunal, et que le gouvernement ordonne que l'on m'apporte toutes mes pièces de correspondances. Par ce moyen, on verra mon innocence, et tout ce que j'ai fait pour la République.

« Premier consul, père de tous les militaires, juge intègre, défenseur des innocents, prononcez donc sur mon sort; ma plaie est profonde, portez-y le remède salutaire pour l'empêcher de ne jamais s'ouvrir; vous êtes médecin, je compte entièrement sur votre justice et balance. »

Ainsi parla pour la dernière fois le premier des noirs au premier des blancs; ces gémissements lugubres, poussés du sein d'une prison, ces cris déchirants, n'émurent pas les entrailles du gouvernement : les anciens amis de L'Ouverture, Laveaux surtout, n'osaient élever la voix pour demander la justice en sa faveur ou contre lui, tant était grande la terreur qu'inspirait le conquérant moderne! Bientôt, au contraire, on arracha à L'Ouverture l'unique domestique qu'il avait, le fidèle Mars-Plaisir; on lui retira même la faculté de se promener dans les cours du château; renfermé, alors, dans un obscur cachot, il fut voué à une mort certaine. A qui Dieu réservait le soin de venger les outrages qu'en France dévorait le *Premiers des Noirs?*... à Alexandre Pétion, qui, se jetant dans les bois avec la 13ᵉ demi-brigade, inaugura, comme nous le démontrerons ailleurs, la guerre de l'indépendance, en en-

26

traînant, à son imitation, Cleirveaux, — Christophe, toujours plein d'absurdes préjugés, le principal auteur des maux de L'Ouverture, et Dessalines, encore tout dégoûtant du sang de Charles-Bélair.

CHAPITRE LXXXIII.

Guerre de l'indépendance à Saint-Domingue. —Mort de L'Ouverture.

Pendant que, confondus cette fois, les mulâtres et les nègres se battaient pour empêcher le rétablissement de l'esclavage, mourut d'inanition le *Premier des Noirs*, 7 floréal (27 avril): on remarqua que les rats lui avaient mangé les pieds !... Que le lecteur me permette de faire raconter les circonstances de cette mort par Métral (1):

« Pendant que la cause de la liberté triomphait à Saint-Domingue, Toussaint finit ses jours en France dans le château de Joux, situé au pied du Jura. Je vais rapporter sa mort, sans rien ajouter ou retrancher, telle que me l'a racontée un capitaine d'artillerie nommé Colomier, qui se trouvait à Pontarlier pour la remonte de l'artillerie ; alors, ce

(1) Histoire de l'expédition des Français à Saint-Domingue, par Antoine Métral, un volume in-8°, chez Fanjat aîné, libraire-éditeur, rue Christine, 5. —1825.

capitaine a tenu dans ses mains la clef de son cachot, et l'avait vu, vivant et mort. L'usage était de
passer cinq francs par jour pour chaque prisonnier ; Bonaparte fit écrire que trois francs suffisaient
pour nourrir un révolté. Cette sordide épargne,
marque d'un affreux ressentiment, fut suivie d'un
libelle publié contre Toussaint : il paraît qu'on
prit la résolution de le faire mourir pour l'enlever
à l'espérance des insurgés de Saint-Domingue. Un
homme extraordinaire dans les fers n'en est que
plus grand parmi les siens. Le gouverneur du fort
fut choisi pour l'exécution du crime ; il en eut
quelque effroi ; mais sitôt qu'un gouvernement a
jugé nécessaire de faire une communication de
cette espèce, il ne reste que le choix de l'obéissance
ou d'une disgrâce mortelle. On avait pris, d'avance,
la précaution d'enlever à Toussaint son domestique, et de ne pas le laisser sortir pour se promener dans les cours de la prison.

« Le gouverneur du fort fit deux voyages à
Neufchâtel en Suisse. La première fois, il remit les
clefs des cachots au capitaine Colomier, qu'il choi-
sit pour le remplacer durant son absence. Ce capitaine eut ainsi l'occasion de visiter Toussaint, qui
ne lui parla qu'avec modestie de sa gloire, mais
avec indignation du dessein que lui prêtait le consul d'avoir voulu livrer Saint-Domingue à l'Angleterre. Il s'occupait à écrire un Mémoire contre

cette accusation invraisemblable. On le laissait
dans un dénûment si absolu, qu'il n'avait pour
toute batterie de cuisine qu'un vase de fonte, dans
lequel il préparait lui-même un peu d'aliment fari-
neux; lui qui avait eu dans ses mains les richesses
de Saint-Domingue! Comme il souffrait singuliè-
rement de la privation du café, le capitaine, que
j'ai connu pour être d'un excellent cœur, satisfit
généreusement à ce besoin.

« Cependant cette première absence du gouverneur n'était qu'une épreuve du crime. Il ne tarda
pas d'en faire une seconde pour le même lieu et par
le même motif. Je vous confie seulement la garde
du fort, dit-il d'un air inquiet au capitaine, mais
cette fois je ne vous remets pas les clés des cachots; les prisonniers n'ont besoin de rien. Il revint
le quatrième jour. Toussaint n'était plus: il le savait. Après avoir porté dans le cachot quelques aliments, il eut soin de composer sa physionomie,
d'étudier l'expression d'une tristesse profonde;
mais ne sachant avoir la tranquillité d'une âme sans
remords; tout le trahissait, son regard égaré, sa
pâleur, une voix altérée, sa démarche incertaine,
sa seconde absence, les clefs du cachot qu'il avait
gardées, les aliments récemment apportés, l'affec-
tation de les montrer en répétant par distraction le
même mot; son visage, que troublaient les murs
de la prison où l'on voyait Toussaint sans vie, assis

à côté d'une cheminée, ayant les deux mains sur
ses jambes étendues et la tête penchée du côté
droit. On remarquait dans ses traits les traces de la
mort, arrivée par suite d'une douleur dévorante ;
mais l'attitude seule de son corps accusait le coupable, et indiquait le crime.

« Le capitaine et le maire du pays refusèrent de
rendre par écrit témoignage de la mort de Toussaint, survenue autrement que par la faim. Ils restèrent ainsi étrangers à l'attentat. Après ce refus,
le gouverneur supposa quelque mal violent. Il fit
appeler des chirurgiens pour ouvrir le cerveau, et
dans l'acte de décès, on inscrivit qu'il avait été
frappé d'apoplexie séreuse, maladie prompte, mais
obscure dans ses traces. Toutes ces précautions
inusitées dans une mort naturelle, enveloppaient
d'artifices une trame que d'autres circonstances
rendaient probable. Ce fut sans doute par l'ordre
du consul que Leclerc avait d'abord condamné
Toussaint à mort, et qu'il avait proposé à Christophe une trahison pour l'arrêter ; la paix conclue
avec lui ne fut, par dérision, appelée que le pardon
de Toussaint. On lui tendit un piége pour l'arracher à sa patrie ; la conjuration dont on l'accusa ne
fut point jugée en sa présence. Il fut enlevé des
bras de son épouse et de ses enfants, envoyé en exil
à l'autre extrémité de la France. Pourquoi le pri-
ver de son domestique, le faire diffamer par un

libelle, le tenir si misérablement dans un cachot,
étroit, obscur, et séparé de l'univers, ne recevant
que les envoyés du consul avec qui il ne faisait paraître qu'indignation et fierté ; tandis qu'il était
d'une douceur extrême à l'égard des invalides qui
lui servaient de geoliers (1).

« Sans doute, si la politique du consul parmi des
actes louables de clémence, n'eût pas fait mourir un
prince enlevé à l'hospitalité d'une terre étrangère,
il faudrait ajouter plus de confiance à sa justification ; mais dans son dernier exil, il ne fait que s'ex-
cuser et s'arranger pour comparaître devant la postérité. Quoi qu'il en soit, Toussaint devait finir par
périr sous les neiges du Jura, non moins mortelles
pour lui, que la faim, le fer ou le poison. Le consul
ne prévoyait pas alors que les destins qui le pressaient de monter au trône, lui donneraient la mort
sur un rocher brûlant, comme Toussaint reçut la
sienne sur un rocher glacé. Avec cette différence
que l'un mourut pour avoir détruit la liberté, et
l'autre pour l'avoir aimée.

« Vainement dans la suite le gouverneur du château chercha à rentrer dans l'amitié du capitaine,
pour qu'il ne fît aucune révélation, mais le crime
que nul part on ne peut cacher, fut connu dans les
deux mondes ; seulement on ignorait de quelle ma-

(1) Lettre de Dubois à l'évêque Grégoire, du 25 mai 1823.

nière il avait été exécuté ; les uns attribuèrent cette
mort au poison , les autres à la corde , d'autres au
froid (1) : le peuple, dont la voix égale celle de la
divinité, ne la crut point naturelle. A l'île de
Sainte-Hélène Bonaparte a dit : qu'il n'avait pas
d'intérêt à faire mourir *un misérable nègre* (2).
Expression d'insulte et de mépris; comme si le
nom de Toussaint n'eût pas toujours été invoqué
par le peuple de Saint-Domingue , que son génie
avait conduit à la liberté. »

A qui Dieu réservait-il le soin d'être le premier
capteur du forban de la liberté du monde ? A l'amiral Maitland , l'ancien ami de L'Ouverture , qui
sans nul doute eût intercédé pour lui, si l'Océan
n'eût pas mis à cette époque un fleuve de sang
entre la Grande-Bretagne et la France !

Ainsi mourut le *Premier des Noirs* ; cet homme
extraordinaire naquit dans les forêts, sous l'obscur
ajoupa de l'esclavage ; il se signala par un courage,
par un ascendant et par un esprit d'administration
qui emportèrent le suffrage universel ; dix-neuf
blessures dans le corps témoignaient de sa bravoure
personnelle. Disons-le hautement ; François-Do-
minique-Toussaint-L'Ouverture était un homme
capable de plus grandes choses que celles qu'il
avait accomplies ; il avait pour lui l'audace de

(1) The history of Toussaint. Essai du baron de Vastey, p. 9.
(2) O'Meara, t. II.

la conception, les éléments de la réussite. C'était une de ces natures que le ciel jette sur la terre à certaines époques pour remuer l'humanité et à qui pour cette mission révolutionnaire, il donne tantôt la faiblesse, tantôt la force, tantôt la bénignité, tantôt la cruauté, tantôt le succès, et tantôt enfin le revers, car c'est avec toutes ces antithèses qu'un homme secoue le monde et le fait entrer dans des voies nouvelles, toujours profitables à la postérité.

FIN.

Paris.—Imp. de Moquet, 90, r. de la Harpe.

Lightning Source UK Ltd.
Milton Keynes UK
UKOW05f0213200117
292424UK00001B/100/P